역사가
기억하는
세계 100대
인물

리한 편저   김영경 옮김

꾸벅

역사가 기억하는 세계 100대 인물

편저자 / 리한
옮긴이 / 김영경
발행인 / 이병덕
발행처 / 도서출판꾸벅
등록날짜 / 2001년 11월 20일
등록번호 / 제 8-349호
주소 / 경기 파주시 한빛로 11 309-1704
전화 / 031-946-9152
팩스 / 031-946-9153

isbn / 978-89-90636-48-5

잘못된책은구입하신서점이나본사에서교환해드립니다.

차 례

▲ 《비너스와 삼미 신에게 무장 해제되는 마르크스(Mars Disarmed by Venus and the Three Graces)》 쟈크 루이 다비드(Jacques Louis David)의 작품

출애굽기(Exodus)

《출애굽기》는 '모세 5경' 중 제2경
으로, 이스라엘 민족이 이집트에서
노예로 전락했던 때의 생활 모습과
이집트에서 탈출하는 과정을 묘사하
고 있다. 1960년대에 미국의 오토
프레밍거(Otto Ludwig Preminger)
감독이 이스라엘인과 아랍인 사이에
벌어진 전쟁을 주제로 〈영광의 탈출
(Exodus)〉이라는 영화를 찍었다. 그
는 이 영화를 통해 이스라엘이
1948년에야 비로소 건국하게 된 비
통한 역사를 그려냈다. 또 《출애굽
기》를 주제로 한 유명한 피아노 연
주곡들도 있는데, 그중에서도 크로
아티아 출신의 일렉트릭 피아니스트
막심 므라비챠(Maksim Mrvica)의
연주곡이 가장 유명하다.

모세 Moses

모세는 유대교, 그리스도교, 이슬람교의 예언자이다.

 인류 역사상 모세처럼 수많은 추종자와 숭배자를 거느린 인물도
드물 것이다. 마호메트는 모세를 그리스도교의 예언자로 간주했고,

11

전체 이슬람 세계와 모든 유대교 신도들 역시 모세를 매우 존경했다. 그의 이름은 세계 각지에 널리 퍼졌으며 그는 인류 역사에 지대한 영향을 미쳤다.

모세가 살았던 연대는 대략 기원전 13세기로 추정되며 《성경》의 기록에 따르면 모세는 이집트의 한 유대 가정에서 태어났다. 당시 이집트의 파라오가 이스라엘인 영아 학살 명령을 내리자 모세의 어머니는 갓난아기였던 모세를 바구니에 넣어 나일(Nile) 강에 떠내려 보냈다. 그때 마침 파라오의 딸이 나일 강에서 목욕을 하고 있었는데 바구니에 떠내려 온 아기 모세를 발견하고는 궁으로 데려와 정성스럽게 키웠다. 성인이 된 후 모세는 실수로 이집트 병사 한 명을 살해하여 파라오를 피해 미디안(Midian) 땅으로 도망쳤다. 그리고 그곳에서 결혼을 하고 자식을 낳았다.

훗날 모세는 하느님의 음성을 듣고 이집트로 돌아와 모든 유대인을 데리고 이집트에서 탈출했다. 광야에서 그들은 온갖 시련과 고통을 겪었지만 하느님의 능력을 부여받은 모세의 강력한 지도력으

▼〈모세의 탄생〉 니콜라스 푸생 (Nicolas Poussin)의 1651년 작품

로 무사히 위험에서 벗어났다. 또 오늘날 많은 사람에게 널리 알려진 '십계명(Ten Commandments)'은 사막을 건너는 여정 중에 모세가 하느님께 받아 반포한 것이다. 이후 모세는 유대인 가운데 가장 높은 지도자가 되어 사람들의 존경을 받았다.

물론 《성경》에는 신화적 색채가 짙은 이야기들도 있지만 모세가 이룬 역사적 업적은 의심할 여지가 없다. 정치적 인물로서 모세는 성공적으로 유대인들을 이집트에서 해방시켰고, 종교적 영도자로서 《성경》의 전편 격인 구약 성경 중 5권[1]을 집필했다. 그래서 오늘날에 이르러 어떤 이들은 그리스도교를 '모세교'라고 부르기도 한다. 또 '십계명'과 더불어 그가 제정한 유대 법률은 이후 유대인들의 행동규율이 되었다.

이 밖에도 모세는 일신론의 선구자로 여겨진다. 그는 유대교의 일신론을 발전시키는 데 막대한 역할을 했다. 세계 3대 종교 중 그리스도교와 이슬람교의 일신론 사상은 모두 유대교에서 유래된 것이다. 이렇듯 모세는 인류 역사에 매우 큰 영향을 미쳤다. 3,000년이 지난 오늘날에도 모세는 여전히 유대교도, 그리스도교도, 심지어 수많은 무신론자들에게까지 추앙받고 있다.

---

1 《창세기》, 《출애굽기》, 《레위기》, 《민수기》, 《신명기》를 '모세 5경'이라고 부른다. 이 '모세 5경'은 본래 모세가 쓴 것으로 여겨졌지만 지금은 많은 자료를 바탕으로 몇 사람이 편집한 것으로 밝혀졌다고 한다.

▲ 고대 이집트의 의료 안마
메네스 이후 이집트는 찬란한
고대 문명을 꽃피웠다.

메네스 Menes

▲ 고대 이집트인들이 사용하던 일
종의 그림 문자로 도형이 매우
많이 이용되었다.

메네스는 스스로 자신을 가리켜 '상하上下 이집트의 국왕'이라고
불렀다. 그리고 그의 후손들은 수천 년 동안 통일 이집트의 왕이 되
었다.

메네스는 최초로 이집트를 통일하여 이집트 왕국을 세운 군주이다.
태어난 해와 사망한 해가 불명확하나, 일반적인 견해에 따르면 그
의 번영 시기는 약 기원전 3,100년쯤이며, 이는 이집트 역사상 통일
이집트 이전 시기이다. 이집트 남부에서 출생한 메네스는 북부 이집
트 왕국을 정복한 이후 자신을 '상하 이집트의 국왕'이라고 불렀으
며, 그의 후손들은 수천 년 동안 통일 이집트의 왕이 되었다.

메네스는 상이집트와 하이집트[1] 두 왕국의 경계선이던 지역에 새
로운 도시 멤피스(Memphis)를 창건했다. 이곳은 상하 이집트의 중
부 지역에 해당해 통일 국가의 수도로서 매우 적합했다. 멤피스는
수세기 동안 이집트의 주요 도시로 매우 오랜 기간에 걸쳐 이집트의
수도 역할을 수행해냈다. 그 폐허는 지금의 카이로에서 멀지 않은
곳에 남아 있다.

1 '남북 이집트'로 표현되기도 한다.

5,000년 전에 일어난 사건을 우리가 알기에는 매우 커다란 한계가 있다. 그러나 메네스가 세운 업적은 이집트 역사에 아주 중요한 영향을 미쳤다. 메네스가 통치하기 전 이집트 문화는 다른 지역들보다 훨씬 뒤처져 있었다. 정치의 통일은 이집트인들의 잠재 역량을 끌어올렸고 통일 후 이집트는 사회와 문화 등 모든 방면에서 매우 빠른 발전을 이루었다.

이집트 왕국은 인류 문명 역사에 찬란한 업적을 남겼으며 이집트 문명은 이후 역사 속에서 세계 문명에 직접적인 영향을 주었다. 오늘날 가장 널리 알려진 상형문자는 바로 고대 이집트의 히에로글리프(hieroglyph)이다.

통일 이집트 이전 시기에 구축된 몇 가지 정치, 사회 기구는 2,000년이 넘는 오랜 시간 동안 존재했고, 상형문자의 응용을 비롯한 여러 과학 기술도 빠르게 발전했다. 그리하여 이집트 문화는 수세기 동안 다른 강 유역에서 발원한 문화들에 필적할 수 있었다. 메네스 이후 2,000년 동안 이집트는 경제와 문화 분야에서 세계 1, 2위를 다투는 선진 국가로 발돋움했다.

그는 당시 그 어떤 나라도 따라갈 수 없을 만큼 월등하고 영원히 변치 않을 업적을 남겼다. 메네스는 세계 역사에 거대한 영향을 남긴 인물임에 틀림없다.

◀ 스핑크스는 이집트의 파라오 쿠푸(Khufu)의 얼굴을 조각한 것으로 알려졌으며, 기원전 2600년경에 지어졌다.

▲ 〈서사시를 노래하는 호메로스〉
앵 그 르 (Jean Auguste
Dominique Ingres)의 1827년
작품

호메로스 Homeros

'호메로스 서사시'는 서양 문학사에서 초석이 되는 작품이다. 이 작품은 기원전 11~9세기까지 그리스의 유일한 역사 문학의 사료로 남아 있다.

▲ 〈호메로스의 찬양〉 앵그르의 1826년 작품. 승리의 여신이 호메로스에게 월계관을 내리는 모습을 그렸다. 이는 호메로스 서사시의 문학적 가치를 표현한 것이라고 말할 수 있다.

호메로스는 고대 그리스의 유명한 시인으로 언제나 길을 거닐면서 시를 읊조렸다고 한다. 그가 태어난 해와 성장한 곳이 어디인지 현재로서는 정확하게 알 수 없다. 고대 그리스의 장편 서사시인 《일리아스(Ilias)》와 《오디세이아(Odysseia)》가 모두 그의 작품이다.

호메로스의 생애에 관해 여러 가지 견해가 제기되고 있지만 그중에서도 호메로스의 출생지는 소아시아 부근이며 활동한 시기는 대략 기원전 9~8세기라는 견해가 가장 유력하다. 한편으로 열정적인 악사였던 그는 민간에 유행하는 짧은 노래들을 정리하고 수정, 보충했다. 또 자신만의 독특한 예술혼을 불어넣어 유명한 서사시 《일리아스》와 《오디세이아》를 완성했다. 후세 사람들은 이 두 작품들을

'호메로스 서사시'라
고 부른다.

《일리아스》와 《오
디세이아》는 고대 그
리스 예술사에서 보
기 드문 진귀한 작품
일 뿐만 아니라 예술
적으로도 전 인류의
귀중한 보물과도 같
은 작품이다. 《일리아
스》는 기원전 12세기
경에 발생한 사건들
을 묘사했다. 작자는
비범한 서사시를 통
해 10년에 걸친 트로
이 전쟁 중에 일어난
사건들 가운데서도

◀ 〈호메로스와 길을 안내해주는
소년〉 윌리엄 로저(William
Roger)의 1874년 작품

특히 그리스 영웅 아킬레우스의 위대한 형상을 노래했다. 또 《오디

트로이 전쟁(Trojan war)

트로이 전쟁은 그리스 신화에 나오
는 이야기로, 세상에서 가장 아름다
운 여인인 헬레네로 말미암아 일어
났다. 아가멤논과 아킬레우스를 수
장으로 하는 그리스군이 아이네이
아스와 헥토르가 지키던 트로이 성
을 공격해 시작되었으며 장장 10년
동안이나 계속된 끝에 결국 그리스
군의 승리로 끝났다.

◀ 〈살해당하는 아가멤논〉 피에르
나르시스 게랭(Pierre-
Narcisse Guerin)의 1817년
작품

세이아》는 오디세우스가 10년 동안 해상을 표류하며 겪은 모험 중에서 마지막 40일 간의 모험과 생활을 중점적으로 이야기했다. 《오디세이아》는 위험을 두려워하지 않는 오디세우스의 굳센 의지와 품성을 묘사하면서 그의 지혜와 용기, 성실한 정신을 찬양했다.

호메로스 서사시는 다른 서사시들과 뚜렷한 차이점이 있다. 우선 리듬감이 매우 강한 6성부聲部의 시행을 사용하고, 끝운율은 사용하지 않았다. 이러한 구성은 시를 낭송하는 데 유리하다. 완전한 음률을 갖추기 위해 호메로스는 단어 몇 개를 중복해 사용했다. 이러한 방법은 비록 문체를 살리는 데는 별다른 효과가 없지만 시가를 큰소리로 읊을 때는 마치 교향곡을 듣는 것처럼 사람들에게 다양한 감정을 선사했다. 예술 기법과 표현 형식에서 호메로스는 수많은 비유를 사용했는데 이는 주제를 더욱 부각시키고 등장인물들이 마치 눈앞에서 살아 움직이는 듯한 효과를 냈다. 호메로스가 운용한 예술 기법은 오랜 시간 사람들의 경험을 거치면서 영원히 변치 않는 예술적 매력을 형성했다.

호메로스 서사시는 그 풍부한 내용과 능수능란한 기교 면에서 역사, 지리, 고고학, 민속 등과 같은 다양한 분야에 영향을 미쳤다. 호메로스 서사시는 서양 고대 문예 기교의 높은 발전 수준을 보여주는 결정체이자 서양 문학의 시조라고 평가된다. 후세의 저명한 학자들은 대부분 호메로스 서사시의 영향을 받았다고 해도 과언이 아닐 것이다. 고대 그리스의 히포크라테스, 아리스토텔레스, 크세노폰, 플라톤 등과 같은 인물들이 모두 그러했다. 또 호메로스 서사시는 그리스 미술 발전의 초석을 세웠으며 그리스 미술에서 아무리 써도 사라지지 않을 만큼 풍부한 소재를 제공했다.

3,000년이 넘은 세월 동안 호메로스 서사시는 줄곧 가장 위대한 고대 서사시로 여겨졌으며 수많은 학자들이 호메로스 서사시를 연구, 분석하면서 많은 우수한 작품들을 탄생시켰다. 마르크스 역시 호메로스 서사시를 매우 높이 평가하면서 "그것은 영원불변의 매력이 있다. 호메로스 서사시는 일종의 규범과도 같으며, 그 어떤 사람도 도달할 수 없는 절대적인 모범이다."라고 이야기했다.

조로아스터 Zoroaster

불, 물, 흙은 신성한 것으로 더럽혀서는 안 된다. 그러므로 신도들은 죽은 후에 조장鳥葬[1]을 지내야 한다. 이것은 조로아스터교(배화교)의 교의이다.

조로아스터(Zoroaster)는 기원전 628년에 오늘날 이란의 북부 지역에서 태어났다. 그는 조로아스터교의 창시자이자 조로아스터교의 경전 《아베스타(Avesta)》의 최초 분책分冊인 《가타스(Gathas)》의 저자이다. 조로아스터교는 2,500년이 넘는 역사가 있으며 오늘날에도 여전히 여러 곳에서 신도들이 교세를 잇고 있다. 중국에는 남북조 시대에 유입되었고 당시 '현교'라고 불렸다.

▲ 조로아스터
기원전 628 ~ 기원전 551년

조로아스터 신학은 일신론[2]과 이원론[3]을 일체시킨 것으로 내세에 대한 굳건한 믿음이 있다. 조로아스터는 신을 선한 신과 악한 신으로 나누는데 선한 신은 정직과 성실을, 악한 신은 죄악과 거짓을 나타낸다. 선과 악의 두 세력은 끊임없이 투쟁하며 모든 사람은 선한 신을 선택할 수도 있고 악한 신을 선택할 수도 있다.

▼ 〈이슬람의 칼리프(caliph)〉 테오도르 샤세리오(Theodore Chasseriau)의 1845년 작품

조로아스터교도는 선한 신의 세력이 결국엔 승리할 것이라고 믿는다. 도덕적 측면에서 조로아스터교는 정직과 성실의 중요성을 매우 강조하는 반면에 금욕주의와 독신 제도를 반대한다. 그들의 종교 의식 가운데 가장 독특한 것은 장사 의식이다. 조로아스터교도는 시신을 땅에 묻지도, 불에 태우지도 않는다. 그들은 시신을 탑 꼭대기에 놓고 독수리의 먹이로 준다. 조로아스터교의 교의에 따

1 송장을 들에 내다놓아 새가 파먹게 하던 원시적인 장사
2 유일신의 존재만 인정하고 그것을 만물의 근원이라고 여기는 이론
3 선과 악, 창조자와 피조물, 영혼과 몸 따위의 대립되는 원리로써 사물을 설명하려는 입장

이슬람교도들은 조로아스터교를 '배화교拜火敎'라고 불렀고, 중국에서는 '현교祆敎'라고 했다. 조로아스터교의 주요 경전은 《아베스타(Avesta)》로 '지혜, 경전, 명령' 등의 의미이고, 《페르시아 고경古經》으로 불리기도 한다. 주로 조로아스터의 생애와 그의 교의를 담고 있다.

르면 불, 물, 흙은 모두 신성해 더럽히면 안 되므로 신도들은 죽은 후에 조장鳥葬만 할 수 있다.

조로아스터가 살아 있을 때는 조로아스터교가 그다지 널리 전파되지 않았다. 조로아스터교는 당시 오래된 이란의 종교와 비슷한 점이 많았다. 조로아스터가 42세가 되던 해에 조로아스터교의 지위는 공고해졌으며 점차 동부와 서부의 가까운 지역으로 퍼져나갔다. 조로아스터가 죽은 후 조로아스터교는 200년이라는 시간에 걸쳐 역대 페르시아 왕들에게 받아들여졌고 사산 왕조(약 226~851년)가 출현하면서 페르시아의 국교가 되어 수많은 신도를 거느렸다. 오늘날 전 세계적으로 마니교(Manichaeism), 그리스도교도와 비교하면 조로아스터교도의 수는 매우 적다. 그러나 역사적으로 봤을 때 조로아스토교의 전체 신도 수는 기타 종교들보다 훨씬 많을 것으로 추정된다. 조로아스터교는 유대교와 그리스도교에 영향을 주었으며 마니교에는 직접적인 영향을 미쳤다. 마니(Mani)는 조로아스터 사상을 이어받아 세상에는 선과 악이라는 두 세력의 투쟁이 존재한다고 믿었다.

기원전 551년, 조로아스터는 자신의 신당에서 한 종교 관원의 칼에 찔려 죽었다. 그의 나이 향년 77세였다.

마하비라 Mahavira

자이나교(Jainism)의 교의에는 생명, 누입, 속박, 제어, 적막 그리고 해탈의 여섯 가지 진리가 있다.

'마하비라' 라는 칭호는 자이나교도가 자이나교의 창시자인 바르다마나(Vardhamna)를 부르는 존칭이다.

기원전 599년 바르다마나는 인도 동북부 지역에서 마을 지도자의 둘째 아들로 태어났다. 30세가 되자 그는 정신적 진리를 찾기 위해 부유한 재산과 가족, 안락한 삶을 포기한 채 고행의 길로 나섰다. 진리를 위해 바르다마나는 신분이 낮고 생활환경도 매우 열악한 빠르스바나타(Parsvanatha)파의 수도사가 되었다. 12년에 걸친 고행의 시간 동안 그는 극도의 고통과 빈곤을 참고 견디며 끊임없이 자신에 대해 통찰하고 깊이 반성했다. 바르다마나는 언제나 돈 한 푼 지니고 다니지 않으며 금식했다. 그러나 그는 후회하거나 조금의 망설임도 없이 인내심을 가지고 모든 멸시와 모욕, 구타를 참아냈다. 그에

자이나교

인도의 전통 종교 중 하나이다. 전체 신도 수는 대략 400만 명이며 '자이나' 라는 단어의 원래 의미는 '승리자' 혹은 '수행을 완성한 자'이다. 자이나교의 신앙은 종교적이기보다는 이성적인 면이 강하다. 자이나교 신도들은 정확한 신앙, 지식, 품행이 사람들을 해탈의 길로 인도하며 영혼의 이상적 경지에 이르게 한다고 생각한다. 자이나교는 일종의 금욕 종교이고, 신도들이 주로 서인도에 집중되어 있다. 자이나교 신도들은 도살하는 직업이나 농업에도 종사하지 않고 주로 상업, 무역 혹은 공업에 종사한다. 또 자이나교는 신을 믿는 것보다 성인 24명에 대한 숭배를 더욱 중시한다.

---

1 미개 사회에서 부족 또는 씨족과 특별한 혈연관계가 있다고 믿어 신성하게 여기는 특정한 동식물 또는 자연물. 각 부족 및 씨족 사회 집단의 상징물이 되기도 한다.

게 이 모든 것은 정신적 진리를 얻기 위한 수행이었다.

　42세가 되었을 때 마하비라는 마침내 정신적 깨달음을 얻었다. 그리고 30여 년의 여생을 자신이 얻은 정신적 진리를 선포하며 보냈다. 기원전 527년에 생을 마감할 당시 그에게는 이미 많은 제자가 있었다. 여러 가지 측면에서 봤을 때 마하비라의 학설과 불교, 그리고 힌두교의 학설은 매우 유사하다. 사람이 죽으면 그 영혼이 다시 태어난다는 학설은 자이나교의 기본 사상이며, 또한 자이나교는 비폭력을 매우 중시한다. 자이나교가 말하는 비폭력의 대상에는 사람뿐만 아니라 모든 동물도 포함된다. 자이나교도가 채식을 하는 이유는 바로 이러한 종교적 신념에서 비롯한 것이다.

　인도는 농업 위주의 국가였지만 많은 시간이 흐르면서 자이나교도는 대부분 무역과 재무 업무에 종사하게 되었다. 자이나교는 종교의 관용을 주장했으며 부지런하고 성실하게 일하는 신도들에게 상을 주었다. 그러면서 자이나교는 점차 번창해갔다. 인도에서 정신노동과 문예 활동을 하는 사람들 가운데 자이나교도가 차지하는 비중은 그 신도 수와 비교했을 때 상대적으로 매우 크다.

　그렇다고 자이나교도 수가 아주 많은 것은 아니다. 인도 전체만 봤을 때 현재 신도 수는 대략 200여 만 명으로 추산된다. 그러나 만약 2,500여 년 간 이어져 내려온 자이나교 신도들을 모두 합한다면 그 수는 엄청나다. 자이나교가 신도들의 삶에 미친 거대하고 지속적인 영향은 아마 다른 종교들이 그 신도들에게 미친 영향보다 훨씬 막대하고 영구적일 것이다. 그리고 이것은 마하비라가 인류에 미친 영향력으로 평가되고 있다.

▲ 〈성현 인물도〉 청나라, 임웅任熊 작품

노자 LAO TZU

대장부는 도의 두터움에 처하되 도의 얇음에 처하지 않으며, 도의 근원에 처하되 그 화려함에 처하지 않는다.[1]

도덕경

"도가 말해질 수 있으면 그것은 진정한 도가 아니고, 이름을 지을 수 있다면 그것은 진정한 이름이 아니다."[2]

"만족함을 알면 욕되지 않고, 멈출 줄 알면 위태롭지 않다."[3]

"만족을 모르는 것보다 더 큰 화는 없고, 얻고자 하는 것보다 더 큰 허물은 없다."[4]

1   大丈夫處其厚 不居其薄, 處其實 不居其華
2   道可道 非常道, 名可名 非常名
3   知足不辱, 知止不殆
4   禍莫大於不知足, 咎莫大於欲得

▲ 태상노군의 모습

함곡저서函谷著書

주周 경왕敬王 4년에 왕실에 내란이 일어났다. 왕자 조朝가 병사들을 이끌고 유공劉公의 읍을 공격하여 함락시켰고, 진晉나라가 군사를 보내 주 경왕을 구해주었다. 이에 왕자 조는 고립되었다가 주 왕실의 책들을 가지고 초나라로 도망쳤다. 노담(노자)은 이 일에 책임을 지고 관직을 박탈당해 궁을 떠나게 되었다. 그리하여 서방으로 여행을 떠나는 길에 함곡에서 관문지기를 만났는데 그의 간곡한 부탁으로 《덕경德經》과 《도경道經》을 써주었다.

"대장부는 도의 두터움에 처하되 도의 얇음에 처하지 않으며, 도의 근원에 처하되 그 화려함에 처하지 않는다."[5]

중국에는 헤아릴 수 없이 많은 서적이 전해 내려온다. 그 가운데 도가의 경전으로 해외에도 번역되어 널리 알려진 책이 있다. 바로 2,000여 년 전에 쓰인 《노자》이다. 이 책의 작자인 노자는 성은 이李, 이름은 이耳, 자는 백양伯陽으로 중국 고대 사상가이다. 전해지는 이야기에 따르면 그는 태어날 때부터 눈썹과 수염이 눈처럼 새하얘서 '노자老子', 즉 늙은 소년이라고 불렸다고 한다.

노자는 자연과 조화를 이루면 아무것도 하지 않아도 천하가 잘 다스려진다고 주장했다. 특히 아무것도 하지 않아도 천하가 잘 다스려진다는 '무위이치無爲而治' 개념은 도가의 기본적인 정치사상이다. 노자는 세상의 근원은 무이며 "성인은 행함이 없는 일에 머물고 말없는 가르침을 행한다."[6]라고 생각했다. 또 이상적인 인간관계의 경계를 "바로 앞에 이웃나라가 있고 닭과 개의 소리가 들릴 정도로 가까이 있을지라도 늙어 죽을 때까지 서로 왕래하는 일이 없는 것."[7]이라고 했다. 《도덕경》은 노자의 주요 철학 사상을 담고 있는 책이다.

우리가 지금 이야기하는 《도덕경》은 전국 시대에는 한비자가 《주서周書》로, 한漢나라 때는 《노자》로 불렸으며 《사기》에서는 "노자의 저서에는 상하편이 있는데 도덕의 의미를 논한다."라고 기록되어 있다. 이렇듯 《노자》의 중심 사상은 바로 '도'이다. 노자는 우주 만물의 질서를 헤아려 "사람은 땅을 본받고 땅은 하늘을 본받으며 하늘은 도를 본받고 도는 자연을 본받는다."[8]라고 판단했다. "도는 자연을 본받는다."라는 말에서 '도'는 본래 아무것도 하지 않는 자연 그 자체의 원리, 혹은 그 원리에 순응하는 것이라는 의미이다. 도가에서는 '도'를 지지 않는 것으로 보며, 사람은 도에 순응하여 행동해야 한다고 생각했다. 그러므로 이런 시각에서 권력과 이익의 다툼

▲ 노자가 세상에 태어나는 모습을 묘사한 그림이다. 명대의 회화 전설에 따르면, 노자의 모친은 신비한 기운을 받아 노자를 잉태했으며 81년 동안 임신한 상태로 지냈다고 한다.

---

5 大丈夫處其厚 不居其薄, 處其實 不居其華
6 聖人處無爲事 行不言之敎
7 隣國相望 鷄犬之聲相聞 民至老死不相往來
8 人法地 地法天 天法道 道法自然

은 터무니없고 부도덕한 일이었다.

　어떤 사람들은 "아무것도 하지 않아도 천하가 잘 다스려진다."라는 노자의 무위이치 개념을 이해하지 못한다. 또 어떤 이들은 노자의 철학이 소극적이고 보수적이라며 비난하고 기계적유물론[9]에 빠져 사람의 '주관적 능동성'을 무시한 매우 피동적인 사상이라고 치부한다. 그러나 이러한 견해는 노자의 사상에 대한 오해에서 비롯한 것이다. 노자의 '무위'는 결코 아무것도 하지 말라는 뜻이 아니다. 그것은 자연 규칙을 위배하는 행위, 도덕적 규범을 파괴하는 행위, 사회 법칙을 위반하는 행위, 그리고 타인을 해하는 행위를 하지 말라는 의미이다. 사람은 '무위'의 태도로 소극적으로 사회생활을 하는 것이 아니라 '무위'의 태도를 따르면서 '행동'하고 자신의 주관적인 능동성을 마음껏 발휘해야 한다.

　노자는 사회를 논리적으로 분석하고 연구한 몇 안 되는 대가 중의 한 사람으로 그의 사회 철학은 폭넓고 심오했다. 그의 철학 사상과 그가 창시한 도가 학파는 중국에서 불교 철학이 발전하는 데 큰 역할을 했다. 노자는 중국 고대 사상 문화의 발전에 지대한 공헌을 했을 뿐만 아니라 2,000여 년 동안 기나긴 시간의 흐름과 함께 형성되어 온 중국의 사상과 문화의 발전에도 중요한 영향을 미쳤다.

▼ 〈성적도聖跡圖〉 중 제사를 드리는 모습

9　모든 현상을 자연적 인과 관계와 역학적 법칙으로 설명하려는 이론

유클리드 Euclid

존경하는 이집트 국왕 폐하, 기하학의 전당에는 왕도가 따로 없습니다.

유클리드

그는 알렉산드리아에서 살았으며 온순하고 선량한 사람으로 인정이 두터웠다. 그가 확립한 기하학 체계는 매우 빈틈없고 완전하여 20세기의 가장 뛰어난 발명가로 손꼽히는 에디슨도 그의 업적을 매우 높이 평가했다. 또 그가 남긴 "기하학에는 왕도가 없다."라는 말은 사람들의 입에서 입으로 전해져 학습의 잠언이 되었다.

그의 이름은 바로 기하학의 시조이자 고대 그리스 수학자로서 널리 명성을 떨친 유클리드(Euclid)이다.

유클리드는 일생에 대해 알려진 바가 거의 없다. 그러나 그의 역사적 지위를 확립시켜준 기하의 교과서격인 《기하학원본(Stoicheia)》은 매우 유명하다. 이 책은 고대 그리스 수학 발전의 최고봉으로 인정받는다. 《기하학원본》의 주요 연구 대상은 기하학이며 수론數論, 무리수 이론 등 기타 문제들을 해결했다. 이 책은 수학사상 제일 중요한 초등 기하공리 체계를 수립했으며 수학 지식을 체계화하는 발단

기하학원본

고대 그리스 대수학자인 유클리드는 그의 대작인 《기하학원본》과 함께 역사에 길이 이름을 남겼다. 이 책은 세상에서 가장 널리 전파되고 가장 완성도가 높은 수학 저서로 유명하다. 《기하학원본》에서 그는 고대 노동자들이 사용하던 기하학 지식을 체계화하여 공인되었던 몇 가지 사실을 정의와 공리로 정리했다. 또 형식을 갖춘 논리 방식, 정의와 공리를 통해 기하학적 도형의 성질을 연구해 기하학 논증 방식을 구축하고 엄밀한 논리 체계인 기하학을 확립시켰다.

이 되었다. 무려 2,000여 년 동안 사람들은 이 《기하학원본》을 기하학 연구의 훌륭한 입문서이자 교과서로 여겼다. 그중에서도 연역 체계화 사상은 수학의 발전에 지속적으로 영향을 미쳤으며 자연과학뿐만 아니라 철학에까지 스며들었다.

《기하학원본》 외에도 유클리드는 《자료(Data)》, 《분할에 대하여(On Divisions)》, 《궤변에 관한 책(Books of Fallacies)》, 《광학(Optics)》, 《곡선의 자취(Surface Loci)》 등의 저서를 남겼다.

유클리드는 매력이 넘치는 사람이었다. 매우 박식했고, 아버지와 같은 마음으로 학생들을 대했다. 그는 학습이란 항상 한 걸음씩 앞으로 나아가야 하며 자신의 뜻을 이루려면 반드시 어려움을 견뎌내야 한다고 주장하며 편협하고 실용적인 관념을 반대했다. 또 항상 예절바르게 행동하고 겸손했으며 사람들과 논쟁을 벌이지 않았다.

인류의 지식이 아무리 발전해도 유클리드의 학술상 업적은 여전히 그 빛을 발했다. 또한 그가 이루어낸 수학의 발전과 현대 과학의 논리 구조 체계는 긴 세월이 흐르는 동안에도 굳건히 그 자리를 지켜왔다. 이 선량하고 지혜로운 노인은 기하학이라는 분야에 누구도 침범할 수 없는 자신만의 영역을 구축했으며, 이는 영원히 사라지지 않을 것이다.

◀ 유클리드가 연산한 원고

키루스 2세 Cyrus The Great

그는 고대 중동 지역을 통일했으며 광활한 영토를 소유한 페르시아 제국을 건설했다.

키루스 2세는 페르시아 제국의 창립자이다. 메디아, 리디아, 바빌론을 멸망시켜 고대 중동 대부분 지역을 통일했고 인도에서 지중해 연안에 이르는 대제국을 건설했다.

현재 이란 서부 지역인 파르스 주(Fars Province)에서 메디아 국왕 직속 지방 제후의 아들로 태어나 기원전 558년에 아버지 캄비세스 1세의 지위를 계승하여 메디아 국왕의 제후가 되었다. 기원전 553년에 메디아 국왕에 대항하며 봉기를 일으켜 반란에 성공했고 이후 기원전 546년에 리디아 제국을, 기원전 539년에는 바빌론을 정복해 시리아와 파키스탄을 아우르는 방대한 제국을 세웠다.

키루스 2세는 제국의 통치를 공고히 하고자 수년에 걸쳐 거대 제국의 조직 개편을 단행했고 동북 지역으로 진군해 마사게타이족

▼ 〈사냥하는 소년 키루스 2세〉 폴
귀스타프 도레의 1860년 작품

(Massagetae)을 정복했다. 이 과정에서 그는 첫 번째 전투에서는 승리했으나 기원전 529년에 벌어진 또 다른 전투에서 전사했다. 키루스 2세가 전장에서 목숨을 잃자 그의 아들 캄비세스 2세가 마사게타 이족을 멸망시키고 아버지의 시신을 찾아와 이란의 옛 수도인 파사르가다이(Pasargadae)에 안장했다. 그리고 이후 이집트를 정복하여 마침내 중동 전체를 하나의 제국으로 통일했다.

키루스 2세는 천재적 군사 지도자였을 뿐만 아니라 매우 인자한 군주였다. 그는 각 지방의 다양한 종교와 풍습을 존중했고 폭정을 일삼는 정복자들을 무척이나 싫어했다. 만약 키루스 2세가 없었다면 유대인은 독립된 민족으로서 기원전 5세기경에 이미 멸망했을지도 모른다. 키루스 2세가 죽은 후 페르시아 제국은 약 200년 동안 지속되다가 알렉산더 대왕에게 정복당했다. 그 200년의 시간 동안 페르시아가 통치한 국가들은 매우 평화로운 번성기를 보냈다. 키루스 2세의 전쟁은 고대 세계의 정치 체계를 변화시켰다.

◀ 〈페르시아 왕이 성물聖物을 돌려주다〉 폴 귀스타프 도레(Paul Gustave Dore)의 1860년 작품. 키루스 2세의 진보적이면서 인자한 성품은 그의 천재적인 군사적 능력과 함께 사람들을 매료시켰다. 키루스 2세는 각 지방의 종교와 풍속을 존중하여 200년 이상 페르시아 제국에 다양하고 복잡한 신앙이 존재할 수 있었다.

▲ 〈보리수 아래에서의 열반〉인도
회화

석가모니 Buddha

붓다(Buddha)는 불교도들이 석가모니를 존경하여 일컫는 말이
다. 석가모니는 원래 칭호가 1만 개에 이르렀는데 그중 10개만
남아 '여래십호如來十號'라고도 불린다.

금강경金剛經

《금강경》의 전체 이름은 《금강반야
바라밀경》으로 불교의 중요한 경전
이다. '금강'은 마치 금강석처럼 단
단하고 날카롭게 세속의 모든 번민
과 편견을 타파하고 깨달음을 얻는
것을 비유적으로 표현한 말이다. 또
전체 이름인 《금강반야바라밀경》은
이 《금강경》에 따라 참선하고 수행
하면 변하지 않는 금강의 본질을 성
취할 수 있고 불도의 지혜를 완전히
이해하게 된다는 뜻이다. 《금강경》
이 말하는 것은 무상無相의 지혜이
다. 전반부에서는 중생의 무상을,
후반부에서는 법의 무상을 이야기
한다.

석가모니는 고타마 싯다르타(Gautama Siddhartha)가 본명이며 세
계 3대 종교인 불교의 창시자이다.

고타마 싯다르타의 아버지는 고대 인도 동북부 지역의 가비라위
(Kapilavastu)국 국왕이었고 어머니는 이웃 나라의 공주였다. 기원전
563년에 현재 네팔(Nepal) 국경 내에 있는 룸비니(Lumbini)에서 고
타마가 태어났다. 전해지는 이야기에 따르면 고타마는 어머니의 오
른쪽 옆구리에서 태어났으며 태어나자마자 일곱 걸음을 걸었는데
발을 내디딘 곳마다 연꽃이 피어올랐고 또 용이 나타나 고타마의 몸

을 씻겨주었다고 한다. 훗날 불교도들은 이 날을 '석가탄신일' 혹은 '욕불일浴佛日'이라고 부르며 기념했다. 그러나 7일 후 고타마의 어머니가 산후병으로 세상을 떠나 고타마는 이모의 손에서 자랐다. 16세가 되던 해에 그는 나이가 비슷한 사촌누이동생과 결혼해 부유하고 안락한 생활을 보냈으며 몇 년 후 아들을 한 명 낳았다.

고타마는 학식이 매우 풍부했고 조용히 사색하는 것을 좋아했다. 또 사치스러운 생활에 연연해하지 않았고 중생의 고통에 관심이 많았다. 불교의 설법에 다음과 같은 이야기가 전해진다. 어느 날 고타마가 궁 밖 구경을 나섰는데 그곳에서 노인, 불구자, 죽어가는 사람들을 직접 눈으로 보게 되었다. 이때 그는 사람이란 한 세상을 살아가면서 수많은 고통을 겪게 되는 존재라는 것을 깊이 깨닫고 죽음에도 사라지지 않는 영원한 무언가를 찾아 나서기로 마음먹었다. 그리하여 29세에 화려한 왕궁 생활을 포기하고 가족과 헤어져 고행승苦行僧으로서 수행의 길을 걷기 시작했다.

▲ 석가모니의 모습

◀ 세상에는 여러 종교가 있으며 그 창시자들은 '신'으로 추앙받는다. 세계 3대 종교인 불교의 창시자 석가모니는 불교 신도들에게 오랜 세월 공경을 받았다. 이 그림에서도 석가모니는 상서로운 구름과 신비로운 빛에 둘러싸여 있다.

6년 후 고타마는 보리수 아래에서 49일 동안 깊은 사색의 시간을 보냈다. 그리고 마침내 커다란 깨달음을 얻어 세상 사람들을 고난에서 구제할 방법을 찾아냈고 불교의 기본 교의를 세웠다. 그 후 여러 곳을 돌면서 교의를 전파했고 많은 제자를 받아들였다. 이와 함께 불교의 영향력은 서서히 확대되어갔고, 이때부터 그의 제자들은 고타마를 '석가모니'라고 불렀다.

　교의를 전파하던 석가모니는 기원전 483년에 세상을 떠났다. 제자들은 그의 유해를 화장하여 각지의 불탑에 모셨다. 당시 석가모니의 제자는 수천 명에 달했고 불교는 광범위하게 영향력을 미치고 있었다. 석가모니의 말은 문자로 기록되지 않아 불교의 학설은 그 제자들의 입에서 입으로 전해졌다.

　불교의 기본 교의는 '고성제苦聖諦, 집성제集聖諦, 멸성제滅聖諦, 도성제道聖諦'의 사성제四聖諦이다. '고성제'란 생, 노, 병, 사를 겪게 되는 인생 그 자체가 모두 고통이라는 진리를 뜻한다. '집성제'는 마음속 번뇌, 그리고 갈등이 쌓여 고통이 생긴다는 진리이다. '멸성제'는 그 모든 욕망과 고통이 소멸되면 열반의 경지에 이른다는 진리를 의미한다. 그러나 열반의 경지에 오르려면 반드시 수행을 해야 하는데, 그 수행하는 방법이 바로 마지막 진리인 '도성제'이다. 석가모니는 불교의 기본 교의로 이 '사성제' 외에도 열반의 경지에 오르는 수행 방법인 '팔정도八正道'를 제시했다. 이 팔정도는 정견正見, 정정正定, 정어正語, 정업正業, 정명正命, 정정진正精進, 정념正念, 정사유正思惟를 가리킨다.

　현재 불교는 세계 3대 종교로 꼽힌다. 사람들은 불교의 창시자 석가모니에게 '붓다'라는 존칭을 사용하는데, 이는 '철저하게 깨달은 사람'이라는 뜻으로 불교의 수행에서 최고의 경지에 오른 것을 상징하기도 한다. 석가모니는 군대도, 정권도, 그리고 나라도 가지지 않았지만 그의 명성과 영향력은 그를 '무관無冠의 제왕' 자리에 올려 놓았다. 또 그는 문자로 남긴 저서를 남기지 않았지만 헤아릴 수 없이 많은 사람이 그의 말을 따르면서 살아간다. 석가모니는 그야말로 세상에 기적을 일으킨 인물이다.

공자 Confucius

공자 이전의 중국 역사와 문화는 2,500년 이상 축적되었고 공자는 그것을 집대성했다. 공자 이후 중국 역사와 문화는 또 다시 2,500년 이상 진보했으며 공자는 새로운 길을 열었다.

첸무錢穆

중국인들에게 중국 5,000년 역사에서 화하華夏 민족의 생활, 문화, 사상에 가장 큰 영향을 준 인물이 누구냐고 물으면 단연코 공자를 꼽을 것이다. 공자는 중국의 가장 위대한 철학가이자 중국의 사상 문화를 집대성한 사람이며 유학의 창시자이다. 후세 사람들은 그를 '지성至聖'[1] '만세사표萬世師表'[2]라고 추앙했다.

기원전 약 551년, 공자는 노나라 추읍, 지금의 산둥성 취푸에서 태어났다. 자는 중니仲尼, 이름은 구丘이다. 어린 시절에 아버지를 여의고 어머니와 함께 살면서 가난하고 힘든 생활을 했다. 성인이 된 후 공자는 벼슬길에 매우 큰 흥미를 보였고 언제나 나라를 통치할 때 생기는 여러 가지 문제에 대해 생각했다. 그는 노나라에서 위리委吏,[3] 승전乘田[4]과 같은 직위가 낮은 관리직을 맡았다가 사직하고 16년 동안 학문에 정진했다.

노나라 소공昭公 20년(기원전 522년)에 공자는 제나라 경공景公과 친분을 맺었고, 소공 25년(기원전 517년)에 조국에서 내란이 일어나자 제나라로 도망갔다. 그곳에서 제나라 경공의 인정을 받았지만 제나라 대부 안영晏嬰의 방해로 중용되지 못했다. 노나라 소공 27년(기원전 515년)에 다시 노나라로 돌아와 계속해서 사람들을 모아 학문을 가르쳤다. 노나라 정공定公 9년(기원전 501년), 공자는 51세에 중도재中都宰로 임명되었고 이후 소사공小司空, 대사구大司寇로

▼ 〈공자성적도孔子聖跡圖〉 청나라, 초병정焦秉貞 작품

---

1 지덕이 지극히 높은 성인
2 만고의 스승의 본보기
3 곡식의 출납을 맡아보던 관리
4 가축을 사육하는 일을 맡아보던 관리

▲ 서양에서 출판된 유가儒家 서적
중 공자의 초상

지위가 점차 올라갔다. 노나라 정공 10년(기원전 498년)에 그는 세 읍을 폐하는 '타삼도墮三都'의 계획을 세워 삼환[5]의 세력을 약화시키고자 했지만 결국 실패해 관직에서 물러나고 여러 나라를 돌아다녔다.

공자는 제자들과 함께 어진 정치를 하며 자신을 등용해줄 곳을 찾아 송나라, 위나라, 진나라, 채나라, 제나라, 초나라 등지를 찾아갔지만 어느 곳에서도 그를 반기지 않았다. 생애 마지막 5년, 공자는 제자 염자冉子의 도움으로 노나라로 돌아와 생활하다가 기원전 497년에 72세를 일기로 병사했다. 공자의 시신은 곡부성 북쪽 사수泗水에 안장되었으며 현재 이곳에는 공자의 묘지가 세워져 있다.

공자 사상의 정수는 《논어》에 집약되어 있는데, 이 책에는 공자의 어록과 언행을 기록되어 있다. 《논어》에서 제창하는 '인仁'의 관념과 가치는 화하 민족의 정신 속에 깊이 스며들어 중국 민족의 성격을 형성했다. 이 '인'의 관념만큼 중화 민족에 커다란 영향을 미친 것은 더 이상 찾아볼 수 없을 것이다.

공자는 중국 역사상 가장 위대한 교육학자이며 사학을 세운 최초의 인물이다. 공자 때부터 '관료들만 공부'하는 풍토가 깨졌다. 공자는 '유교무류有敎無類[6]'를 외치면서 빈부에 상관없이 누구나 교육을 받을 수 있다고 말했다. 또 '배우는 사람이 지향하는 바와 재능과 같은 구체적인 상황에 맞게 교육'해야 제자를 가장 유능한 인재로 키울 수 있다고 생각했다. 그러면서 그는 '학업 성적이 우수하면 발탁되어 관리가 되어야學而優則仕'한다고 주장하며 제자들이 성인이 된 후 벼슬길에 나아가 국가의 정권을 잡기를 바랐다. 전해지는 바에 따르면 공자의 제자는 3천여 명에 이르렀으며, 그중에 육예六藝[7]에 통달한 제자의 수가 72명이나 되었다고 한다.

공자는 고대 문헌들을 수집하고 정리하여 《시詩》, 《서書》, 《예禮》, 《악樂》, 《역易》을 완성하고 이를 바탕으로 제자들을 가르쳤다. 또 《춘추》를 편년체[8]로 기록하여 중국 편년체 사서의 선례를 남겼다. 《춘추》는 중국 고대 서적 가운데 가장 훌륭한 서적으로 평가된다. 사마천은 《사기 공자세가史記 孔子世家》에서 《춘추》에 대해 다음과 같

5 중국 춘추 시대에 노나라 환공에서 갈라져 나온 맹손, 숙손, 계손 씨의 세 대부
6 가르침에는 차별이 없다는 공자의 말로, 배우고자 하는 사람에게는 누구에게나 배움의 문이 개방되어 있다는 의미이다.
7 고대 중국 교육의 여섯 가지 과목. 예禮, 악樂, 사射, 어御, 서書, 수數를 이른다.
8 연월에 따라 기술하는 역사 편찬의 찬 체제

이 높이 평가했다. "천하의 수많은 군왕과 현인들은 살아 있을 때는 영화로웠으나 죽으면 그뿐이었다. 그러나 공자는 포의布衣[9]로 평생을 보냈지만 10여 세대를 지나왔어도 여전히 학자들의 추앙을 받는다. 천자, 왕후에서 나라 안의 육예를 논하는 자들에 이르기까지 모두 공자의 말씀을 판단 기준으로 삼고 있으니 참으로 최고의 성인이라고 할 수 있을 것이다."

▼ 〈공자성적도〉 청나라, 초병정 작품
초병정은 지닝(지금의 산둥성)에서 태어났다. 인물, 산수, 화훼, 그리고 누각을 그리는 데 정통했으며 《역조현후고사도歷朝賢后故事圖》와 《추천한희도秋千閑戲圖》 등의 작품이 전해지고 있다.

9   벼슬이 없는 선비를 비유적으로 이르는 말

플라톤 Platon

그의 철학 체계, 교학 사상과 사랑관은 후대에 커다란 영향을
주었으며 그 영향력은 지금까지도 계속해서 이어지고 있다.

▲ 플라톤
기원전 427 ~ 기원전 347년

　플라톤은 고대 그리스의 철학가이다. 그의 철학사상은 서양철학,
더 나아가 서양문화 전체에 깊은 영향을 미쳤다. 그의 철학체계, 교
학사상과 사랑관은 후대에 많은 영향을 주었으며 그 영향력은 지금
까지도 계속해서 이어지고 있다.
　플라톤은 아테네의 한 귀족 가문에서 태어났고, 젊은 시절에 소크
라테스(Socrates)의 제자가 되었다. 소크라테스와의 만남과 그의 죽
음은 플라톤의 인생 항로에 막대한 영향을 끼쳤다. 소크라테스가 죽
은 이후 플라톤은 이상理想 정치를 실현하고자 세계 곳곳을 떠돌아

다니기 시작했다. 그는 이집트, 소아시아, 그리고 이탈리아 남부 지
역에서 정치 활동에 참여했지만 결국 실패했고 기원전 387년에 아
테네로 돌아왔다. 그 후 교육 연구 활동에 전념했고 아카데메이아
(Akademeia)를 개설해 그곳에서 40년 동안 제자들을 가르치다가 세
상을 떠났다. 서양 교육사에서 플라톤은 취학 전 교육 사상을 최초
로 제시했고 완전한 교육 체계를 구축한 인물이다. 또 그가 구축한
체육 사상은 후세의 체육 발전에도 큰 영향을 미쳤다. 플라톤의 해
박한 철학 체계는 한편으로 그의 교학 사상에도 영향을 주었다. 플
라톤은 사고가 민첩하고 광범위하게 연구하여 수많은 저서를 남겼
다. 그중에서도 그의 교학 사상은 《국가론(Politeia)》과 《법률
(Nomoi)》에 집약되어 있다.

플라톤의 교학 체계는 피라미드 형태라고 할 수 있는데 가장 큰
특징은 이성적 훈련에 중점을 둔다는 점이다. 이성을 기르기 위해

국가론

《국가론》은 소크라테스를 주인공으
로 하고 대화체 형식으로 완성된 플
라톤의 저서이다. 플라톤은 이 책에
서 자신의 철학 사상을 총결하고 당
시 학문 분야들을 종합해 철학, 정
치, 윤리도덕, 교육, 문예 등 각 방
면의 문제들을 탐구했다. 또 《국가
론》에서 이념론을 기초로 이상 국가
를 건설할 방안을 세웠으며 이와 함
께 이상적인 유토피아(Utopia)의 모
습을 그려냈다.

플라톤은 전면적이고 풍부한 교과 체계를 설립했고 제자의 심리적 상황에 근거하여 교과 과정을 몇 개 연령 단위로 나누고 각기 다른 교학 내용을 배우게 했다.

플라톤은 교학 방법을 매우 중시했다. 강압적으로 제자에게 지식을 주입하는 방법을 반대하고 소크라테스의 문답법을 그대로 따랐다. 그는 문답 형식을 통해 제자에게 문제를 제시하고 제자 스스로 모순을 깨닫게 한 다음 분석하고 귀납하고 다시 종합하여 판단하고 마지막으로 결론을 도출해내는 방식을 사용할 것을 주장했다. 플라톤은 기억이 지식을 제어해가는 과정을 일종의 교학과 계몽의 과정으로 인식했다.

플라톤의 교학 사상은 매우 풍부했으며 수많은 교학 방법을 남겼다. 그는 기본적인 심리학 분야를 정확하게 나눈 최초의 인물이다. 또 심리학 지식을 교학에 직접 운용했다. 플라톤은 제자들을 계몽하는 데 능숙했고 제자의 사고 능력을 발전시키는 일을 매우 중요하게 생각했다. 제자들에게 사물의 본질을 탐구하게 한 그의 교학 방법은 후세의 교육학자들에게 소중한 본보기가 되었다.

오늘날 사람들의 눈에 비친 플라톤의 사랑관은 이상하게 느껴지는 부분들도 있다. 플라톤은 영혼이 진리를 향하고 육체에 끌리지 않을 때가 가장 순수한 의식 상태라고 생각했다. 그리고 일단 영혼이 육체의 죄악에 물들면 진리를 추구하고자 하는 인간의 바람이 만족함에 도달할 수 없다고 주장했다. 오늘날까지도 플라톤식 사랑관 (Platonic love)은 여전히 사람들 사이에서 흥미진진한 화젯거리가 되고 있다.

플라톤과 그의 제자 아리스토텔레스는 모두 뛰어난 고대 그리스의 철학자이지만 서양에서는 플라톤이 훨씬 많은 관심과 존경을 받았으며, 그의 작품은 서양 문화의 초석이 되었다. 서양 철학의 모든 학파는 많든 적든 플라톤의 저서에서 양분을 섭취했다. 이렇게 플라톤의 사상은 후세 철학자와 그리스도교 신학자들에게 깊은 영향력을 발휘했다. 어떤 철학사 학자들은 서양철학이 근대에 이르러서야 비로소 플라톤 사상의 지배에서 벗어날 수 있었다고 이야기하기도 한다.

아리스토텔레스 Aristoteles

노력만 할 뿐 타고난 재능이 없거나 혹은 재능은 있지만 노력하
지 않는다면 모두 아무 쓸모가 없다. 노력과 재능이 서로 영향
을 미치고 결합되어야 한다.

아리스토텔레스

　아리스토텔레스는 고대 그리스 철학가들 가운데 가장 위대하고 가
장 학식이 깊었던 인물이다. 그는 고대 지식들을 집대성했을 뿐만 아
니라 사람들에게 폭넓은 문화적 배경을 전달해 백과사전의 창시자로
불리기도 한다. 아리스토텔레스가 세상에 공헌한 업적은 그 누구와
도 비교할 수 없다. 그가 세상을 떠난 지 수백 년이 흐른 뒤에도 그만
큼 지식을 체계적으로 고찰하고 파악한 학자는 아무도 없었으며, 마
르크스도 그를 '가장 위대한 고대의 사상가'라고 칭송했다.

▲ 아리스토텔레스의 모습

가장 해박한 사람

아리스토텔레스는 플라톤의 제자이며, "나는 스승을 사랑하지만 진리를 더욱 사랑한다."라는 명언을 남겼다. 그는 고대 지식들을 집대성한 위대한 인물로, 그가 세상을 떠난 지 수백 년이 흐른 뒤에도 아리스토텔레스처럼 지식을 체계적으로 고찰하고 파악한 학자는 아무도 없었다. 아리스토텔레스의 저서는 고대 지식의 백과사전과도 같은 역할을 했으며 그의 사상은 전 유럽을 지배했다. 엥겔스(Friedrich Engels)는 그를 '가장 해박한 사람'이라고 일컬었다.

▼ 루마니아 수도원 벽화 16세기 작품
아리스토텔레스의 스승 플라톤과 수학자 피타고라스, 개혁가이자 집정관인 솔론이 함께 있는 모습을 그렸다.

아리스토텔레스는 기원전 384년에 그리스 북부 스타게이라(Stageira)에서 태어났다. 그의 아버지는 마케도니아(Macedonia) 왕의 주치의였으며 아리스토텔레스가 아주 어릴 때 세상을 떠났다. 18세가 되던 해에 아리스토텔레스는 아테네에 있는 플라톤의 아카데메이아에 들어가 학문을 배웠다. 학업을 마치고 나서는 제자들에게 수사학[1]을 가르치며 스승인 플라톤이 세상을 떠날 때까지 20년 동안 그곳에 머물렀다. 아테네를 떠난 아리스토텔레스는 소아시아로 가 머물면서 결혼을 했고 기원전 344년에 가족들과 함께 레보스 섬으로 이주했다.

기원전 343년에 아리스토텔레스는 마케도니아 국왕 필리포스 2세(Philippos Ⅱ)의 부름을 받고 고향으로 돌아와 13세가 된 알렉산드

---

1 사상이나 감정 따위를 효과적이고 아름답게 표현하도록 문장과 언어의 사용법을 연구하는 학문

로스(Alexandros) 왕자의 교육을 맡았다. 그는 미래의 지도자에게 자신이 그동안 습득한 정치, 철학, 교육 분야를 망라한 풍부한 지식을 모두 쏟아 부었고, 이는 어린 알렉산드로스 왕자의 사상이 형성되는 데 커다란 영향을 주었다. 기원전 335년 아리스토텔레스는 알렉산드로스 대왕이 된 제자의 곁을 떠나 고향 스타게이라로 돌아왔다. 그곳에서 그는 리케이온(Lykeion)[2]을 설립하여 제자들에게 학문을 가르치고 한편으로는 자신의 이론을 세웠다.

아리스토텔레스는 판에 박힌 듯한 교학 방식을 반대하며 항상 제자들과 리케이온 정원을 거닐며 강의를 했다. 그래서 그의 학파는 '소요학파'라는 이름으로 불리게 되었다. 플라톤의 아카데메이아와 달리 아리스토텔레스의 리케이온에서는 실재實際를 중요시했다. 아리스토텔레스는 문제를 연구할 때는 더 많이 제안하고 더 많이 질문하면서 광범위하게 수집한 재료들을 바탕으로 탐구해나가야 한다고 주장하고 제자들에게 진리를 고수하도록 가르쳤다. "나는 스승을 사랑하지만 진리를 더욱 사랑한다."라는 아리스토텔레스의 명언은 그의 교학 이론이 새로운 단계로 접어들었음을 의미했다.

철학 분야에서 아리스토텔레스는 스승 플라톤의 유심론을 부정하면서 이념은 실물의 원형이며 실물과 떨어져 있는 독립적인 존재라고 인식했다. 또 형식 논리라는 중요한 학문 분야를 처음으로 확립했는데, 이는 아리스토텔레스가 세운 모든 업적 가운데 가장 탁월한 부분으로 평가받는다. 이 밖에도 아리스토텔레스는 자연계의 모든 사물이 질료(matter)[3]로 구성되며 필연적으로 운동과 변화가 발생한다고 생각했다.

아리스토텔레스는 다음과 같이 말했다. "정치학이 인류를 만들 수는 없지만 인류를 자연에서 벗어나게 했을 뿐만 아니라 자연을 다스리게 했다." 그는 사람이 사회적 동물이며 도시 국가는 인성人性이 실현된 것이고 시민들이 그 안에서 아름답고 행복한 생활을 영위한다고 여겼다. 또 정치를 군주제, 귀족제, 공화제, 민주제 등으로 구분하고 시민들이 교대로 집정하며 사유 재산을 인정해야 한다고 주장했다.

---

2 그리스 아테네에 있었던 아폴로, 리케이우스 신전 근방의 성벽으로 둘러싸인 김나지움(교육 기관)과 정원의 명칭으로 아리스토텔레스가 이곳에서 학문을 가르쳐 그의 철학 학교의 이름으로도 사용되었으며, 나중에는 많은 나라에서 '학교'를 가리키는 말로 사용되었다.
3 형상과 함께 생성되는 존재자의 구성 요소로 아리스토텔레스 철학의 기본 용어이다.

기원전 323년 향년 62세에 아리스토텔레스는 병으로 세상을 떠났다. 그는 한평생 170여 종에 달하는 매우 많은 저서를 남겼는데 그 중에 47종만이 지금까지 전해진다. 그 내용은 논리학, 경제학, 정치학, 수사학, 시학, 변증법, 수학, 물리학, 철학 등 다양한 분야를 총망라한다. 주요 저서로는 《범주론(Categories)》, 《해석론(De Interpretatione)》, 《분석론전서(Analytica Priora)》, 《분석론후서(Analytica Posteriora》, 《궤변론(De Sophisticis Elenchis)》, 《소피스트식 반박(Sophistical Refutations)》, 《형이상학(Metaphysics)》, 《물리학(Physics)》, 《윤리학(Ethics)》, 《정치학(Politics)》, 《시학(Poetica)》, 《수사학(Rhetoric)》 등이 있다.

진시황 Qin Shihuang

진 왕이 육합六合¹ 일소하니 호랑이가 영웅을 보고 어찌 감탄하
지 않겠는가!

이백李白

▲ 진시황의 모습

기원전 221년, 진秦나라가 마지막 제후국 제나라를 멸망시키고 강
력한 중앙 정권이 집권하는 통일 제국을 세웠다. 진 왕 영정嬴政은
스스로 시황제始皇帝라 칭했다. 이때부터 중국에서 황제라는 명칭이
사용되었고, 중국 최초의 황제가 된 그는 진시황秦始皇이라 불리게
되었다.

진시황은 성
은 영嬴, 이름
은 정政이다.
기원전 259년
조趙나라에서
태어났으며 이
런 이유로 조정

◀ 진나라, 양릉陽陵, 호부虎符의 탁
본. 중국국가박물관소장

─────────────
1 천지와 사방을 통틀어 이르는 말

▲ 〈아방궁阿房宮〉 청나라, 원요袁耀
의 작품

趙政이라는 또 다른 이름이 있었다. 영정은 13세에 왕의 자리에 올랐는데, 처음에는 여불위와 환관 노애가 정권을 장악했다. 그러다 기원전 238년 21세가 되자 영정은 대관식을 치르고 친정을 시작했다. 권력을 손에 넣자 그는 즉시 여불위와 노애 등 권세를 잡은 신하들을 제거하며 군사와 정치의 대권을 거머쥐었고 이사, 울요 등의 인물들을 등용했다. 기원전 238년 영정은 드디어 전국 통일 전쟁을 시작했다. 위나라, 한나라, 초나라, 조나라, 연燕나라, 제나라 등 육국을 멸망시키고 기원전 221년에 마침내 중국 역사상 최초의 통일 제국이자 다민족 국가이고 전제주의 중앙 집권 국가인 진나라를 건설했다.

진시황은 중국을 통일한 후 옛 제도를 폐지하고 일련의 개혁을 실행했다. 관제官制에 삼공구경三公九卿을 설치해 자신의 정무 집행을 보좌하게 하고, 전국을 36개 군현으로 나누어 중앙 관리부터 지방 관리까지 자신이 직접 임면任免해 세습하지 못하도록 했다. 이러한 조치들은 이후 역대 왕조가 나라를 다스리는 기준이 되었고 2,000여 년 동안 줄곧 이어졌다. 이 밖에도 진시황은 법률, 문자, 화폐, 도량형을 통

▶ 적의 침입을 방비하기 위해 진시황은 원래 북쪽 제후국들이 쌓아놓았던 성들을 모두 개축하여 동쪽 요동에서 서쪽 임조까지 이르는 만리장성을 건축했다.

일했고 전국적인 도로망을 개혁했다.

진시황은 이민족의 침입에 대비하기 위해 대외 정복 전쟁뿐만 아니라 백성 수십만 명을 동원해 북쪽 국경 지역에 성벽을 쌓게 해 거대한 보호벽을 건설했다. 이것이 그 유명한 만리장성(Great Wall of China)이다. 이러한 조치는 확실히 방위에 효과가 있었지만 민생 불안을 초래했다. 백성은 강대한 국가 기관에 직접적으로 대항할 힘이 없었으므로 황제를 암살하려는 사건이 벌어지기도 했다.

중국 역사상 진시황처럼 위대한 업적들을 남긴 황제는 없다. 그러나 진시황은 빛나는 업적만큼이나 악명도 높다. 분서갱유가 대표적이다. 기원전 213년에 진시황은 사상을 통일하고 통치를 공고히 하고자 농업, 의약, 진 왕조의 사서와 법가 서적 외의 모든 책을 불태워버리라고 명령했다. 그리고 그 다음 해에는 함양에서 460여 명의 유학자와 방사方士[2]를 생매장했다. 역사는 이 사건을 '분서갱유' 라고 부른다.

진시황은 즉위했을 때부터 대규모 토목 공사를 진행하고 궁궐을 증축했으며 곳곳에 비석들을 세웠다. 그중에서도 아방궁과 여산의 수릉이 대표적이다. 또 1974년에 발견된 진시황의 병마용은 세계 8대 불가사의로 일컬어진다. '통일 왕조' 라고 하면 사람들은 흔히 나폴레옹과 진시황을 비교한다. 그러나 사실 나폴레옹은 진시황의 비교 대상이 될 수 없다.

기원전 210년에 진시황은 순행 도중에 세상을 떠났고 그의 둘째 아들 호해胡亥가 진나라 2대 황제로 즉위했다. 호해는 즉위 후 매우 가혹하게 백성을 박해하여 농민 봉기가 끊임없이 발생했다. 결국 기원전 206년에 2대 황제 호해가 살해당하고 진나라는 멸망했다.

분서갱유焚書坑儒
진시황은 사상을 통일하기 위해 정치 비판을 금했고 기원전 210년에 제자백가(諸子百家 : 중국 춘추 전국 시대에 활약한 학자와 학파의 총칭)의 서적을 모두 불살라버렸으며 민간에도 의약, 복서卜書, 농서農書만 남기게 했다. 또 460여 명에 이르는 유학자와 방사를 생매장하는 잔인함을 보였다. 분서갱유는 중화 민족의 통일된 문화를 조성했다는 측면도 있으나 이로 말미암아 춘추 전국 시대의 백가쟁명(百家爭鳴 : 많은 학자나 문화인 등이 자신의 학설이나 주장을 자유롭게 발표해 논쟁하고 토론한 일을 가리킴)을 통해 발전된 학문과 사상은 모두 소실되었다.

---

2 고대의 재판관 혹은 옥리

'민위귀, 사직차지, 군위경民爲貴 社稷次之 君爲輕'은 '백성이 제일 귀하고, 나라가 그 다음이며, 임금이 가장 가볍다'라는 의미이다. 맹자는 군주란 백성을 아끼는 일을 최우선으로 삼아야 하고 집정자는 백성의 권리를 보장해주어야 한다고 생각했다. 만약 군주에게 도가 없다면 그는 백성이 정권을 전복시키는 것에 찬성했다. 전쟁이 빈번히 일어나던 시대에 맹자의 참된 민본 사상은 매우 귀중하고 높이 평가받을 만한 것이다.

맹자 Mencius

▲ 맹자의 모습

공자는 살신성인殺身成仁[1]하라 하시고 맹자는 사생취의捨生取義[2]하라 하셨으니 오직 의로움을 다해야만 인에 이르게 된다.

문천상文天祥

"도를 얻은 사람은 도와주는 이가 많고, 도를 잃은 사람은 도와주는 사람이 적다. 도와주는 사람이 극히 적으면 친척도 그를 배반하고, 도와주는 사람이 극히 많으면 천하가 그를 따르게 된다.得道者多助, 失道者寡助. 寡助之至, 親戚畔之, 多助之至, 天下順之"

---

1 의를 위하여 목숨을 바친다는 뜻의 고사성어
2 목숨을 버리고 의를 따른다는 고사성어

▲ 이 《성적도聖跡圖》는 제나라와 노나라의 결맹을 그렸다. 춘추 전국 시대에 각국의 제후들은 전쟁과 연합을 반복했다.

　이것은 중국 고대 유가 사상의 대표적 인물 중 한 사람인 맹자孟子의 정치적 주장이다. 맹자는 어진 정치와 왕도王道[3]를 실천해야 한다고 주장했다. 그는 군주가 인덕仁德을 널리 펼치고, 즉 "나의 부모를 존경하듯 남의 부모도 섬기고, 나의 자식을 아끼고 보살피듯 남의 자식도 사랑하고 거둔다.老吾老以及人之老, 幼吾幼以及人之幼"면 자연히 백성의 지지를 얻고 나라가 번창하고 안정될 것이라고 생각했다. 그러나 반대로 군주가 도를 지키지 않으면 백성의 지지를 얻을 수 없을 뿐만 아니라 친척도 그를 배반하여 나라를 오랫동안 통치하지 못할 것이라고 했다.

　어진 정치와 왕도 외에도 맹자는 민본설, 법선왕法先王,[4] 이덕치국

3　인과 덕을 바탕으로 하는 정치로 중국의 유가들이 이상으로 삼았던 정치사상
4　선왕을 본받음

以德治國,[5] 패권 반대 등 중요한 정치 관점을 주창했으며 여러 나라를 두루 돌아다니며 자신의 사상을 널리 전파했다. 그러나 맹자가 살던 때는 군웅群雄이 정권다툼을 하고 제후들이 정복 전쟁에만 혈안이 되었던 시대였기에 아무도 맹자의 어진 정치 학설에는 귀 기울이지 않았다. 뛰어난 재능을 마음껏 펼칠 수 없었던 맹자는 그의 스승격인 공자와 마찬가지로 한 발 뒤로 물러나 제자들을 교육하는 데 전념하면서 저술 활동도 병행했다. 그리하여 맹자의 언행을 대화체로 풀어낸 유명한 저서 《맹자》가 탄생했다.

《맹자》는 공자의 '인' 사상을 계승하면서 한층 더 발전시켰다. 맹자는 이 책에서 '민귀군경民貴君輕',[6] '천인합일天人合一',[7] '성선설性善說'[8] 등의 세계관과 논리관을 피력했으며 비유와 우화를 통해 자신의 이러한 사상들을 후세에 전했다. 《맹자》가 후대에 미친 영향은 매우 컸으나 송나라 이전에는 단 한 번도 인정받지 못했다. 한유는 맹자야말로 유가 '도통道統'[9]의 진정한 계승자라고 인정하며 맹자의 지위를 상승시켰다. 북송 때 《맹자》는 과거 시험의 한 과목으로 선정되었고 훗날 《논어》, 《대학》, 《중용》과 함께 '사서'로 불리며 후대 문인들의 필독서가 되었다.

중국 고대 사상가들을 살펴보면 공통점이 하나 있다. 바로 그들이 살아 있을 당시에는 세간의 주목을 받지 못하다가 죽은 다음에야 후세인들에게 현인으로 추앙받았다는 점이다. 공자도 그러했고 그의 계승자인 맹자도 예외는 아니었다. 맹자는 기원전 372년에 추鄒나라에서 태어났다. 한족이며 이름은 가軻, 자는 자여子輿였다. 3세 때 아버지가 세상을 떠났고 어머니는 어린 아들을 인재로 키우고자 몹시 애를 썼다. '맹모삼천지교孟母三遷之敎', '맹모단기孟母斷機'[10] 유명한 이야기로 남아 있다. 맹자가 제자들에게 학문을 가르칠 때 인격 교육과 도덕 교육 및 인세리도因勢利導[11]의 교육 방식을 강조한 것 외에도 특히 학습 환경의 영향을 중시한 것은 이러한 어머니의 영향이었

---

5 덕으로 나라를 다스림
6 백성이 임금보다 중요하다.
7 유교에서 하늘과 사람이 하나라는 말
8 사람의 본성은 선천적으로 착하나 나쁜 환경이나 물욕으로 악하게 된다는 학설
9 송나라 유학자 주희가 주창한 영구불변한 도의 전승자 계보
10 학업에는 인내와 열성이 중요하다는 교훈을 주기 위해 맹모의 어머니가 베틀 위의 베를 찢어버린 고사
11 일의 발전 추세에 따라 유리하게 이끌다.

을 것이다. 그는 좋은 환경에서 학문을 배우는 이가 더욱 쉽게 인재가 될 수 있다고 생각했다.

기원전 289년에 중국 고대의 위대한 사상가이자 전국 시대 유가 사상을 대표하는 인물이던 맹자가 숨을 거두었다. 맹자의 사상과 학설은 후세에 깊은 영향을 남겼다. 그래서 후세인들은 그를 '아성亞聖'[12]이라고 존경하여 불렀으며 그의 지위는 공자 다음으로 높아졌다. 맹자의 사상과 공자의 사상은 두 가지를 합하여 '공맹 사상孔孟思想'으로 불린다.

◀ 〈맹모단기교자도孟母斷機敎子圖〉
청나라, 강도康濤 작품

---

12 유학에서 공자 다음가는 성인이라는 의미로 '맹자'를 이르는 말이며 원래 뜻은 성인 다음가는 현인이라는 뜻이다.

로마 제국

로마 제국은 세계 고대 역사상 가장 광대한 영토를 자랑했다(기원전 27년~기원후 395년). 로마의 확장은 도시 국가 개념을 넘어선 하나의 제국으로 로마를 크게 성장시켰고, 로마 제국의 초대 황제는 아우구스투스(Augustus)였다.

▶ 〈알렉산드로스 대왕의 정복 전쟁〉 샤를르브룅(Charles Le Brun)의 작품

알렉산드로스 대왕 Alexandros The Great

알렉산드로스 대왕은 원정을 통해 그리스와 서아시아 간의 문화 사절 역할을 했다.

알렉산드로스 대왕은 고대 마케도니아의 황제로 세계에서 가장 유명한 군사 지도자이자 정치가다. 그는 일생을 영토 확장과 정복 전쟁에 바쳤으며 오랜 시간 전쟁을 치르면서도 패배한 적이 단 한 번도 없다. 이런 연유로 가장 위대한 불멸의 영웅의 대명사가 되었다.

또 그는 사상가로 이름을 알리기도 했다. 세상에서 가장 위대하다

▲ 소년 알렉산드로스

고 평가받는 과학자이자 철학자인 아리스토텔레스에게서 교육을 받았고, 《호메로스 서사시》에서 매우 큰 영향을 받았다. 이를 토대로 그는 당시 수많은 사상가들이 주장한 '그리스인이 아니면 야만인'이라는 관점을 부정했다. 한편 알렉산드로스 대왕은 자신이 정복한 적들에게 매우 세심한 보

▲ 〈예루살렘 성전에 있는 알렉산드로스 대왕〉 세바스티아노 콩카 (Sebastiano Conca)의 작품

살핌을 베풀기도 했지만, 술을 마신 후 자신의 생명을 구해준 은인을 잔인하게 살해하기도 했다. 이렇듯 그는 다중적인 성격이었다.

알렉산드로스 대왕은 기원전 356년에 그리스 북쪽 지역에 있는 마케도니아 왕국의 통치자 필리포스 2세(Philippos Ⅱ)의 아들로 태어났다. 지혜가 풍부하고 계략이 많았으며 용맹스럽고 싸움에 능숙했다. 16세 때부터 필리포스 2세를 따라 전장에 나갔고 18세에는 단독으로 군대를 지휘해 카이로네이아 전투(Battle of Chaeroneia)에서 승리를 거두고 그리스를 정복했다. 기원전 336년에 필리포스 2세가 암살되자 20세의 젊은 나이로 왕위를 계승하고 세계를 뒤흔들 정복

▼ 〈알렉산드리아의 재건〉 헬리오도로스(Heliodoros) 1750년 작품

전쟁을 시작했다.

기원전 334년 알렉산드로스 대왕은 마케도니아와 그리스 연맹의 최고 통수권자가 되어 페르시아 제국을 향해 원정을 떠났다. 그는 페르시아군보다 훨씬 적은 3만 5,000명의 병사들을 이끌고 페르시아군과 벌인 전투에서 잇달아 승리했다. 가장 먼저 소아시아를 정복했고 그 다음에는 이집트를, 그리고 기원전 331년에는 드디어 200여 년 동안 맹주 자리를 지켜오던 페르시아 제국을 멸망시켰다. 이때부터 알렉산드로스 대왕은 자신의 남은 반평생을 영토 확장에 힘썼다. 그는 '신의 아들'이라는 '신탁'을 받으면서 계속 전쟁을 했고 아프가니스탄(Afghanistan)으로 진군하면서 인도 지역을 지배했다. 이렇게 10년 동안 전쟁을 치르면서 알렉산드로스 대왕은 로마 제국에 앞서 유럽, 아시아, 아프리카 세 대륙을 잇는 가장 방대한 제국을 건설하고 전무후무한 화려한 업적을 남겼다.

물론 알렉산드로스 대왕의 공적은 단순한 군사적 정복에만 그치지 않는다. 그의 원정과 함께 그리스 문화가 빠르게 새로운 세계로 전파되었다. 서아시아 지역에서도 그리스 문화의 영향이 빈번하게 나타났는데, 흥미롭게도 이 지역의 사상 역시 그리스에 영향을 주었다. 또 이 두 민족 문화의 교류는 최종적으로 로마 제국에 영향을 미

▲ 알렉산드로스 대왕의 모습

▼ 전장의 피비린내, 정복과 명예는 젊은 알렉산드로스 대왕을 멈출 수 없게 했다. 시모니(Simoni)의 작품

쳤다. 알렉산드로스 대왕은 정복 과정에서 수많은 도시를 건설했는데 그중에서도 가장 유명한 도시는 이집트에 지어진 알렉산드리아(Alexandria)다. 알렉산드리아는 매우 빠르게 학술 문화의 중심지로 부상하면서 세상에 그 이름을 떨쳤고 역사적으로도 중대한 영향을 끼쳤다. 알렉산드로스 대왕이 창설한 제국은 그리스 문명의 전파와 동서양의 경제, 문화 교류에 지대한 역할을 했으며 이는 그의 군사적 정복 사업보다 더 높은 평가를 받는다.

그러나 알렉산드로스 대왕이 군사 분야에서 보인 뛰어난 식견은 결코 과소평가할 수 없다. 그는 십 수 년이나 지속된 전쟁에서 단 한 차례도 패한 적이 없었다. 다만, 왕위 계승자를 미리 정해놓지 않은 것은 매우 크나큰 실수였다. 기원전 323년 6월, 만 33세도 채 되지 않은 알렉산드로스 대왕은 바빌론에서 갑작스럽게 병사했다. 그는 유언으로 "가장 강한 사람이 왕위를 계승하라."라는 한 마디만을 남겼다. 알렉산드로스 대왕이 죽은 후 그의 어머니, 아내, 자식들은 모두 살해당했으며 결국 그가 세운 알렉산드로스 제국은 와해되었다.

알렉산드로스 대왕은 원정을 통해 그리스와 서아시아의 문화 사절 역할을 했다.

2004년에 미국의 영화감독 올리버 스톤(Oliver Stone)이 알렉산드로스 대왕의 일대기를 담은 영화 《알렉산더(Alexander)》를 촬영해 알렉산드로스 대왕의 휘황찬란했던 업적을 재현했다.

◀ 알렉산드로스 대왕이 군사들을 이끌고 전쟁하는 모습

아르키메데스 Archimedes

역사상 업적이 뛰어난 수학자를 세 명 꼽아보라고 하면 누구든
아르키메데스를 빼놓지 않을 것이다.

기원전 212년 고대 로마의 군대가 고대 그리스 시라쿠사(Siracusa)
를 함락할 당시, 나이가 많이 든 한 노인이 뜰에 주저앉아 기하학 문

▶ 기원전 212년 기하학 문제를 풀던 아르키메데스가 야만스러운 로마 병사에게 살해당했다.

제를 푸는 데 골몰했다. 그 모습을 본 야만스러운 로마 사병은 노인이 뜰 모래 위에 그려놓은 도형을 밟고 서서는 노인을 칼로 찔렀다. 그 순간 노인은 "내 도형을 망가뜨리지 마라!"라는 마지막 외침을 남기고 그 자리에서 목숨을 잃었다. 이 노인이 바로 고대 그리스의 가장 유명한 물리학자이자 수학자로서 정역학[1]과 유체정역학[2]의 기초를 세운 아르키메데스이다.

아르키메데스는 기원전 287년 시칠리아(Sicilia) 섬 시라쿠사의 한 귀족 가문에서 태어났다. 아버지는 수학자 겸 천문학자였고, 아르키메데스는 아버지의 영향을 받아 수학에 매우 흥미를 보였고 아주 어린 시절부터 유클리드의 《기하학원본》을 열심히 공부했다. 11세 때 아버지는 어린 아르키메데스를 '지혜의 도시'로 불리던 알렉산드리아로 보내 학문을 배우게 했다. 그곳에서 아르키메데스는 온갖 종류의 책을 다양하게 많이 읽으며 수학, 역학, 천문학 등과 관련된 많은 지식을 쌓았다. 또 유클리드의 제자인 코논(Conon) 등과 친분을 쌓으며 함께 연구했다. 그의

▼ 아르키메데스의 두상으로 도안된 우표

1 물체가 평형 상태에 있을 때 나타나는 힘이나 물체의 변형 따위를 다루는 학문
2 정지하여 있는 유체에 작용하는 힘이나 압력을 연구하는 학문

아르키메데스의 원리
(Archimedes' principle)

아르키메데스는 부체浮體를 연구하는 과정에서 부력의 원리를 발견했으며 이것이 그 유명한 '아르키메데스의 원리'이다. 이는 간단히 말해서 물체를 유체에 넣었을 때 물체가 받는 부력의 크기는 물체의 부피와 같은 양의 유체에 작용하는 중력의 크기와 같다는 것이다. 그리고 아르키메데스는 지렛대 원리도 정확하게 증명했다.

수많은 연구 성과는 유클리드의 제자들과 나눈 서신을 통해 온전히 보관되었다.

아르키메데스는 오랫동안 알렉산드리아에서 생활하다가 기원전 240년에 다시 고향 시라쿠사로 돌아왔다. 그리고 국왕의 고문직을 수락해 생산, 군사, 생활 방면에 꼭 필요한 각종 과학적 기술 문제들을 해결했다. 아르키메데스는 이 기간에 평생 쌓은 업적의 대부분을 이루어냈다.

선배 학자들 혹은 동시대 학자들과 비교했을 때 아르키메데스는 과학의 엄밀성과 정확성을 특히 중시했다. 그는 실재에 응용하는 과학을 주장하면서 이론과 실천이 서로 결합된 새로운 학풍을 조성

▶ 아르키메데스는 과학 분야에 업적을 남겼을 뿐만 아니라 자신이 발견한 사실들을 끊임없이 전파했다.

했다. 또 평생 수많은 기계를 발명했는데 가장 유명한 지렛대의 원리를 이용한 기계 외에도 관개기灌漑機, 도르래를 이용한 거중기, 투석기, 지금까지도 몇몇 지역에서 사용되는 '아르키메데스 나선식 펌프' 등을 발명했다.

아르키메데스는 매우 다양한 분야에 뛰어난 공헌을 많이 했다. 특히 그의 과학적 업적은 현재 인류 생활에도 큰 영향을 미치고 있다. 지렛대 원리를 확립해 '역학의 아버지'로 칭송받으며 또 그가 발견한 부력 현상은 '아르키메데스의 원리(Archimedes' principle)'라고 이름 지어져 오늘날 세계 각국의 교과서에 그 내용이 실려 있다. 그리고 포물선, 나선, 도형 면적, 그리고 각종 기하체幾何體의 표면 면적과 부피의 계산법을 정립해 기하학 발전에도 커다란 기여를 했다. 아르키메데스가 확립한 '실진법(method of exhaustion)'은 미적분 계산의 시조로 인정받는다. 또 비교적 정확하게 원주율을 계산해냈으며, 지구는 둥글고 태양을 따라 돈다는 그의 관점은 코페르니쿠스(Nicolaus Copernicus)가 주장한 지동설보다 약 2,000년이나 앞섰다!

▲ 〈아르키메데스의 지렛대〉 1824년 런던 과학 잡지 안에 그려진 삽화

아르키메데스는 수많은 저서를 남겼는데 주요 저서로는 《부체浮體에 대하여》, 《평면의 균형에 대하여》, 《구와 원기둥에 대하여》, 《포물선의 구적》, 《소용돌이선에 대하여》, 《코노이드와 스페로이드(On conoids and Spheroid)》, 《원의 측정에 대하여》, 《모래 계산자》, 《반사광학》 등이 있다. 그의 저서 중 많은 부분은 전해지지 않는데, 1670년 영국의 뉴턴(Newton)은 자신이 보존해오던 아르키메데스의 저서들을 한데 모아 《아르키메데스 유작 전집》을 출간했다. 우리가 오늘날 볼 수 있는 아르키메데스의 저서는 모두 이 책 속에 들어 있다.

"긴 지렛대 하나만 있다면 나는 지구도 움직일 수 있다." 인류 역사상 뉴턴과 아인슈타인을 제외하고 이렇게 호언장담을 한 사람은 아르키메데스 단 한 명뿐일 것이다. 또 뉴턴과 아인슈타인은 모두 아르키메데스로부터 지혜의 영감을 얻은 인물들이다. 그러므로 아르키메데스는 인류 역사상 가장 위대한 과학자라고 해도 손색이 없을 것이다.

▲ 인도의 조각 예술
불교 색채가 매우 강하다.

아소카 Asoka

아소카가 제왕의 자리에 오르는 길에는 피비린내가 진동했지만
훗날 불교를 숭상하여 그의 영혼은 평안해질 수 있었다.

▲ 인도인이 그린 붓다의 모습
아소카는 인도 왕으로서 불교를
신봉했고 불교 신도들에게 추앙
받았다.

아소카는 '근심이 없는 왕'이라는 의미이다. 그는 인도 마우리아
왕조 제3대 국왕이며 인도 반도[1]를 통일한 인물로 인도 역사상 가장
훌륭한 군주로 평가된다.

불교에서 전해지는 이야기에 따르면 아소카는 재위 초기 시절 매
우 포학하고 잔인했다. 그는 무력 전쟁으로 인도를 통일했는데 이
시기를 '어둠의 아소카 시대'라고 일컫는다. 그러나 훗날 불교를 믿
기 시작해 인도 전체에 불교를 널리 전파했고 불사리(석가모니의 유
골) 탑을 수천 개 건축했다. 또 불교 신도들에게 토지와 재물을 베풀

1 현재 남아시아에서 인도, 파키스탄, 방글라데시 등의 나라가 있는 지역을 가리키며 지리적으로 북
동쪽은 히말라야 산맥, 남쪽은 아라비아 해와 벵골 만으로 둘러싸인 지역이다.

어 이 시기를 '빛의 아소카' 시대라고 한다.

아소카가 태어난 해와 사망한 해는 현재 명확하지 않다. 재위 기간은 기원전 268년~기원전 232년이었으며 할아버지, 아버지 양대에 걸친 정복 활동은 그가 천하를 통일하는 데 기반을 마련해주었다. 이러한 바탕 위에 아소카는 왕의 자리에 오르자 중국의 시황제처럼 모든 제후국을 멸망시키고 천하를 손에 넣으면서 인도 반도를 전부 정복하는 데 박차를 가했다. 그의 정복 전쟁은 피비린내로 가득했다. 기원전 262년, 아소카는 남인도의 칼링가 왕국(Kalinga)을 침범해 10만 명을 죽이고 15만 명을 포로로 사로잡았다. 그는 자신의 명문明文에도 이 전쟁에 대한 기록을 남겼다. 이렇게 아소카는 인도 반도를 통일했고, 인도는 전례 없는 번성의 시기를 누렸다. 아울러 아소카도 자신의 이름을 역사책에 길이 남기게 되었다.

여기서 주목할 부분은 잔혹한 칼링가 왕국 정복 전쟁이 '빛의 아소카' 시대의 효시가 되었으며 인도 역사에 전환점이 되었다는 점이다. 아소카는 칼링가 왕국을 정복하는 전쟁을 겪으면서 전쟁의 참상을 반성하고 불교에 귀의해 경건한 불교 신도가 되었다. 또 백성에게 불교를 전파하면서 '전장의 북소리' 대신 '법의 소리'를 울리면서 불교를 국교로 선포했다. 더 나아가 모든 인간이 지켜야 할 윤리인 다르마(dharma)에

▲ 아소카 조각상

◀ 비구니 상가미타(Sanghamita)는 아소카의 딸이었다. 그녀는 스리랑카에 보내져 비구니 승단을 설립했다. 또 그녀는 석가모니가 성도(이 세상에서 스스로의 힘으로 번뇌를 끊고 성불하는 것)한 보리수 가지를 대사원에 옮겨 심었는데, 그 나무가 지금까지도 여전히 살아 있어 국보로 여겨진다. 비구니 상가미타는 스리랑카에 불교를 전파하는 데 가장 크게 공헌한 인물이다.

따라 통치했다. 다르마는 백성에게 욕구를 절제하고, 마음을 평안하게 다스리며, 살생하지 않고, 함부로 말하지 않을 것을 요구했다. 그리고 다르마는 부모를 공경하고, 친구와 타인을 잘 대하며, 동물의 생명을 소중히 다루라는 내용도 포함했다. 이 밖에도 아소카는 민생을 위한 도로, 역참 등을 증축하고 불교가 아닌 다른 종교에 대해서도 관용을 베풀었으며 절벽과 돌기둥에 칙령과 '다르마'의 정신을 새겨놓았다.

석가모니에서 아소카에 이르기까지 불교는 이미 두 번의 결집結集[2]을 이루었다. 기원전 253년 아소카는 파탈리푸트라(Pataliputra)에서 불교 역사상 유명한 제3차 결집을 열었다. 이때 불교 결집은 서로 다른 불교 교파 간의 분쟁을 없앴을 뿐만 아니라 불교 경전에 대해 대규모 정리를 진행하고 《논사論事》를 편찬하여 불경을 정형화했다. 이후 아소카는 수많은 불교 고승을 여러 지방으로 파견해 불교를 전도하게 했다. 또 여기서 멈추지 않고 자신의 왕자와 공주를 불교 사절단에 포함시켜서 외국을 다니며 불교를 전파하고 불법을 선양하게 했다. 이때부터 불교 신도들은 아소카를 '불법을 수호하는 훌륭한 왕'이라며 칭송했다.

아소카의 강력한 지원에 힘입어 불교는 인도 최대 종교로 발전했다. 비록 아소카가 세운 마우리아 왕조가 그가 세상을 떠난 후 반세기밖에 이어지지 못했지만, 아소카 덕분에 교세를 크게 확장한 불교의 통치적 지위는 수천 년 동안 유지되었다. 더 중요한 것은 아소카 시대부터 불교가 인도라는 지역을 벗어나 세계적 종교로 발돋움했다는 사실이다. 불교는 동아시아, 동남아시아, 중동아시아 등지로 광범위하게 전파되었고 이 지역 국가들의 역사와 문화에 중대한 영향을 미쳤다.

아소카가 불교를 경배한 모습은 마치 콘스탄티누스 대제(Constantinus I)가 그리스도교를 받아들였던 모습과 흡사하다. 그들은 모두 인생의 후반기에 종교를 믿고 종교 집회를 열었다. 또 이들이 죽은 후에는 그 종교들이 전대미문의 발전을 이루었다. 콘스탄티누스 대제가 그리스도교사상 두 번째 중요 인물로 간주되는 것처럼 불교에서도 아소카는 석가모니 이후 가장 중요한 인물로 남았다.

마우리아 왕조
(Maurya dynasty, 공작 왕조)
마우리아 왕조(기원전 321년~기원전 187년)는 고대 인도 마가다국(Magadha)의 왕조이다. 아소카가 재위하던 시절 국력이 매우 강성해져 인도 반도를 거의 통일했고, 불교를 국교로 정했다. 마우리아 왕조는 인도 역사상 가장 찬란한 시기라고 평가된다.

---

2 석가모니가 죽은 뒤 제자들이 모여 스승의 가르침을 집대성해 경전을 만든 일.

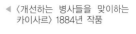
◀ 〈개선하는 병사들을 맞이하는 카이사르〉 1884년 작품

율리우스 카이사르 Gaius Julius Caesar

율리우스 카이사르는 유럽, 아시아, 아프리카 3개 대륙을 뒤흔든 고대 로마 제국의 훌륭한 정치가이자 군사 지도자이다. 그는 또한 신비로운 색채가 강한 영웅적 인물이다.

▲ 가이우스 율리우스 카이사르
기원전 100 ~ 기원전 44년

카이사르라는 이름은 어느새 존귀, 권력, 그리고 위엄을 상징하는 대명사가 되어 이후 수많은 제왕들에게 대대로 사용되었다. 전설과도 같은 가이우스 율리우스 카이사르는 이미 고인이 되었지만 그의 영향력은 시공을 초월해 하나의 역사를 형성했다.

카이사르가 살던 시대는 로마 사회의 대격변기였다. 사회 모순이 극명하게 드러났고 위기가 곳곳에 도사리고 있었다. 공화정은 이미 사회를 통치할 만한 힘을 잃어 독재 정권이 다음 차례를 기다리고 있었다. 카이사르는 바로 이러한 역사적 흐름에 가장 적합한 인물이

고대 로마의 콜로세움
(Colosseum)

고대 로마의 콜로세움은 세계 7대 불가사의 중 하나이다. 서기 72년 ~82년에 세워진 건축물로 고대 로마인들은 이곳에서 개선하고 돌아오는 군대를 맞이하고 위대한 고대 로마 제국을 찬미했다. 외관상으로 보면 콜로세움은 원형이지만 위에서 내려다보면 타원형이며, 대략 5만 관중을 수용할 수 있다.

▲ 고대 로마의 투기장인 콜로세움

었다. 그러나 역사를 잘 살펴보면, 어느 시점을 경계로 확연히 다른 모습의 카이사르가 등장한다. 젊은 시절 카이사르는 공화국의 수호자였고 평민들과 매우 친근한 관계를 유지했다. 당시 그는 차라리 다른 나라로 도망칠지언정 독재 권력과는 절대로 타협하지 않겠다고 생각했다. 그러나 갈리아(Gallia)를 정복하는 위업을 달성한 후 카이사르는 독재 체제로 마음을 바꾸었다. 그리고 그의 야심은 군대의 힘과 함께 더욱 불타올라 권력에 대한 욕망은 마침내 카이사르를 독재자로 변모시켰다.

기원전 100년 7월, 카이사르는 로마의 한 귀족 가문에서 태어나 훌륭한 교육을 받으며 자랐고 청년 시절 정계에 입문했다. 재무관, 안찰관, 시정관, 대사제장, 법무관 등 다양한 중요 직무를 수행하면서 로마 시민과 하급 관료의 지지를 얻었다.

기원전 61년 에스파냐 총독으로 취임한 후 군대를 이끌고 포르투갈을 공격해 로마의 영토를 확장했다. 이때부터 카이사르는 새로운 역사의 주역이 되었고 고대 로마의 역사는 전환기로 들어섰다.

▲ 고대 로마 병사의 모습

▶ 〈카이사르의 죽음〉 장 레옹 제롬(Jean-Leon Gerome)의 1867년 작품

카이사르의 최대 업적은 갈리아 정복이다. 이른바 갈리아 전쟁이라고 불리며, 기원전 59년에 그가 로마 집정관이 되었을 때부터 10년 동안 이어졌다. 카이사르는 프랑스, 벨기에, 독일, 네덜란드 등을 포함하는 광대한 지역을 점령했고, 전쟁이 끝날 무렵에는 라인 강(Rhine River) 일대가 모두 카이사르의 통치하에 있었다. 그러나 카이사르가 정복한 광활한 영토가 오랜 기간 로마의 지배를 받지 않았다면 그는 아마도 지금과 같은 추앙을 받지 못했을 것이다. 그가 정복한 영토들은 500년 이상 줄곧 로마의 지배를 받았다. 그동안 로마의 법률, 풍속, 언어, 종교 등 로마의 다양한 문화와 문명이 뿌리 내리고 성장하면서 이 지역들은 완전히 로마에 동화되었다.

이러한 카이사르의 공적은 원로원(senatus)[1]의 적개심을 불러일으키기에 충분했다. 기원전 49년 1월, 결국 피할 수 없는 내전이 발발했다. 카이사르는 군대를 통솔하고 장장 4년간의 전투를 이끌어 기원전 45년 3월에 마침내 승리를 거두었다. 이러한 과정을 겪으면서 그는 로마에 필요한 전제 정치(despotism)[2]에 가장 어울리는 인물은 다름 아닌 자기 자신이라고 생각했다. 그리고 같은 해 10월 로마로 돌아와 명실상부한 군사 독재자가 되었고 '조국의 아버지'라는 칭호를 얻었다.

최고 권력자의 자리에 오른 카이사르는 일련의 개혁을 추진했다. 우선 군의 원로들을 재배치하고 오랜 기간 전쟁을 치른 군사들에게 토지를 분배했다. 또 역법을 개정하고 원로원을 개편했다. 아울러 공민의 범위를 피정복민으로까지 확대했고 시민들의 선거를 통해 관리들을 선출하도록 규정했다. 이러한 개혁들은 로마를 더욱 번성하게 했다. 그가 시행한 개혁 중에서 역사에 가장 큰 영향을 준 것은 역법의 개정(율리우스력, Julian calendar)이었다. 오늘날 통용되고 있는 역법은 카이사르가 개정한 역법에서 조금 수정된 것이다.

그러나 카이사르는 사람들이 만족할 만한 정치 체제를 수립하지 못했다. 그리하여 결국 기원전 44년 3월 15일 원로원 회의장에서 반대파에게 암살당했다.

▲ 카이사르 대제의 모습 1696년 작품

---

1 고대 로마의 입법, 자문 기관
2 군주, 귀족, 독재자, 계급, 정당 등을 불문하고 지배자가 국가의 모든 권력을 장악하여 아무런 제한이나 구속 없이 마음대로 그 권력을 운용하는 정치 체제

▲ 〈예수와 12사도〉 조토(Giotto di Bondone)의 작품

예수 Jesus

예수는 단 한 명의 군사도 없었지만 수많은 사람의 마음을 얻었다. 그의 나라는 사람들의 마음속에 세워졌고, 그의 복음은 천하에 두루 퍼져나갔다.

나폴레옹

▲ 〈세례 받는 예수〉 안드레아 델 베 로 키 오 (Andrea del Verrocchio)의 작품

기원전 1세기에서 서기 1세기까지 '예수'는 유대인들 가운데 매우 흔한 이름이었다. 헤브라이(Hebrew)어로 '하느님, 구세주'라는 뜻이다. 예수는 기원전 6년 유대왕국 베들레헴(Bethlehem)의 한 유대 가정에서 태어났다. 유대의 헤롯(Herod) 왕이 지시한 유대인 영아 살해 명령을 피해 이집트로 도망쳤다가 그가 죽은 후 다시 이스라엘로 돌아와 나사렛(Nazareth)에서 어린 시절을 보냈다.

서기 5년 유월절(Passover)[1] 축제에 참여하기 위해 예루살렘

---

1 이스라엘인의 조상들이 기원전 13세기에 이집트에서 탈출한 것을 기념하는 유대인의 축제일

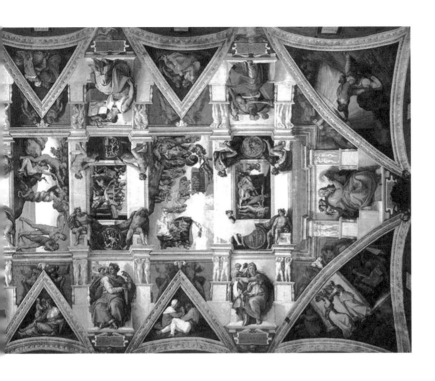

(Jerusalem)에 간 예수는 처음으로 율법 학자들과 만났다. 그로부터 7년 후 예수의 아버지가 세상을 떠났고, 그해에 예수는 제사장의 아들이었던 요한과 친분을 맺었다. 그리고 서기 27년에 요한에게 세례를 받고 갈릴리(Galilee) 지방 일대에서 전도 활동을 하며 '천국의 도래' 라는 복음을 전했다.

시간이 갈수록 그를 믿고 따르는 사람들은 점차 늘어났다. 서기 28년 예수는 작은 산 위에 올라 제자들과 군중 앞에서 '팔복八福' 을 서두로 하는 설교를 했고, 온 세상에 복음을 전파하기 위해 12사도를 뽑았다. 그중에는 훗날 예수를 팔아넘긴 유다(Judas)도 포함되어 있었다. 1년 후 예수와 12사도는 주로 빌립보(Philppus) 지역과 갈릴리 지방에서 복음 전파 활동을 했다. 이 시기부터 예수의 신도들은 그를 '메시아(messiah, 구세주)' 라고 불렀다. 이 말은 유대인이 자기 민족을 구원해줄 인물을 부르는 존칭이었으며, '메시아' 라는 말은 예수의 또 다른 영원한 이름으로 남았다.

이렇게 명성이 높아질수록 예수는 로마 통치자들에게 위협적인 존재가 되었다. 서기 30년 로마의 통치자는 예수의 12사도 가운데

성경(Bible)

《성경》은 유대교와 그리스도교의 종교 경전이며 《구약성경》과 《신약성경》으로 나뉜다. 성경은 다양한 계층의 서로 다른 작자 40여 명이 완성했다. 가르치는 내용의 연관성과 비범한 조합으로 볼 때, 《성경》은 다른 종교의 저서들보다 더욱 가치가 높다고 할 수 있다. 《성경》은 완전한 구원에 이를 수 있는 방법을 제시하는 세상에 공개된 계시서로, 예수가 세상 사람들에게 전한 복음을 담고 있다.

유다를 매수해 유월절 전날 밤 예수를 체포했다. 예수는 그 다음날 바로 십자가형에 처해졌다. 그의 죄목은 '스스로 유대인의 왕이라고 칭했다.'라는 것이었다. 성경의 기록에 따르면, 죽은 후 골고다 (Golgotha) 부근의 묘실에 안장되었던 예수는 3일 후 부활해 갈릴리 지방으로 돌아가서 제자들과 함께 지내다가 40일 후 하늘로 올라갔다고 한다.

예수가 세운 그리스도교는 인류 역사에 가장 큰 영향을 준 세계 3대 종교로 꼽힌다. 그리스도교는 서양의 정신세계에서 지배적 위치를 차지했고 2,000여 년에 이르는 긴 시간 동안 서양의 정치, 문화에 막대한 영향을 미쳤다. 예수가 그리스도교를 세운 이래로 인류 역사와 사상, 특히 서양인의 사상과 관념에는 크나큰 변화가 생겼다.

예수의 사상에서 가장 중요한 내용은 천국 사상이다. 그의 사상에 따르면 하느님은 지고지상한 존재로, 모든 만물은 하느님이 창조하신 것이며 하느님을 믿는 사람만이 비로소 자유로워질 수 있다. 또 예수는 인류를 위해 건설한 '사랑'이 충만한 '진정'한 천국에서는 모든 사람이 평등하다고 이야기했다. 이것이 바로 예수가 인류에게 전한 '복음'이다. 그는 성인은 아니었다. 그러나 서양 역사를 바꾼 위대한 인물이었으며 서양인의 사상과 관념을 새롭게 세운 현인이었다.

▶ 〈십자가〉 조토의 작품
(1290 ~ 1300년)

▲ 〈청명상하도清明上河圖〉 만약 종이가 없었다면 우리는 알록달록한 벽화를 통해서만 고대인의 생활을 추측했을 것이다.

채륜 Ts'ai Lun

監作秘劍及諸器械, 莫不精工堅密, 爲後世法.

그의 감독으로 비검과 여러 가지 기계를 만들었는데 정교하고 견고하여 후세의 모범이 되었다.

후한서 채륜전

책을 읽고, 신문을 보고, 혹은 글씨를 쓰고, 그림을 그리고, 아울러 그 밖에 온갖 다양한 산업의 생산 과정에서 종이는 매우 중요한 역할을 한다. 오늘날 종이가 없는 생활은 상상할 수 없다. 제지술, 나침반, 화약, 인쇄술은 고대 중국의 4대 발명품으로 세계 과학 문화에 지대한 공헌을 했다.

채륜蔡倫은 자가 경중敬仲이고 현재 후난성 레이양의 평범한 농가에서 태어나 어릴 때부터 어른들을 따라 논밭에서 일했다. 영평永平 18년(기원전 75년) 15세 때 한漢 장제章帝 유달劉炟에게 선발되어 낙양으로 올라와 환관이 되었다. 그리고 그 능력을 인정받아 이듬해에는 소황문직을 맡았다.

이후 황문시랑이 되었으며, 황궁의 공무를 전달하고 안배하는 책임 또한 맡았다. 채륜은 두후竇后[1]를 대신하여 열심히 일을 처리해 중상시로 승진했고 어린 왕을 시중들며 국정에도 관여했다. 영원永

제지술

제지술은 중국 4대 발명품 중 하나로 세계 문명의 발전에 커다란 역할을 했다. 동한東漢 시대 인물인 채륜은 제지술을 개량하여 제지술의 발전을 촉진했다. 최초로 제지술을 발명한 사람은 아니지만 제지술을 더욱 정교하게 개선하여 역사에 이름을 남겼다.

---

1 한 무제의 비

元 14년에 채륜은 등태후鄧太后에게 의탁했고, 이후 4대에 걸쳐 계속 어린 왕을 시중들며 당시 섭정을 하던 두 명의 태후에게 의탁했다. 관직은 갈수록 상승하여 구경九卿의 자리에까지 올라 마침내 제후의 반열에 올랐다. 상방령尙方令[2]직을 겸하고 있을 때 채륜은 집기 생산 과정을 감독하고 생산에 직접 참여하여 제련, 주조, 수공업, 제지술 발전에 큰 기여를 해 후세에 이름을 남겼다.

서한 시대 초에 이미 마지麻紙[3]를 사용하고 있었지만 채륜은 더욱 정밀하고 정교한 마지를 개발하고 생산해내 그의 일생에 가장 큰 업적을 남겼다. 그가 개량한 마지와 피지皮紙는 한나라 이래로 1,200년 동안 중국 종이의 양대 축이 되었다. 이 두 종류의 종이는 문화의 전달자 역할을 하여 중국 문화는 이 덕분에 빠르게 발전할 수 있었다. 진晉나라 때에 이르러 종이는 주요 서사 재료書寫材料로서 백간帛簡[4]을 대신했다.

채륜이 제지술을 개량하기 이전에 중국에는 간편한 서사 재료가 없었다. 문인들은 출행할 때면 언제나 죽간竹簡을 가지고 다녀야 했고 문명 수준은 오랫동안 서양보다 낙후되어 있었다. 제지술이 유럽으로 전파된 후 중국과 서양의 문화 교류가 활발해졌고 이와 함께 서유럽과 중국의 문명 수준 차이도 점차 줄어들었다.

제지술의 끊임없는 개량은 서사 재료에 위대한 변혁을 일으켰다. 오늘날에도 종이로 만든 서적은 문화 전파에 매우 중요하고 영향력 있는 수단이다. 채륜이 발명한 제지술은 인류 문명사에 한 획을 그었으며, 현대인들은 여전히 그의 기술을 사용하고 있다.

2　궁중의 집기 등을 제조 관리하는 직책
3　삼 껍질이나 삼베로 만든 종이
4　글자를 기록하던 비단

마니 Mani

마니교는 비록 지금은 존재하지 않지만 과거 주요 종교였으며 마니는 매우 영향력 있는 인물이었다.

선지자 마니(Mani)는 216년 메소포타미아(Mesopotamia)에서 태어났다. 당시 이 지역은 페르시아 제국에 속해 있었으며 마니는 그리스도교의 영향을 많이 받은 종교적인 환경에서 성장했다. 그는 어린 시절부터 종교에 대한 날카로운 통찰력을 갖추었고 상상력이 풍부했다. 24세가 되던 해부터 자신이 창시한 종교를 설파하며 여러 곳을 돌아다니기 시작했고, 인도의 서북부 지역에 이르렀을 때 어린 군왕을 설득하여 자신의 종교를 믿게 했다.

242년 페르시아로 돌아간 마니는 샤푸르 1세(Shapur Ⅰ)와 수많은 군중에게 적극적인 지지를 받았다. 그리고 그로부터 30년 후에는 샤푸르 1세 형제의 비호를 받으며 페르시아 제국 어디서든 자유롭게 전도할 수 있었다. 그리하여 마니교는 교세를 크게 넓혀 더 많은 신도를 얻었고 국외로 전도단을 파견하기도 했다. 그러나 마니교의 세력이 점점 커지면서 마니는 조로아스터교 사제들의 미움을 샀고 결국 죄인으로 전락하여 목숨을 잃었다.

마니교(Manichaeism)
마니교는 고대 페르시아에서 유래된 종교로, 3세기 중엽 페르시아인 마니가 창시했고 전도를 시작하면서부터 활발하게 교세를 확장해나갔다. 4세기에 서양에서 최고 전성기를 누리며 당시 그리스도교에 위협적인 존재가 되었다. 그러나 그리스도교가 로마 제국의 국교로 지정된 후 극심한 탄압을 받아 약 600년쯤에 서양에서 서서히 사라져버렸다.

마니의 일생을 기록한 책은 대부분 시리아어로 쓰였고 그중에 단 한 권만이 페르시아어로 완성되었다. 마니는 마니교라는 새로운 종교를 만들고 그것의 신학과 도덕적 규범을 수립했다. 그리고 예전부터 존재했던 각기 다른 유파를 하나로 융합해 사상적 체계를 구축했다. 또 그는 전도를 통해 수많은 사람을 마니교로 개종시키고 교회 조직을 개편했으며 기도문을 만들었다. 한 사람이 하나의 종교를 세우고 이렇듯 역사에 뚜렷한 발자취를 남기는 일은 매우 드문 일이다.

▶ 페르시아 제국의 폐허

▲ 콘스탄티누스 대제는 밀라노 칙령(Edict of Milan)을 반포하여 그리스도교를 합법적이고 누구나 자유롭게 믿을 수 있는 종교로 인정했다. 또 그동안 몰수했던 교회 재산을 교회로 환원하고 일요일을 예배일로 규정했다.

콘스탄티누스 대제 Constantinus

그리스도교를 유럽의 주요 종교로 발전시킨 인물로 그리스도교 역사상 예수를 제외하고 가장 큰 공헌을 한 사람이다.

만약 콘스탄티누스 대제가 그리스도교를 신봉하지 않았다면 그가 역사에 남긴 영향은 지금처럼 크지 않을 것이다. 어쩌면 그리스도교가 콘스탄티누스 대제를 세우고 또 콘스탄티누스 대제가 그리스도

▶ 〈베들레헴으로 가는 동방 박사
들〉(벽화 일부) 베노초 고촐리
(Benozzo Gozzoli)의 작품.
성경에 나오는 이야기를 소재로
삼은 벽화로, 그림 속의 동방박
사 세 명은 구세주를 찾고자 길
을 떠나 마침내 성모 마리아와
그리스도를 만났다.

교를 세운 것일지도 모른다. 그리스도교를 믿은 최초의 로마 황제인
그는 로마를 통일하고 국가의 발전과 시민들의 요구에 맞는 제도와
규정을 제정했다. 이를 바탕으로 로마 제국은 더욱 강대해졌고, 아
울러 그동안 박해받았던 그리스도교는 짧은 기간에 크게 세력이 팽
창하여 유럽의 종교 분야에서 주도적 지위를 점유했다.

콘스탄티누스 대제는 약 280년에 오늘날 유고슬라비아
(Jugoslavija)에 해당되는 지역에 있었던 나이수스(Naissus)에서 태어

▼ 〈콘스탄티누스 대제의 세례〉라
파엘로(Raffaello Sanzio)
1520∼1524년 작품

났다. 아버지는 디오클레티아누
스 황제(Gaius Aurelius Valerius
Diocletianus) 재위 시절 고급 장
교였고 훗날 자신이 황제에 즉
위했다. 몇 년 후 아버지가 세상
을 떠나자 콘스탄티누스 대제는
군대의 지지를 받으며 순조롭게
로마 서부를 통치하는 황제로 추
대되었다. 그러나 이러한 조치는
몇몇 장군의 반대에 부딪혀 장장

6년에 걸친 내전이 발발했다. 서기 312년에 콘스탄티누스 대제는 최후의 정적을 제거하고 마침내 로마 제국의 서부를 통일했다.

이 시기 로마 제국의 동부는 리키니우스(Valerius Licinianus Licinius)가 통치하고 있었다. 처음에 콘스탄티누스 대제는 그와 긴밀한 협력 관계를 유지했다. 그러나 얼마 후 두 황제는 각자의 정치적 야심으로 분열의 길을 걷기 시작했다. 323년 콘스탄티누스 대제는 대대적으로 리키니우스를 공격한 끝에 승리하여 마침내 통일 로마 제국의 단일 황제로 등극했고, 337년에 세상을 떠났다. 그는 독재 권력을 강화하기 위해 로마를 통일한 후 테트라키아(Tetrarchia, 사두 정치四頭政治)를 폐지하고 로마 제국을 4개 행정 구역으로 나누어 군대와 정부를 개혁했다. 또 비잔티움(Byzantium)으로 천도하고 콘스탄티노폴리스(Constantinopolis, 콘스탄티노플(Constantinople))라고 명명했다. 이렇게 해서 콘스탄티노폴리스의 찬란한 천 년의 역사가 시작되었다.

▲ 콘스탄티누스 대제의 모습

로마 제국을 통일하고 발전시킨 것만으로도 콘스탄티누스 대제는 세계 역사에 큰 영향을 미쳤다. 그러나 인류에 가장 큰 영향을 미친 것은 또 다른 업적이다. 그가 언제부터 그리스도교를 신봉했는지는 정확히 알려지지 않았다. 다만 대다수 학자는 그가 로마 제국의 서부를 통일하기 전날 밤 그리스도를 체험하여 그리스도교를 받아들였다고 간주한다. 어쨌든 콘스탄티누스 대제는 경건한 그리스도교도였으며 그리스도교를 위해 밀라노 칙령(Edict of Milan)을 반포했다. 이 칙령에서 그는 그리스도교가 합법적 종교임을 인정하고 신앙의 자유와 그동안 몰수한 교회 재산의 반환을 표명하면서 일요일을 예배일로 규정했다.

콘스탄티누스 대제는 실제로 그리스도교를 국교로 지정하지는 않았지만, 당시 로마 제국 관리들 사이에서는 그리스도교를 믿는 것이 승진 조건 중 하나로 인식되었고 이러한 분위기는 그리스도교의 세력이 확장되는 데 긍정적으로 작용했다. 콘스탄티누스 대제가 공포한 법령과 정책은 그리스도교를 우대하는 부분이 많았다. 그는 그리스도교의 교회에 특권을 부여하고 많은 교회를 세웠다. 이 밖에도 그리스도교 분파를 통일하고자 325년에 그리스도교 역사상 최초의 회의를 열었다. 니케아(Nicaea)에서 열린 이 회의에서 '삼위일체'[1]설이 통과

---

1 성부, 성자, 성령의 세 위격이 하나의 실체인 하느님 안에 존재한다는 교의

▶ 〈죽은 그리스도의 죽음에 대한
애도〉 보티첼리(Sandro
Botticelli)의 14세기 말 작품
그리스도교의 창시자는 예수였
지만 그리스도교를 발전시킨 것
은 분명히 콘스탄티누스 대제였
다. 그가 없었다면 오늘날의 그
리스도교는 세계 3대 종교가 되
지 않았을지도 모른다.

되었고, 이후 그리스도교의 정통 교리가 되었다.

그리스도교를 믿은 콘스탄티누스 대제는 임종 전에 세례를 받고
그리스도교도가 되어 천국으로 갔다. 그리스도교는 콘스탄티누스
대제의 영향으로 커다란 변화를 겪었으며, 이에 대해 미국의 한 학
자는 다음과 같이 이야기하기도 했다. "현재 우리가 알고 있는 그리
스도교의 창시자는 서기 1세기의 예수 그리스도가 아니라 서기 4세
기의 콘스탄티누스 대제이다."

아우구스티누스 Aurelius Augustinus

만약 밝혀내야 한다면 먼저 믿어야 한다. 믿지 않는다면 밝혀낼
수 없기 때문이다.

아우구스티누스

▲ 성 아우구스티누스

신국론(De civitate Dei)
아우구스티누스가 저술한 《신국론》은 그리스도교와 이단, 이교 사이에서 벌어진 분쟁을 묘사했다. 이 책은 이론상으로 그리스도교의 정치 가치관을 총결했고, 이는 사람들의 정치 관념과 교회, 국가 간 관계에 커다란 영향을 주었다. 아우구스티누스는 '하느님의 나라'와 '땅의 나라'를 각각 신을 따르는 사랑과 신을 등지는 자애自愛로 구별하여 설명했다.

아우구스티누스는 고대 로마 제국의 그리스도교 사상가이며 유럽 중세기 그리스도교 신학의 발전에 중요한 인물이다. 그는 신학, 윤리, 철학, 자서전 등 다양한 분야의 저서를 집필했으며, 그중에 《고백록(Confessiones)》, 《삼위일체론(De la Trinie)》, 《신국론(De civitate Dei)》, 《자유의지론(De libero arbitrio)》 등이 걸작으로 꼽힌다.

젊은 시절에 그는 방탕한 생활을 하기도 했다. 그러나 진리를 추구하는 발걸음을 멈추지 않아 그의 마음속은 언제나 선과 악이 격렬하게 싸우는 전쟁터와 같았다. 그리스도교를 믿기 전에 아우구스티누스는 세속적인 문예를 무척 좋아했다. 그리고 고대 그리스 로마 문학에 큰 관심을 보이며 연구했고 문학과 수사학 교사로 일하기도 했다. 그러나 그리스도교에 귀의하고 나서는 과거 타락했던 시간을 후회하며 〈호메로스 서사시〉와 같은 세속 문예를 강도 높게 비판하고 신플라톤주의에서 그리스도교 교의에 이르기까지 철학과 신학을 조화시키고자 노력했다.

아우구스티누스는 신플라톤파의 전기를 읽고 작가를 직접 만나 이야기를 나누었고, 노년에 그리스도교에 의탁하면서 심적으로 큰 변화를 겪었다. 386년 여름이 끝나갈 무렵에는 교사직을 그만두고 산장에 머물면서 친구들과 철학을 연구하고 수많은 논문을 저술했다.

아우구스티누스의 어머니 모니카(Saint Monica)는 30여 년이 넘는 세월 동안 아들을 위해 매일 기도하여 마침내 그를 그리스도교로 개종시켰다. 아우구스티누스의 수많은 행적은 어머니의 영향을 깊이 받은 것이며, 아우구스티누스가 어머니의 죽음을 서술한 글은 고대 그리스도교 문헌 중 가장 고귀한 기념비적인 작품으로 평가된다.

아우구스티누스의 신학 사상은 매우 다채롭다. 그는 선만이 본질이자 실체이며 이러한 선의 근원은 하느님이라고 생각했다. 또 그에게 죄악은 '선의 결핍'이자 '실체의 결핍'에 불과했다. 아우구스티누스는 영혼을 기억, 이성, 의지라는 세 가지 관능으로 나누고 이 세 가지 관능은 다시 영혼으로 통일된다고 인식했다.

아우구스티누스는 고대 그리스 철학가, 특히 피타고라스, 플라톤, 플로티노스(Plotinos) 등의 이론을 그리스도교 교의로 융합했고 최초로 그리스도교의 미학 사상을 체계적으로 논술했다. 아우구스티누스의 미학은 중세기의 권위 있는 사상 중 하나로 꼽힌다. 그가 제기한 '신성미神性美'의 개념은 그리스도교 세계에서 오랫동안 받아들

여겼다. 이런 이유에서 우리는 고대 그리스의 미학과 중세기 미학 사상은 완전히 분리되지 않았으며, 이 두 시대의 사상이 융합되어 새로운 발전을 이뤄냈다고 이야기할 수 있는 것이다. 아름다움과 추함의 변증 관계에서 아우구스티누스는 "단지 상대적인 추함이 있을 뿐이지 절대적인 추함은 없다."라고 이야기했다.

▲ 오래된 그리스도교 문건

◀ 아우구스티누스의 초상

▲ 〈문원도文苑圖〉 오나라, 주문구의
작품

수 문제 Sui Wendi

분열 상황을 끝낸 것뿐만 아니라 과거 제도를 추진한 것 또한
수 문제가 남긴 매우 중요한 업적이다. 그가 시행한 과거 제도
는 2,000년이 넘도록 중국에 직접적인 영향을 주었다.

▲ 수 문제 양견은 한나라 이후 중
국을 다시 통일한 위대한 제왕
이었다.

한나라가 멸망한 후 중국은 300여 년 동안 분열의 시기를 겪었다.
한나라의 통치 지위는 점차 '주변 민족'이 차지했고 진한 시대의 화
려했던 문화, 예술, 건축은 오랜 세월 계속된 전쟁 속에서 큰 타격을
받았다. 이때 역사를 변화시킨 인물이 등장했다. 바로 진한 시대 이
후 중국을 재통일하고 수 왕조를 건국해 정권을 통일한 수 문제 양
견楊堅이다.

서기 541년 양견은 북주北周의 군사 귀족 가문에서 태어났다. 아버
지 양충楊忠은 북주의 주국대장군이었고, 양견도 군사적 재능이 뛰
어나 14세에 이미 북주의 군대에서 관직을 맡았다. 그 후 정복 전쟁
에서 선제宣帝를 위해 수많은 영토를 확보해 매우 빠르게 승진했다.

선제가 죽은 후 나이
어린 정제靜帝가 황위
를 계승했는데, 양견
은 581년에 정제를 폐
하고 호인胡人이 세운
주나라도 전복시켜
수나라를 건국하고
마침내 수 문제가 되
었다.

◀〈욕마도浴馬圖〉원나라, 조맹부의
  작품

　나라의 기틀을 마련하는 과정에서 수나라의 국력은 점차 강대해
졌고, 588년부터 수 문제는 통일 전쟁을 시작했다. 먼저 남쪽 지역
에 있던 진陳나라를 멸망시키고 이후 유구 열도(지금의 타이완)를 차
지했다. 그리고 드디어 589년에 중국을 재통일해 평화의 시대를 열
었다. 이로써 오랜 세월 계속된 중국의 분열이 종식되었으나 수나라
의 통치는 오래가지 못했다. 604년에 수 문제가 세상을 떠나고 그의
둘째 아들 양광楊廣이 황위를 물려받았다. 그런데 통치 정책이 잇달
아 실패하면서 결국 618년에 반대파에게 암살되었고, 크게 번성했
던 수나라도 양광의 죽음과 함께 사라져버렸다.

◀〈출행도出行圖〉허베이성 쉬엔화
　에 있는 세경의 묘에서 출토된
　벽화

그러나 수나라의 멸망이 곧 통일 중국의 종결을 의미하지는 않았다. 오히려 그 다음에 등장한 당나라가 번영한 왕조를 건국할 수 있는 기반을 마련했다. 당나라의 통치 기틀은 수나라 때부터 이어져 내려와 이후 1,000여 년 동안 계속해서 유지되었다. 수 문제가 세계 100대 인물에 손꼽히는 이유가 바로 여기에 있다.

중국을 통일한 후 수 문제는 정치, 경제 등 여러 분야에서 일련의 개혁을 진행했다. 행정 구역에 대해서는 중앙에서는 삼성육부제三省六部制를, 지방에서는 주현제州縣制를 실시하도록 했고 중앙에서 자신이 관료들의 임면任免을 직접 관리해 중앙 집권을 더욱 공고히 했다. 또 거대 도성을 두 곳 증축했다. 그중에 대흥성은 지금의 시안西安 지역으로 당시 '세계 제일의 도시'로 불렸으며 이는 후세의 도성 건축에도 큰 영향을 주었다. 수 문제는 황하와 장강을 잇는 대운하 건설을 추진해 남북의 경제과 문명이 교류하도록 만들고자 했다. 이 밖에도 형법 수정, 토지 제도 개혁, 식량 창고 설치 등 여러 개혁 조치를 단행해 수나라의 깨끗한 정치와 풍요로운 경제를 도모했다. 그리하여 사람들은 수 문제의 통치 시기를 '개황의 치開皇之治'라고 불렀다.

마지막으로 수 문제의 개혁 중에서 가장 중요한 내용으로 꼽히는 것은 바로 '과거 제도'이다. 시험을 치르는 방식으로 인재를 선발하는 과거 제도는 다양한 신분의 사람들에게 정계로 진출할 기회를 제공했다. 과거 제도는 후대 여러 왕조에서도 계속되다가 청나라에 이르러 폐지되었다. 과거 제도가 중국 역사에 미친 영향은 다른 무엇과도 비교할 수 없을 만큼 막대했다.

미국의 유명한 물리학자이자 역사 연구가 마이클 하트(Michael Hart)는 중국의 수 문제와 유럽의 카롤루스 대제(Charles the Great)를 비교 분석했다. 연구 결과, 그는 카롤루스 대제가 비록 서양에서는 유명한 인물이지만 영향력은 수 문제보다 못하다고 판단했다. 카롤루스 대제는 서유럽의 중요 지역을 정복하지 못했고 카롤링거 왕조는 곧 분열했다. 그러나 수 문제는 중국 전체를 성공적으로 통일했고 이후 통일 중국이 오랫동안 유지되었기 때문이다.

과거 제도

과거 제도는 수나라 대업 원년(605년)부터 청나라 광서光緒 31년(1905년)까지 1,300여 년에 걸쳐 이어져 내려왔다. 이는 봉건 왕조에서 시험을 통해 관원을 선발하는 제도로 수나라 이후 중국의 사회 구조, 정치 제도, 교육, 인문 사상에 커다란 영향을 미쳤다.

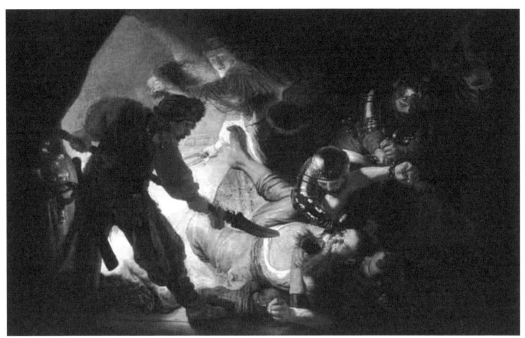

▲ 〈삼손과 데릴라(The Blinding of Samson)〉 렘브란트 (Rembrabdt Harmenszoon van Rijn)의 작품

우마르 Umar

우마르가 이슬람교를 신봉한 것은 콘스탄티누스 대제가 그리스 도교를 신봉한 것과 흡사하다.

우마르는 이슬람교 역사상 제2대 칼리파(Khalifa)[1]이며 전체 이름 은 우마르 빈 알카타(Umar ibn al-Khattab)이다. 크라이슈족의 명망 높은 귀족 상인 아디 가문에서 태어났다.

아랍의 역사 기록에 따르면 우마르는 정신력과 체력이 매우 강하 고 지략이 뛰어난 인물이었다. 문무를 겸비하고 성격이 소탈했으며 언제나 정의감에 불탔다. 우마르는 아부 바크르(Abu Bakr), 오스만 (Osman), 알리(Ali)와 함께 무함마드의 4대 종교 현인으로 불린다. 그는 종족의 전통인 다신 신앙의 속박을 받았고, 612년에 무함마드 (Muhammd)가 메카(Mecca)에서 공개적으로 이슬람교를 전도할 때

---

1 '뒤따르는 자'라는 뜻의 아랍어로 무함마드가 죽은 후 이슬람 공동체, 이슬람 국가의 지도자, 최 고 종교 권위자를 가리키는 칭호

성지 메카

메카는 예언자 무함마드가 태어난 곳으로 이슬람교의 제1성지이다. 사 우디아라비아 히자즈(Hejaz) 지방 홍해 연안의 민둥산 두 줄이 늘어선 계곡에 있다. 성지는 이슬람교도들 에게만 개방되며 비이슬람교도는 들어갈 수 없다. 메카의 한가운데에 있는 카바(Kaaba) 신전은 이슬람교 도에게 중요한 성지이며, 세계 각국 의 이슬람교도는 평생에 꼭 한 번은 이곳을 순례해야 한다고 생각한다.

▲ 우마르의 모습

이슬람교를 반대했다. 그러나 이후 누나와 매형의 설득으로 618년부터 이슬람교를 신봉하기 시작했다.

622년에 그는 메디나(Medina)로 이주하여 무함마드를 도왔고, 이슬람 공동체 '움마(Ummah)'를 창설하는 일련의 중대 정책에 참여했다. 634년에 제2대 칼리파가 되었고, 사람들은 그가 집정한 10년을 '찬란한 시대'라고 불렀다. 우마르가 정치를 강화하고 군대의 실력을 높이는 일련의 조치들을 단행하여 메디나 정권은 더욱 조직화될 수 있었다. 그 조치들로는 상층 인물들을 핵심으로 하는 지도자집단 형성, 각 계층의 세력 규합, 군사 장교 중용, 종족 지도자들의 단결, 세심한 인재 양성과 선발 등이 있었다. 또 수많은 정치, 군사, 경제, 그리고 사법과 관련된 제도를 정비하고 새롭게 제정했으며 아라비아 반도의 통일을 공고히 하는 한편 새로운 정복 지역에 대한 통제를 강화했다.

이슬람교의 광범위한 전파와 발전을 논할 때 우마르를 빼놓을 수 없다. 639년에 우마르의 주재로 이슬람력(Islamic calendar)이 탄생했다. 또 그는 비이슬람, 특히 그리스도교와 유대교도들에게 이슬람교를 강요하지 않으면서 각 종교를 존중하고 그들 종교의 규율을 인정했다.

644년 11월 3일, 우마르는 여느 때와 마찬가지로 사람들을 거느리고 새벽 예배를 가다가 그리스도교를 신봉하던 페르시아 노예에게 암살당했다. 그의 시신은 유언에 따라 메디나에 있는 무함마드 무덤의 북쪽에 안장되었다.

▶ 회화, 음악, 조각 - 오래된 이슬람 예술

◀ 이 그림은 1222년의 벽화 작품이다. 아랍에 있는 여러 종족의 수장들이 모여 있는 모습을 묘사했는데, 그림을 자세히 살펴보면 화가가 당시 시리아의 예술가였음을 짐작할 수 있다.

무함마드 Muhammd

성공한 종교 창시자이자 정치가인 그는 최초의 이슬람 국가를 건설했다.

▲ 좋은 책은 진리를 빛나게 한다.
무함마드

   무함마드('높은 찬양을 받는 자'라는 의미)는 이슬람교의 창시자이자 예언자이며, 아랍의 각 부족을 통일해 훗날 아랍 제국의 기틀을 마련했다. 오늘날 수많은 학자가 그를 인류 역사에 커다란 영향을 준 인물이라고 평가한다.

   전통적인 이슬람교 역사 기록에 따르면 무함마드는 570년 메카에서 유복자로 태어났다. 6세 때 어머니가 병사하고 8세가 되던 해에 할아버지마저 세상을 떠나 그 후로는 삼촌을 따라 생활했다. 어린 시절부터 시리아, 팔레스타인 등지에 가본 적이 있어서 그는 아랍 지역의 사회 상황에 익숙했다. 595년에 25세가 된 무함마드는 메카에 사는 부유한 미망인과 만나 같은 해에 결혼했다. 이 결혼으로 그는 경제적으로 한층 안정되었고, 이는 그의 인생에 중요한 전환점으로 작용했다.

   언제나 산속 동굴에 들어가 깊은 명상을 하던 그는 35세부터 여러 기이한 현상을 경험했다. 40세가 된 610년의 어느 날 저녁, 역시 명상을 하던 중에 천사로부터 알라(Allah) 신의 사자使者가 되어 인간 세상에 이슬람교를 전파하라는 계시를 받았다.

처음 3년 동안 무함마드의 전교 범위는 친한 친구 정도로 제한적이었지만 613년에 공개 전도를 시작하면서 매우 빠르게 많은 사람을 이슬람교도로 만들었다. 나날이 강대해지는 이슬람교는 전통적으로 각기 종족의 신을 신봉하던 여러 종족의 지배층에 큰 위협으로 다가왔다. 그러자 그들은 이슬람교에 박해를 가하기 시작했다. 619년에 아내와 삼촌이 먼저 세상을 떠나 무함마드는 자신에게 가장 중요했던 지지자와 보호자를 한꺼번에 잃었다. 622년에 그는 신도들을 데리고 메디나로 이주했다. 이슬람교에서는 이 역사적 사건을 '헤지라(Hegira)'[1]라고 부른다. 또 이 사건이 일어난 해를 '위대한 헤지라의 해'라고 부르며 이 해를 이슬람교의 원년으로 삼았다. 무함마드는 627년에 메디나를 통일했고 메카의 카바 신전을 이슬람교의 성지로 선포했다.

▼ 〈아랍의 시장〉 젠틸레 벨리니
(Gentile Bellini)의 16세기 작품

1 예언자 무함마드가 쿠라이시족의 박해를 피해 메카에서 메디나로 이주한 것을 가리키는 말

630년에는 메카로 군대를 진격시켜 메카의 지배층에 항복을 받아냈다. 그들은 이슬람교와 무함마드의 권위를 인정했고, 또 무함마드가 메카인들에게 이슬람교를 신봉하도록 강요하지 않았음에도 많은 사람이 이슬람교에 귀의했다. 그 이듬해에 아라비아 반도의 대부분 종족이 속속 메디나로 찾아와 무함마드를 알현하고 이슬람교를 받아들였다.

632년에 무함마드는 신도들과 함께 메카를 순례했는데 이것이 그의 '마지막 순례'가 되었다. 그는 같은 해 6월 8일 세상을 떠났고, 시신은 메디나에 안장되었다.

훗날 무함마드가 천사를 통해 알라 신의 계시를 받고 나서부터 22년에 걸친 그의 전도 과정이 집대성되어 이슬람교의 유일한 경전 《코란(Koran)》으로 탄생했다. 《코란》의 가장 중요한 교의는 사람들을 알라 신과 천사, 예언자, 그리고 최후의 심판일에 있을 상벌을 믿도록 인도하는 것이다. 또 이슬람교의 경전으로서 《코란》은 사람들에게 생활의 정도正道를 가르친다.

18세기 유럽의 가장 유명한 작가 괴테(Johann Wolfgang von Goethe)는 이렇게 말했다. "《코란》은 아무리 읽어도 싫증이 나지 않는다. 읽을 때마다 늘 처음처럼 새롭고 심금을 울리며, 결국에는 사람들에게 경건한 마음가짐을 갖게 한다. … 이 경전의 위대한 힘은

코란(Koran)

《코란》은 이슬람교의 유일한 경전으로 무함마드가 천사를 통해 알라 신의 계시를 받고 나서부터 22년에 걸친 그의 전도 과정을 집대성한 것이다. "알라 신 외에는 신이 없다."라고 가르치면서 사람들에게 알라 신만을 따르고 다신교 숭배를 그만둘 것을 요구한다.

영원할 것이다."

무함마드가 창시한 이슬람교는 오늘날 신도 수가 이미 10억 명을 넘어섰다. 그리고 그가 최초로 세운 이슬람 국가는 지금까지도 세상에 커다란 영향을 미치고 있다. 그러므로 무함마드는 세상에서 종교와 정치 두 분야에서 가장 성공한 인물이라고 말해도 전혀 손색이 없다.

▶ 《코란》은 이슬람교의 유일한 경전이다. 이 사진은 1772년에 이슬람교 《코란》의 표지이다.

카롤루스 대제 Charles The Great

그는 신성 로마 제국의 영토를 초월하여 서유럽의 정치적 통일을 달성했다. 또 가톨릭의 위대한 지원자이자 수호자였으며 교회를 통해 학문과 예술의 발전을 장려했다.

카롤루스 대제는 프랑크 왕국(Frankenreich) 에르스탈(Herstal) 시에 있는 귀족 가문에서 태어났다. 몸집이 건장하고 사람들에게 아주 친절했으며 소박한 생활을 했다. 또 독실한 그리스도교 신자였으며 자신이 정복한 영토에 그리스도교를 전파했다. 그는 가톨릭의 가장 위대한 지지자이자 수호자였으며 교회를 통해 학문과 예술이 발전을 장려했다.

768년에 카롤루스 대제의 아버지가 병사하자 카롤루스 대제와 동생 카를만은 유언에 따라 유산을 배분하여 각각 수아송(Soissons)과 누아용(Noyon)을 통치했다. 771년 12월에 동생 카를만도 세상을 떠나 카롤루스 대제는 단일 통치자가 되었다.

카롤루스 대제가 집정한 46년(768~814년) 동안 프랑크 왕국은 크

카롤링거 르네상스

카롤링거 르네상스는 서기 8세기를 전후로 유럽 중세기 초반에 일어난 문화 개혁 운동으로 사람들은 '유럽 최초의 각성'이라고 부르기도 한다. 카롤링거 르네상스의 발생은 카롤링거 왕조의 정치와 종교가 발전하는 데 긍정적인 작용을 했다. 카롤링거 르네상스는 서로마 제국의 폐허 속에서 발굴되었으며 고전 문화 유산이 많이 남겨져 있었다. 이는 중세기와 그 이후 문화 발전에 발판이 되었고 유럽 문화의 윤곽을 형성했다.

▲ 카롤루스 대제 742~814년

게 번성했다. 나라를 잘 다스리고자 노력하고 정진하는 그의 모습은 그야말로 덕망 높은 군주였다. 카롤루스 대제는 문화와 교육을 발전시키기 위해 온힘을 다해 노력했고, 저명한 학자들을 초빙해 학생들을 지도했다. 그 자신도 고대 라틴 문자와 그리스 문자로 쓰인 원고를 수집하고 필사했으며, 수도원에 도서관을 설립해 고대 그리스 로마 시대 작가들의 작품을 소장했다. 그리고 유럽에서 가장 유명한 건축가, 조각가, 화가들이 카롤루스 대제의 초청으로 수도원과 교회를 건축했다. 이러한 카롤루스 대제의 문화 교육 정책 덕분에 파손되었던 고전 문명은 다시 빛을 보게 되었고 게르만인(Germans)의 문화 수준은 지속적으로 향상되었다. 후세인들은 카롤루스 대제가 재위하던 시기의 문화를 '카롤링거 르네상스(Carolingian Renaissance)'라고 불렀다. 또 그가 정복한 영토는 신성 로마 제국의 영토보다 훨씬 넓었다.

▲ 이사벨 1세가 콜럼버스(Chris-
topher Columbus)를 접견하
는 모습

이사벨 1세 Isabel I

이사벨 1세는 이슬람교의 서유럽 통치를 종식시켰고, 이로써 7
세기 동안 이어진 레콘키스타(Reconquista)[1]가 마침내 종결되었
다.

    이사벨 1세(Isabel)는 콜럼버스(Christopher Columbus)의 대서양
항해를 지원한 에스파냐의 여왕으로 유명하다. 그녀는 언제나 활력
이 넘치고 능력이 많은 통치자였다. 이사벨 1세가 단행한 주요 정책
들은 몇 세기에 걸쳐 에스파냐와 라틴아메리카 전체에 영향을 주었
고, 오늘날에도 여전히 간접적인 영향을 미치고 있다.
    1451년 에스파냐에서 태어난 이사벨 1세는 엄격한 종교적 훈육을

<hr>

1   국토 회복 운동

산타페(Santa Fe) 협약

1485년 에스파냐와 그레나다의 전
쟁이 한창 벌어지고 있을 무렵 이사
벨 1세는 영국과 포르투갈에 지원을
요청했다가 거절당한 콜럼버스를
접견해 그의 원대한 계획을 들었다.
1492년 초에 전쟁이 종결되자 여왕
은 콜럼버스를 다시 만나 전문 위원
회를 구성하고 그의 계획에 대해 논
의하게 했다. 그리고 얼마 후 페르
난도 국왕과 일부 귀족의 반대를 뒤
로한 채 콜럼버스와 산타페 협약을
체결하여 그를 지원해주었고, 이로
써 콜럼버스는 성공리에 탐험을 마
칠 수 있었다.

받으며 경건한 가톨릭교도로 자랐다. 당시 에스파냐는 카스티야(Castilla) 왕국, 아라곤(Aragon) 왕국, 그레나다(Grenada) 왕국, 나바라(Navarra) 왕국의 4개 국가로 분열되어 있었다. 1469년에 이사벨 1세는 아라곤 왕국의 계승자인 페르난도(Fernando)와 결혼했고, 1479년에 카스티야의 여왕으로 즉위해 남편 페르난도와 함께 에스파냐의 대부분 지역을 공동 통치했다.

페르난도와 이사벨 1세의 업적과 영향을 이야기하자면 다음과 같다. 두 사람은 함께 노력하여 통일된 에스파냐 왕국을 건설하는 데 성공했다. 당시의 국경과 지난 다섯 세기 동안 에스파냐가 유지해온 국경은 거의 유사하다. 페르난도와 이사벨 1세는 군주 전제 정치 체제를 택해 무어인(Moors)[2]과 유대인을 국경 밖으로 추방했다. 페르난도와 이사벨 1세의 종교적 편견과 종교 재판은 이후의 에스파냐 역사에 매우 큰 영향을 미쳤다.

이사벨 1세의 가장 강력한 무기였던 종교 재판 제도는 에스파냐 지식인들에게 부정적으로 작용했다. 재판관과 의견이 다른 학설은 모두 이단으로 치부되었고, 심지어 그러한 학설을 주장한 학자가 목숨을 잃기도 했다. 이는 1492년 이후 몇 세기 동안이나 유지되었고, 서유럽의 사상 문화계가 찬란하게 빛나고 있을 때 에스파냐만 조용히 침묵해야 했던 원인이 되었다.

2   711년부터 이베리아 반도를 정복한 아랍계 이슬람교도

▲ 〈쾌락의 정원〉
보슈(Hieronymus Bosch)의
작품

윌리엄 1세 William I

윌리엄 1세는 노르만족의 전통적 중앙 집권 방식으로
영국을 지배했으며 이로써 영국은 역사상 대전
환기를 맞이했다.

윌리엄 1세(William I)는 영국 노르만 왕
조(Norman dynasty)의 제1대 왕(1066~1087
년)으로 '정복 왕 윌리엄'이라는 별칭이
있다. 그는 천성적으로 정복 야심이 있는
인물이었다.

1066년 프랑스 노르망디(Normandie) 공
이었던 윌리엄 1세는 잉글랜드로 진격해
전쟁에서 승리를 거두었다. 그리고 크리스
마스에 웨스트민스터 대성당(Westminster
Abbey)에서 대관식을 올리고 잉글랜드 국왕에
즉위했다. 자신의 지위를 더욱 공고히 하고자 그

◀ 윌리엄 1세 1027~1087년

▶ 중세기 유럽의 생활 모습

헤이스팅스 전투
(Battle of Hastings)

1066년 윌리엄 1세의 노르만 정복 과정에서 헤이스팅스 전투는 매우 결정적인 전투였다. 이 전쟁에서 노르만인이 승리했으며, 이 사건은 영국 역사상 매우 중요한 전환점으로 평가된다. 이때 이후로 그 어떤 나라도 영국을 정복하지 못했다.

는 1072년에 스코틀랜드를, 1081년에 웨일스를 침략했다. 이후 윌리엄 1세는 계속해서 노르망디에 머물렀고, 잉글랜드에는 단지 몇 차례 들르기만 했다.

노르만족인 윌리엄 1세가 잉글랜드를 정복한 것은 그의 이름을 세상에 널리 알린 중대한 사건이었다. 훗날 사람들은 이 사건을 노르만 정복(Norman Conquest)이라고 불렀다. 윌리엄 1세의 의도는 어쩌면 단순히 자신의 정복 야욕을 만족시키기 위함이었을지도 모른다. 그러나 이 사건은 영국 역사의 발전에 크나큰 영향을 주었고, 이와 동시에 외부 민족이 영국 침략에 성공한 마지막 사례가 되었다. 노르만 정복으로 윌리엄 1세와 그의 계승자들은 잉글랜드의 왕위를 차지했고 이는 이후 영국의 역사에 커다란 작용을 했다.

정복은 쉬웠지만 통치는 매우 어려웠다. 정권 초기에 윌리엄 1세는 잉글랜드인의 강력한 저항에 부딪혔다. 그래서 잉글랜드인을 더 강경하고 잔인하게 진압하고 각 지방 세력을 완전히 제거해 1171년에 이르러서는 잉글랜드의 반란을 대부분 평정했다. 그는 집권 통치를 실시하고, 잉글랜드 귀족의 토지를 몰수해 노르망디 귀족들에게 나누어주었으며, 잉글랜드의 중앙 행정 기구와 사법 기구를 개편했다. 이 밖에도 로마 황제의 압력을 거부하고 잉글랜드 내 각 주교의 임명권을 장악했다. 이렇게 해서 잉글랜드에는 당시 서유럽 국가 가운데 가장 강력한 왕권이 세워졌다.

윌리엄 1세의 정복이 영국에 미친 가장 큰 영향은 영국이 다시 한 번 유럽 중심 지역의 복잡한 관계 속에 휘말려들었다는 것이다. 원래 프랑스의 노르망디 공이었던 윌리엄 1세가 프랑스에도 영토를 소유하고 있어서 영국과 프랑스 두 왕실의 관계가 매우 복잡해졌기 때문이다. 이로 말미암아 수백 년 동안 계속된 양국의 교류와 충돌은 서유럽 일대의 정치적 쟁점이 되었다. 윌리엄 1세의 정복이 미친 영향은 여기에서 끝나지 않았다. 그의 정복으로 잉글랜드에 새로운 문물이 유입되어 잉글랜드의 발전을 촉진했고, 신조어가 대량 유입되어 영국의 언어 체계가 커다란 변화를 겪었다.

　　또한 수백 년에 걸쳐 다른 나라의 공격을 받아온 잉글랜드는 윌리엄 1세의 정복으로 마침내 침략의 역사를 종결짓고 유럽 대륙 체계에 융합될 수 있었다.

◀ 〈예수공헌일(The Epiphany)〉
지오토(Giotto di Bondone)의
작품

▲ 십자군 원정

우르바노 2세 Urbanus Ⅱ

우르바노 2세는 십자군 원정을 독려하는 것 외에 또 다른 대안
이 없었다.

    우르바노 2세(Urbanus Ⅱ)는 오도 드 라주리(Odon de Lagery)가
본명이며 프랑스 샹파뉴(Champagne) 부근의 귀족 가문에서 태어나
훌륭한 교육을 받고 자랐다. 젊은 시절 클뤼니 수도원(L' Abbaye de
Cluny)에서 수도사, 부원장을 지내고 추기경으로 서임되었다가

◀ 십자군이 콘스탄티노폴리스에 입성하는 모습

1088년에 로마 교황으로 선출되었다.

우르바노 2세는 강경하고 정치적으로 민감한 교황이었다. 그는 로마 교황의 자격으로 이슬람교도의 수중에서 성지를 되찾기 위한 그리스도교 전쟁, 즉 십자군 원정을 촉구했다. 그리고 1095년 11월 27일 종교 회의를 소집해 수많은 청중 앞에서 연설을 했다. 연설에서 그는 그리스도교를 신봉하는 국가들이 연합하여 그리스도교의 성지를 되찾기 위한 십자군 원정을 일으키자고 호소했다. 이렇게 해서 우르바노 2세는 자신의 능력과 풍부한 감성을 이용하여 사람들에게 십자군 원정에 대해 강하게 동기부여를 하는 데 성공했다. 그가 지목한 그리스도교 성지는 비옥하고 풍요로운 땅이었다. 그리고 그는 십자군 원정에 참여하면 모든 고통에서 벗어날 수 있고 십자군 원정군이 되면 모든 죄가 용서될 것이라고 사람들을 설득했다.

우르바노 2세의 연설이 채 끝나기도 전에 종교 회의에 모인 청중은 일제히 소리 높여 외쳤다. "모든 세계를 십자가 아래로!" 이 말은 십자군 원정의 전투 구호가 되었다. 몇 개월 후 드디어 십자군이 원정을 떠났고, 이렇게 시작된 종교 전쟁은 장장 200여 년이라는 긴 세월 동안 계속되었다. 우르바노 2세는 십자군이 예루살렘을 탈환

십자군(crusades) **원정**

십자군 원정은 1096 ~ 1291년까지 8회에 걸쳐 일어난 대원정으로 종교적 군사 행위의 성격을 띤다. 십자군 원정은 서유럽의 그리스도교(가톨릭) 국가가 지중해 동안東岸의 국가에 감행한 전쟁이며 주요 목적은 이슬람교 세력으로부터 예루살렘을 탈환하는 것이었다. 가톨릭 교회는 원정에 가담한 모든 군사에게 십자가를 나누어주었고 군사들은 그 십자가를 몸에 달고 다녔다. '십자군'이라는 명칭은 여기에서 비롯되었다. 십자군 원정은 일반적으로 가톨릭의 폭력으로 간주된다. 근대 가톨릭의 십자군 원정으로 말미암아 그리스도교도와 이슬람교도 간에 원한과 적개심이 팽배해졌고, 이는 교회의 명성에 지울 수 없는 오점으로 남았다.

하기 2주일 전에 세상을 떠났다.

과연 십자군 원정은 역사적으로 어떤 의미가 있을까? 물론 십자군 원정에 참여한 사람들은 십자군 원정에 직접적인 영향을 받았다. 또 서유럽과 비잔티움, 그리고 이슬람 각국이 십자군 원정으로 긴밀히 교류하게 되었다. 당시 비잔티움과 이슬람 국가는 서유럽보다 훨씬 선진화되어 있었다. 따라서 이들의 교류는 르네상스의 도래를 앞당긴 촉매 역할을 했으며, 르네상스는 유럽 문명을 활짝 꽃피웠다.

십자군 원정을 통한 성지의 해방은 누구나 쉽게 제안할 수 있는 문제가 아니었다. 그만큼 우르바노 2세는 지략과 담력을 두루 갖춘 인물이었다. 십자군 원정을 독려하고 국가 권력을 뛰어넘는 하느님의 대리인으로서 우르바노 2세가 해낸 역할은 간과할 수도, 그 누가 대신할 수도 없는 것이다.

▶ 고대 유럽에서 전쟁은 종종 종교와 연관된 것이었다. 이는 고대 중국에서 '존왕양이(尊王攘夷 : 왕실을 높이고 오랑캐를 물리침)'라는 전통적 명분으로 전쟁이 벌어진 것과 같은 맥락으로 볼 수 있다.

칭기즈칸 Chingiz Khan

아시아는 일찍이 강대한 민족 중 하나인 원나라 몽골의 지배를 받았다.

쑨원孫文

쑨원은 이렇게 말했다. "아시아는 일찍이 강대한 민족 중 하나인 중국 원나라 몽골의 지배를 받았다.", "거의 모든 유럽이 원나라에 점령되었으며 원나라는 중국의 그 어떤 시대보다 훨씬 강대했다." 쑨원이 이토록 몽골 혹은 원나라 왕조를 찬양한 것은 단 한 사람의 공적이라고 말할 수 있다. 그는 바로 원나라의 창시자인 칭기즈칸(Chingiz Khan)이다.

▲ 칭기즈칸의 모습

◀ 테무친의 군대는 몽골 초원을 휩쓸었을 뿐만 아니라 아프가니스탄에 이르는 유럽 대부분 지역을 정복했다. 어쩌면 유목 민족 특유의 생존 본능을 타고난 칭기즈칸에게 정복을 위한 원정은 필연적인 것이었을지 모른다.

▼ 몽골의 칸과 그의 부인이 식사하는 모습. 몽골인은 육식과 마유주馬乳酒를 좋아했다. 그들에게 맛좋은 음식은 주요 전리품 중 하나였다.

그의 어린 시절 이름은 테무친이고, '칭기즈칸'은 몽골의 칸(Khan : 몽골의 군주)이 되고 나서 그에게 붙여진 존칭이다. 테무친은 몽골 고원 바이칼 호수 근처의 보르지긴 부족의 족장 아들로 태어나 풍족한 생활을 했다. 그러나 9세 때 아버지가 다른 부족에서 독살되어 어머니, 그리고 남동생 세 명과 함께 힘든 유목민 생활을 시작했다. 고된

▶ 〈쿠빌라이출렵도〉 원나라, 유관 도劉貫道의 작품
인물들 가운데 하얀색 창파오 (중국 남자들이 입는 전통 의복)를 입은 사람이 원나라를 건국한 쿠빌라이의 모습이다. 그림을 조금 더 자세히 살펴보면 다른 사람들은 동물 가죽으로 만든 옷을 입었고, 쿠빌라이와 그 옆에서 시중을 드는 여인은 남방 계통의 비단옷을 입고 있다.

마르코 폴로의 《동방견문록》

이 책은 유럽인이 저술한 일종의 유람기로 동양의 역사, 문화, 예술에 대해 자세히 묘사했다. 마르코 폴로는 이 책에서 원나라 상도의 번화한 시가지 모습과 현지인의 생활 모습을 기록해 동양에 대한 서양인들의 강렬한 동경을 불러일으켰다. 또 이 책은 훗날 신항로의 개척에도 지대한 영향을 미쳤다.

생활 속에서 테무친은 반드시 훗날 자신의 부족과 아버지 시절의 명예를 되찾으리라 굳은 결심을 세웠다.

성인이 된 테무친에게 옛 부족을 다시 세우는 일은 크게 어렵지 않았다. 또 화친과 합병으로 1189년에 몽골 여러 부족의 지지를 받아 칸으로 추대되었다. 당시 그의 나이 27세였다. 얼마 후 테무친은 세력이 강한 맹우盟友를 자신의 휘하에 두고 1196년에 적대 부족들을 섬멸해 아버지의 원한을 갚았을 뿐만 아니라 자신의 위세와 명망을 더욱 높였다. 이렇게 해서 테무친은 몽골 초원에 명성을 떨치기 시작했다. 1200년부터는 네 차례 전투를 일으켜 나머지 부족들마저 항복시키고 몽골 초원을 통일했다. 1206년 봄, 마침내 대몽골 제국을 건국하여 칸의 자리에 오르고 '칭기즈칸'이라고 불렸다.

칭기즈칸의 원대한 포부는 단지 몽골 초원의 영웅이 되는 것으로 끝나지 않았다. 군주의 자리에 오른 후 계속해서 영토 확장을 위해 남진南進과 서정西征을 진행했다. 그는 20년 동안 재위하면서 끊임없이 영토 확장 전쟁을 벌였다. 중국의 서하, 금, 서요를 정복하고 오늘날의 우즈베키스탄, 카자흐스탄, 투르크메니스탄, 아프가니스탄, 이란, 그루지야, 아르메니아, 러시아 등지를 직접 정복했다. 이 영토들을 모두 자식들에게 분봉하고 그들에게 칸의 제국을 세우도록 했다.

1227년 칭기즈칸은 66세에 중국 서하를 다시 정벌하는 과정에서 병사해 기련곡起輦谷에 안장되었다. 《원사元史》는 칭기즈칸에 대해 이렇게 평가했다. "칭기즈칸은 원대한 책략가였다. 군사를 다루는 데 신기神技에 가까운 재주가 있어 사십여 개국을 멸망시키고 중국 서하를 점령했다. 이 밖에도 그의 위대한 업적은 헤아릴 수 없이 많다."

칭기즈칸은 재위 기간에 탁월하고 효과적인 개혁을 단행했다. 먼저 행정과 군사를 하나로 합친 분봉제分封制를 만들어 귀족과 봉지封

◀〈마르코 폴로의 동방견문록〉
1375년 회화 작품. 몽골군은 세계 각지에서 잔혹한 살육을 일삼으며 경악할 만한 사망자 수를 기록했다. 그러나 마르코 폴로는 풍요로운 원나라의 또 다른 모습을 유럽 세계에 제시했다.

地의 관계를 규정했다. 그리고 수비군 제도를 개편하고 몽골 문자를 만들어 문자가 없던 몽골 민족의 역사를 끝냈다. 이러한 개혁을 통해 칭기즈칸의 통치 권력은 더욱 공고해졌고 몽골 제국의 봉건 제도는 점차 안정되어갔다. 이렇게 원나라 건국을 위한 기반은 견실하게 다져지고 있었다.

지금까지 사람들은 칭기즈칸의 정복 활동에 대해 일치된 결론을 내리지 못하고 있다. 그러나 그가 아시아와 유럽 양 대륙에 제국을 건설했을 당시 동서양의 경제, 문화 교류가 마치 '실크로드'가 재건된 것처럼 더할 나위 없이 활발하게 이루어졌다는 점은 결코 부인할 수 없다. 프랑스 학자 그루쎄(Rene Grousset)는 《몽골제국사》에서 다음과 같이 말했다. "몽골인은 아시아 전 지역을 연합하여 대륙과 대륙 간의 통로를 개척했으며 이는 중국과 페르시아의 접촉을 원활하게 했다. … 몽골인의 문화 전파는 로마인이 했던 것처럼 세상에 유익했다. 희망봉과 아메리카 대륙의 발견만이 몽골인의 공헌과 비견될 수 있다."

▲ 요하네스 구텐베르크
1397 ~ 1468년

▶ 구텐베르크가 발명한 인쇄 선반의 모습. 활자의 틀이 움직이는 축받이 아래에 있다. 비록 활자 인쇄술은 중국에서 더 일찍 발명되었지만, 진정한 인쇄술의 기계화는 구텐베르크가 일궈냈다. 그의 발명은 당시 유럽 사회에 엄청난 영향을 미쳤다.

금속 활자 인쇄술

구텐베르크는 금속 활자로 인쇄한 책을 완성했다. 그가 사용한 자음과 모음은 납, 아연, 그리고 기타 금속으로 조합된 합금으로 제작된 것이었다. 이러한 합금은 아주 빠르게 냉각될 뿐만 아니라 인쇄할 때 받게 되는 압력도 잘 견뎌냈다. 이 새로운 혁명으로 자음과 모음을 반복해서 사용할 수 있었고 이에 따라 인쇄 속도도 향상되었으며 인쇄물의 가격도 저렴해졌다. 더불어 과학 문화의 전파에도 커다란 편리를 제공했다.

요하네스 구텐베르크 Johannes Gutenberg

서적 인쇄의 발명은 인문주의(휴머니즘)[1] 운동의 주요 원동력이었다.

포퍼(Karl Raimund Popper)

---

1 서양의 문예 부흥기에 이탈리아에서 발생하여 유럽에 널리 퍼진 정신 운동. 가톨릭 교회의 권위와 신 중심의 세계관에서 인간을 해방시키고 그리스, 로마의 고전 문화 연구를 통해 인간의 존엄성을 회복하고 문화적 교양을 높이는 데 노력했다.

요하네스 구텐베르크 (Johannes Gutenberg)는 독일 마인츠(Mainz)의 귀족 가문에서 태어났다. 젊은 시절 금속 주조술을 배웠고, 이후 이러한 기술들과 활자 조판 기

▲ 제지술과 인쇄술은 훗날 일어날 혁명에 발판이 되었다.

술을 이용해 인쇄업에 종사했다. 1450년에 마인츠에 인쇄 공장을 열었고 널리 알려진 대로 유럽에서 처음으로 활자 조판 기술을 운용해 서적을 출간했다. 구텐베르크가 1456년에 인쇄한 《구텐베르크 성서》는 최초로 활자 인쇄를 이용해 완성된 서적으로 인정받는다.

종이의 출현은 양피지 시대의 종결을 선고했지만, 필기도구는 여전히 새로운 혁명이 필요했다. 사람의 손으로 직접 방대한 내용의 책 한 권을 완성하려면 엄청난 수고와 시간이 필요했다. 당시 사회는 전반적으로 책을 즐겨 읽는 사람 수가 늘어나면서 책의 수요량도 증가하는 추세였다. 구텐베르크의 활자 인쇄술은 시대의 요구에 따라 적절한 시기에 생겨난 산물이었다.

▼ 18세기 프랑스의 인쇄 작업실 모습. 책 한 권은 엄격한 공정을 마쳐야 비로소 세상에 나올 수 있었다.

조판[2] 인쇄술은 활자 인쇄술의 기틀을 마련했다. 활자 인쇄는 각 자음과 모음을 따로 하나씩 금속 조각 위에 새기고 이 조각들을 단어와 구로 조합하여 인쇄판 위에 가지런히 배열해놓고 인쇄하는 방법이다. 활자 인쇄의 최대 장점은 새겨진 자모字母 조각들을 이용하면 각기 다른 여러 단어와 구를 마음대로 조합, 배열할 수 있고 중복하여 사용할 수 있다는 것이었다. 이렇게 해서 생산 비용이 절감되고 효율성은 높아져 일석이조의 효과를 냈다. 사람들은 일반적으로 유럽에서 활자 인쇄술을 발명한 사람이 구텐베르크라고 알고 있다. 그러나 엄밀히 말해서, 현재 그가 이 위대한 기술의 발명가라는 사실을 입증해줄 명확한 증거 자료가 남아 있지 않다. 단지 오늘날 발견된 자료에 따라 분명하게 말할 수 있는 것은 구텐베르크가 비교적 빨리 활자 인쇄술을 사용하여 서적을 인쇄한 사람이라는 정도이다.

1462년 구텐베르크는 두 명의 대주교가 일으킨 전쟁의 파장으로 마인츠를 떠나 피신했고, 그가 고용했던 노동자들 역시 사방으로 흩어졌다. 이에 따라 활자 인쇄술은 서유럽에 광범위하게 전파되었다. 활자 인쇄술의 발명과 보급은 서적의 수량을 크게 증가시켰고 유럽 도서관에 소장되는 책의 수량도 급격하게 늘어났다. 이를 바탕으로 지식의 전파 속도는 점차 빨라졌고 전파 범위도 확대되어갔다. 또 활자 인쇄술이 광범위하게 응용된 지 100년도 채 되지 않아 유럽에 르네상스 운동이 활발하게 일어났다. 그래서 학자들은 활자 인쇄술이 르네상스 운동의 촉발에 적지 않은 영향을 미쳤을 것이라고 평가한다.

구텐베르크는 일생의 대부분 시간을 채무와 가난 속에서 보냈다. 말년에는 상황이 조금 나아지긴 했지만 오래 지나지 않아 생을 마감했다. 그의 인쇄술은 유럽의 문화 발전에 지대한 공헌을 했고, 이로써 그는 역사에 길이 이름을 남기게 되었다.

---

2 나무 따위에 조각하거나 글자를 새김, 또는 그런 판자

▲ 콜럼버스가 상륙하고 나서 하느
님에게 기도를 드리는 모습. 그
가 손에 든 칼은 이 땅에서의
그의 권력을 상징하는 듯하다.

콜럼버스 Christopher Columbus

콜럼버스가 처음 항해를 시작했을 당시의 목적은 재물의 약탈
이었지 결코 신대륙의 발견이 아니었다.

　미국의 역사는 비록 매우 짧지만 누구도 미국의 경제 발전 정도와
세계적 위상을 부인하지 못한다. 만약 콜럼버스가 없었다고 해도 미
국은 존재했을 것이고, 아메리카 대륙의 여러 나라는 건국되었을 것
이다. 그러나 세계정세는 어쩌면 지금과 크게 다를 수 있고, 세계 역
사도 새롭게 쓰였을지 모른다.

　크리스토퍼 콜럼버스는 15세기 말에서 16세기 초에 신대륙을 발
견하여 세상에 널리 이름을 알린 지리적 대발견의 선구자이다. 1451
년 이탈리아의 항구 도시 제노바(Genova)에서 수공업자의 아들로

▲ 크리스토퍼 콜럼버스
1451~1506년

태어났고 어려운 집안 사정으로 정규 교육을 받지 못했다. 그는 지구는 둥글다고 믿었고 마르코 폴로를 매우 추앙하여 젊은 시절에 이미 항해사가 되겠다고 결심했다.

14세가 되던 해에 콜럼버스는 항해 인생을 시작했다. 처음에 프랑스의 한 공작과 현지 대부호인 은행가의 배에 탔고, 이후 호위함 부대에 참가하여 1476년까지 포르투갈을 왕래했다. 이 기간에 그는 지중해(Mediterranean Sea)와 에게 해(Aegean Sea)를 항해하면서 에스파냐, 포르투갈, 프랑스, 영국, 아이슬란드 등 수많은 국가를 경험했다. 콜럼버스는 포르투갈의 수도 리스본(Lisbon)에 다녀오고 나서부터 라틴어를 공부해 많은 책을 읽었고, 남동생과 함께 항해 지도를 제작해 판매하기 시작했다.

1482년에 명문가의 딸과 결혼을 했는데 이는 그의 항해 인생에도 도움이 되었다. 그의 장인이 재산가일 뿐만 아니라 항해에 필요한 자료도 매우 많이 보유하고 있는 사람이었던 것이다. 이러한 배경과 더불어 콜럼버스는 능숙한 기술과 과거의 항해 경험으로 선장이 되었다. 그는 아프리카 대륙의 황금 해안(Gold Coast)까지 원항遠航을 갔다. 유럽에서 서쪽으로 계속 항해하다보면 결국 동양에 도착할 것

아메리카 대륙의 역사

1492년에 콜럼버스가 아메리카 대륙을 발견하면서부터 아메리카 대륙은 세상과 연결되었다. 유럽에서 많은 사람이 이민을 왔고, 토착민이던 인디언의 수는 점차 줄어들었으며, 이때부터 흑인 노예무역이 시작되었다. 이러한 과정을 거치면서 아메리카 대륙의 민족 구성에 변화가 생겼고 서서히 새로운 국가들이 탄생했다. 이렇게 아메리카 대륙에는 새로운 역사가 시작되었다.

▼ 1492년 10월 12일, 콜럼버스가 신대륙인 아메리카 대륙을 발견했다.

◀ 1492년 8월 3일 콜럼버스는 부
하 88명을 데리고 아프리카 대
륙에 도착했다.

이라고 굳게 믿었기 때문이다. 또 에스파냐 왕실을 설득해 항해에
필요한 지원을 받았다.

1492년 8월 3일에 콜럼버스는 부하 88명을 이끌고 배 세 척에 나
누어 타고 에스파냐를 떠났다. 그들은 우선 아프리카 대륙의 크고
작은 여러 섬에 들렀다가 다시 계속해서 서쪽으로 항해해 나갔다.
그리고 2개월 후, 즉 1492년 10월 12일 그들의 눈앞에 거대한 대륙
이 뚜렷하게 나타났다. 물론 이 대륙은 콜럼버스가 찾던 동양의 인
도나 중국은 아니었다. 당시 사람들은 아메리카 대륙에 대해 아는
바가 전혀 없었다. 동서양을 관통하기 위해 멀고 먼 항해 길에 오른
콜럼버스는 그야말로 '우연히' 아메리카 대륙을 발견한 것이었다.
이 사건은 전 유럽을 뒤흔들어놓았다. 이후 콜럼버스는 다시 세 차례
에 걸쳐 항해를 시도했지만 모두 아메리카 대륙의 해안에 도착했다.

1504년 11월에 콜럼버스는 마지막 항해를 마치고 돌아왔고, 이것
으로 그의 항해 인생은 마침표를 찍었다. 그리고 1506년 5월 20일,
인류 역사상 위대한 업적을 남긴 콜럼버스가 영원히 세상과 이별했
다. 이후 세상은 콜럼버스를 '최초로 아메리카 대륙을 발견한 인물'
로 평가하면서 수많은 찬사를 보냈다.

사실 콜럼버스라는 인물 자체는 그다지 존경할 만한 사람이 아니
었다. 그가 에스파냐 왕실의 지원을 받을 때, 사실 콜럼버스와 에스

파냐 왕실 간에는 마찰이 있었다. 그가 너무 탐욕적으로 터무니없는 조건을 제시했기 때문이었다. 또, 지방 행정관으로서 아메리카 대륙 토착민을 아주 잔인하고 난폭하게 대해 그곳 인디언들이 참혹하게 사라져갔다. 무엇보다 콜럼버스가 아메리카 대륙을 발견한 이후 유럽인들이 빈번하게 이곳을 탐험하고 아메리카 대륙에 대한 식민, 정복 활동이 본격적으로 시작되었다는 점은 결코 간과할 수 없다. 이는 아메리카 대륙, 심지어 전 세계에 중대한 의미를 남겼다.

미국, 캐나다와 수많은 라틴아메리카 국가들은 콜럼버스를 기념하기 위해 10월 12일을 '콜럼버스의 날(Columbus Day)'로 지정하고 있다. 또 에스파냐에서는 바르셀로나(Barcelona) 광장에 콜럼버스의 거대한 동상을 세워 영원히 짙푸른 대양과 마주보도록 했다.

▼ 실제 콜럼버스의 상륙 모습은 그림에 묘사된 모습과 매우 다르다. 콜럼버스의 원항은 처음부터 전쟁과 살육이 수반된 피비린내 나는 여정이었다.

▲ 〈다 가마의 원정〉 카사노바 (Giacomo Casanova)의 1880년 작품

다 가마 Da Gama

포르투갈은 약 100년 동안 탐험, 살육, 약탈의 과정을 반복했고 동양에도 식민 제국을 건설했다.

　포르투갈 항해가 바스코 다 가마(Vasco da Gama)는 포르투갈에서 명성을 떨치던 항해 귀족 가문에서 태어났다. 다 가마의 아버지는 뛰어난 항해 탐험가였고 형도 한평생 항해에 종사한 선장이었다. 이런 가정환경에서 자란 다 가마는 청소년 시절부터 항해 훈련을 받았다.

　14～15세기에 유럽 각국은 한창 대외 무역을 활발하게 벌였고 해상 패권을 두고 에스파냐에 도전장을 내밀었다. 포르투갈 왕실은 유럽과 인도를 직결하는 인도 항로를 개척하기로 결정을 내렸고, 부유하고 모험심이 강한 귀족 청년 다 가마가 포르투갈 왕실의 명령을 받고 이 중대한 역사적 사업에 뛰어들었다.

　1497년 7월 8일 다 가마는 리스본에서 출발해 인도양으로 향하는 항로를 찾는 원정길에 올랐다. 먼저 카나리아 제도(Canary Islands)를 지나 희망봉(Cape of Good Hope)을 돌고 모잠비크 (Mozambique) 등지를 거쳐서 마침내 1498년 5월 20일 인도 서남부 지역인 캘리컷(Calicut)에 도착했다. 그리고 그해 가을에 인도를 떠나 이듬해 9월에 리스본으로 귀환했다. 다 가마는 1502～1503년,

희망봉

1448년 디아스(Bartolomeu Dias)가 희망봉을 발견했다. 희망봉은 대서양과 인도양이 합류하는 곳으로, 북쪽의 케이프타운과 52킬로미터 떨어져 있다. 희망봉이 발견된 후 수많은 유럽 국가는 영토 확장의 범위를 동양으로까지 넓혔다. 희망봉은 수백 년에 걸쳐 동서양 간 항행에 큰 역할을 해왔는데 현재 서유럽 석유 수입의 3분의 2, 전략적 원료의 70%, 식량의 4분의 1이 모두 희망봉을 거쳐 운송되고 있다.

1524년 두 차례에 걸쳐 인도에 갔고, 이후 또다시 인도에 갔을 때는 인도 총독으로 임명되었다. 그가 인도 항로를 개척하여 인도와 유럽 간 무역 교류는 더욱 촉진되었다. 1869년에 수에즈 운하(Suez Canal)[1]가 개통되기 전까지 유럽과 인도양 연안 각국, 그리고 중국 간의 무역은 주로 이 항로를 통해 이루어졌다. 이 항로는 포르투갈과 유럽 다른 나라에도 열려 있었으므로 이들 국가의 아시아 식민 활동에 대문 역할을 했다. 그리고 포르투갈은 약 100년 동안 탐험, 살육, 강탈의 과정을 반복하면서 동양에도 식민 제국을 건설해갔다.

신 항로의 발견으로 포르투갈의 수도 리스본은 서유럽 해외 무역의 중심으로 매우 빠르게 성장했다. 이 항로의 개척은 서양 식민자들이 동양을 함부로 짓밟고 자본의 원시적 축적[2]을 진행하는 데 대단한 편리를 제공하여 그들에게 거액의 경제적 이익을 가져다주었다. 그리고 이후 몇 세기 동안 잇따른 서양 열강의 침입으로 인도양 연안 및 서태평양의 각 국은 연이어 식민지 혹은 반식민지 상태로 전락해버렸다. 다 가마의 인도 신항로의 개척은 결국 동양 각 나라 민족들에게 심각한 민족적 재난을 가져온 결과를 낳은 것이다.

---

1 지중해와 홍해, 인도양을 잇는 운하
2 자본주의적 생산 양식이 발생하는 단계에서 자본이나 임금, 노동의 개념이 형성되어가는 과정으로, 소수만이 자본인 생산 수단을 차지하고 그 밖의 수많은 노동자가 생겨난다.

◀ 〈성체논의〉 라파엘로의 작품 14 ~ 16세기 유럽에서 성행한 르네상스는 이탈리아에서 시작되었다. 르네상스의 영향으로 이탈리아에는 정치, 경제, 예술 등 각 분야에 뛰어난 인물들이 대거 등장했다. 그들은 모두 자신만의 관점을 제시하며 여러 주제에 대해 논의를 펼쳤다.

마키아벨리 Machiavelli

그는 현대 정치사상의 토대를 마련한 주요 인물이다.

니콜로 마키아벨리(Niccolo Machi-avelli)는 이탈리아의 정치 철학가, 음악가, 시인 그리고 로맨스 희극 극작가이자 도시 국가 피렌체(Firenze)의 애국자, 공무원 및 정치 이론가였다. 피렌체의 몰락한 귀족 가문에서 태어난 그는 정규 교육을 받은 적이 없었지만 독학으로 자신의 정치 철학을 완성시켰다.

1494년 메디치 가(Medici family)가 몰락하고 피렌체공화국이 건설되었다. 공화국에서 제2서기관장직에 오른 마키아벨리는 피사(Pisa)를 정복하기 위한 전쟁에서 직접 작전을 지휘하며 군대를 통솔해 1509년에 승리를 거두었다. 또 피렌체공화국이 전쟁에 휘말리지 않게 하고 피렌체의 무력을 강화하기 위해 이곳저곳을 다니며 유세하고, 신성 로마 제국 황제와 교황 간의 문제를 해결하고자 노력했다. 그러나 1511년 그가 피사로 떠났을 때 교황의 군대가 피렌체를 점령하면서 메디치 가문이 다시 피렌체를 지배했다. 이후 관직에서 물러난 마키아벨리는 반反메디치 음모에 가담했다가 체포되

마키아벨리즘(Machiavellism)
마키아벨리즘의 핵심 사상은 목적을 달성하기 위해서는 수단과 방법을 가리지 말아야 하며 군주의 가장 높은 권위는 절대적으로 보호받아야 한다는 것이다. 마키아벨리는 현명한 군주라면 자신의 의지를 세워야지 다른 사람의 의지를 세워서는 안 되며 언제나 지존한 신분의 위엄을 유지해야 한다고 인식했다. 이러한 사상은 그의 저서 《군주론》에 반영되었다.

▶ 니콜로 마키아벨리는 독학으로 학자로서 인정받은 역사상 보기 드문 인물이다. 정치 철학, 음악, 시가, 희극 등 분야에 업적을 남겼으며, 특히 정치 철학 분야에 남긴 그의 영향은 지대하다고 평가받는다.

어 투옥되었다.

석방되고 나서는 매우 가난한 가운데 은둔 생활을 하며 정치 이론을 세우는 데 몰두했다. 이 기간에 그는 유명한 《군주론(Il Principel)》과 《로마사 논고(Discourses on Livy)》를 완성했다. 이 두 권은 각각 현실주의적 정치 이론과 공화주의 이론을 담고 있다. 그리고 1520년에 《전략론(Libro dell'arte della guerra)》을, 1523년에는 줄리오 교황을 위해 《피렌체사(Istorie Florentine)》를 저술했다.

마키아벨리가 정치 이론에 미친 영향은 의심할 여지가 없다. 그는 순수한 각도에서 역사와 정치를 논했으며, '사람이라면 마땅히 어떻게 행동해야 하는가' 보다는 '실제로 사람이 어떻게 행동하는가' 를 더 중시했다. 그리고 '누가 정권을 잡아야 하는가' 보다는 '실제로 사람이 어떻게 정권을 잡는가' 에 관심을 두었다. 오늘날 우리가 정치 학설을 토론하는 방식은 예전보다 훨씬 현실적이라고 할 수 있는데, 이러한 부분은 마키아벨리의 영향을 받은 것이다. 마키아벨리는 현대 정치사상의 토대를 마련한 주요 인물임에 틀림없다.

▶ 〈법학〉 라파엘로의 작품

▲ 〈호라티우스 형제의 맹세(Oath of the Horati)〉 자크 루이 다비드의 1784년 작품

▲ 천체 운동을 연구하기 위해 코페르니쿠스는 프라우엔부르크에 있는 성루 위에 소형 천문대를 증축했다.

코페르니쿠스 Copernicus

그는 신앙심이 매우 깊었으며 자신의 학설이 《성경》과 저촉된다고 생각하지 않았다.

루소(Jean-Jacques Rousseau)

▶ 코페르니쿠스의 모습

1473년 2월 19일 위대한 천문학자이자 세계 근대 천문학의 기초를 세운 니콜라우스 코페르니쿠스(Nicolaus Copernicus)가 폴란드 비스와 강(Wisla River) 근처 토룬(Torun)에서 태어났다. 성공한 상인이었던 아버지는 코페르니쿠스가 10세 되던 해에 세상을 떠났다. 이후 그는 로마 가톨릭 교회의 대주교였던 외삼촌 밑에서 자랐다.

코페르니쿠스는 18세에 크라쿠프 대학(University of Krakow)에 입학했고 그곳에서 천문학에 관심을 느꼈다. 3년 후 르네상스의 원류인 이탈리아로 가서 볼로냐 대학(University of Bologna)과 파도바 대학(University of Padova)에 재학하며 법률, 의학, 신학을 공부했고 천문학 분야에서 '지동설(태양중심설)'을 정립했다. 1512년에 프라우엔부르크(Frauenburg) 성당 신부로 취임해 그곳에서 반평생을 보냈다.

코페르니쿠스의 가장 큰 업적은 처음으로 '지동설'을 제시했다는 점이다. 그러나 그는 전문적인 천문학자가 아니었다. 그의 유명한 저서 《천체의 회전에 관하여(De revolutionibus orbium coelestium)》도 여가 시간을 이용해 완성한 것이었다. 코페르니쿠스가 살던 당시에는 프톨레마이오스(Klaudios Ptolemaeos)의 '천동설(지구중심설)'이 전체 천문학을 지배했고, 그리스도 신학 우주관에 따라 사람들의

지동설

코페르니쿠스가 제기한 지동설은 태양이 우주의 중심이라는 내용으로, 천문학에서의 근본적인 혁명이었다. 코페르니쿠스는 근대 천문학으로 향하는 길을 터놓았을 뿐만 아니라 전체 자연 과학의 새로운 시대를 열었다. 이때부터 교회의 속박에서 벗어난 자연 과학과 철학은 비약적인 발전을 이룰 수 있었다.

◀ 〈공화당 일력〉 드뷔쿠르 필리베르 루이(Debucourt, Philibert Louis)의 1774년 작품

▲ 〈우주의 명상〉 라파엘로의 작품 르네상스 시기 천문학이 얻은 성과는 매우 두드러졌다. 일부 선진 학자들은 우주에 관해 새롭게 사고하며 '천동설'에 의문을 품기 시작했다. 코페르니쿠스의 '지동설'은 이러한 배경에서 생겨났다.

사상과 과학의 발전이 제한되었다. 이러한 국면은 코페르니쿠스의 '지동설'이 탄생하고 나서야 비로소 타파될 수 있었다.

천체 운동을 연구하기 위해 코페르니쿠스는 프라우엔부르크에 있는 성루 위에 소형 천문대를 증축해 30년 동안 비바람의 방해를 받지 않으며 천문을 관측한 결과 지구가 태양의 주위를 돈다는 결론을 내렸다. 그리고 1514년에 이러한 결론을 《상식》이라는 소책자에 담아 친구에게 전했다. 이 책에서 그는 '지동설'의 대강을 서술하고 지구 운동의 규칙에 대해 명확하게 지적했다. 이는 그의 명저 《천체의 회전에 관하여》의 기본 바탕이 되었다.

코페르니쿠스의 친구들은 그의 학설이 가톨릭 교회와 일반 시민들에게 받아들여지도록 가톨릭 교회의 고위 성직자들에게 적극적으로 이 새로운 이론을 알렸다. 1533년 코페르니쿠스가 60세가 되었을 때도 교회는 여전히 그의 새로운 학설을 묵살하고 있었다. 코페르니쿠스는 로마에서 여러 차례 강의하며 '지동설'의 주요 관점을 제시했지만 가톨릭 교회의 주의를 끌지 못했다.

70세가 된 코페르니쿠스는 마침내 자신이 오랫동안 간직해온 저서 《천체의 회전에 관하여》를 출판하기로 마음먹었다. 1543년 5월 24일, 두 눈이 실명된 코페르니쿠스는 출판업자에게서 견본 서적을 받은 후 바로 그날 저녁 숨을 거두었다.

《천체의 회전에 관하여》에서 코페르니쿠스는 프톨레마이오스의 천동설을 뒤엎었다. 그는 이 책에서 지구는 우주의 중심이 아니고 하나의 행성일 뿐이며, 자전하는 동시에 태양의 주위를 돈다고 설명했다. 이는 천문학에서의 근본적인 혁명이었다. 오늘날의 관점에서 보면 그가 제기한 '지동설'에는 물론 부정확한 면이 존재한다. 그러나 당시 역사적 환경을 고려하면 코페르니쿠스는 신학적 우주관이었던 '천동설'에 도전장을 던진 위대한 혁명가였다.

코페르니쿠스 시대부터 과학 기술은 교회의 속박과 정체된 중세기에서 벗어나 비약적인 발전을 이루었다. 코페르니쿠스는 근대 자연과학의 기초를 세운 인물이다.

◀ 1528년 피사로는 페루에서 황금, 슈거애플, 인디오를 배에 한 가득 싣고 에스파냐로 귀환해 대항해 시대의 전설적 인물이 되었다.

피사로 Pizarro

그는 죽기 전에 땅바닥에 자신의 피로 십자가를 그었고, 마지막으로 '예수' 라는 두 글자를 남겼다.

프란시스코 피사로(Francisco Pizarro)는 1475년 에스파냐 트루히요(Trujillo)에서 태어났다. 비록 교육을 많이 받지는 못했지만 야심이 매우 큰 인물이었고 마침내 페루의 잉카(Inca)[1] 제국을 정복했다. 잉카 제국은 남아메리카 문명의 연원 중 하나이다. 13세기에 들어

▲ 피사로의 모습

---

1 15~16세기 초까지 남아메리카 중앙의 안데스 지방(페루, 볼리비아)을 지배한 고대 제국의 명칭. 그 사회적 중추였던 부족 및 그 지배 계급에 대해서도 잉카라는 명칭을 사용한다.

115

서면서 잉카족은 권력과 명망을 함께 얻기 시작해 마침내 창카족을 물리치고 잉카 제국을 건설했다. 잉카 제국은 1,000년 동안 쌓아온 지식과 과거의 문명을 바탕으로 신권 제국을 세우고 콜롬비아에서 칠레의 중부 지역까지 영토를 크게 확장했다.

파나마(Panama)에 정착해 살던 피사로는 1522년 잉카 제국을 정복하기로 결심을 세웠다. 1524년~1525년 사이에 잉카 제국을 정복하려는 첫 번째 시도를 했지만 뜻을 이루지 못했다. 그리고 1526년~1528년의 두 번째 시도에서 드디어 페루 연안에 성공적으로 상륙했다. 이때 그는 황금, 슈거애플, 인디오(Indio)[2]를 배에 한가득 싣고 고국으로 돌아갔다.

1528년에 에스파냐로 귀환한 피사로는 이듬해에 에스파냐 황제 카를로스 5세(Carlos de Austria)를 설득하여 원정에 필요한 경비와 군대를 지원받았다. 드디어 1532년에 잉카 제국으로 진군해 잉카 제국의 황제 아타우알파(Atahuallpa)를 생포했고, 1년 후인 1533년 11월에 전투 한 번 치르지 않고 잉카의 수도 쿠스코(Cusco)를 점령했다. 피사로는 200명도 채 되지 않는 원정군으로 600만이 넘는 잉카 제국을 정복한 것이었다. 그는 현지에서 자신의 꼭두각시 노릇을 할

▶ 〈피사로가 페루를 정복하다〉
1826년 작품

2 라틴아메리카와 남아메리카의 원주민을 에스파냐식으로 부르는 말

새로운 잉카 제국 황제를 임명했다.

　1536년 어느 날, 피사로의 꼭두각시 노릇을 하던 잉카 제국의 새 로운 황제가 에스파냐의 지배를 반대하는 인디오들의 폭동을 선도 하고 도주했다. 이 폭동으로 한때 에스파냐인들이 리마(Lima)와 쿠 스코에서 포위되기도 했다. 이 사건으로 다음해부터는 에스파냐인 이 직접 잉카 제국을 통제했고 1572년에 이르러 폭동은 마침내 완전 히 잠잠해졌다.

　피사로가 전복시킨 잉카 제국의 영토는 오늘날 페루와 에콰도르 (Ecuador) 대부분 지역과 칠레 북부, 볼리비아(Bolivia)의 일부 지역 을 망라했다. 당시 이 지역의 인구는 남아메리카 다른 지역 인구의 총합보다 많았다. 피사로의 남아메리카 정복으로 에스파냐의 종교 와 문화는 피정복 지역 전체에 전파되었고, 잉카 제국이 멸망한 후 남아메리카는 유럽인의 통치에서 벗어날 힘을 영영 잃어버렸다. 여 전히 인디오 1만 1,000명이 남아메리카에서 생활했지만 그 후에도 유럽의 언어, 종교와 문화는 줄곧 남아메리카를 지배했다.

▲ 〈요나(Jonah)〉 미켈란젤로의
작품

미켈란젤로 Michelangelo Buonarroti

타고난 재능과 인간 본성은 격렬하게 충돌하고 야수의 감성과
나태함은 물과 불처럼 서로 융합되지 않는다.

로맹 롤랑(Romain Rolland)

르네상스

르네상스는 14세기에 이탈리아에서
일어난 사상 문화 운동으로 16세기
에 이르러서는 전 유럽에서 성행했
다. 선진 지식인들은 고대 그리스,
고대 로마 문명을 연구하는 데 일조
했고 문예 창작 활동을 통해 인문
정신을 널리 알렸다. 르네상스는 현
대 유럽 역사의 서막을 열었으며 봉
건 시대와 근대의 분기점으로 여겨
진다.

미켈란젤로 부오나로티(Michelangelo Buonarroti)는 르네상스 시
기 이탈리아의 위대한 조각가이자 화가, 건축가, 시인이다. 인문주
의 사상과 종교 개혁의 영향을 많이 받은 그의 작품 속에서 자유와
정의의 정신은 웅대한 기세와 무한한 힘으로 표현되었다. 그는 전체
르네상스 시기 조각 예술의 최고봉으로 꼽히며 유럽 회화와 조각의
발전에 큰 영향을 미쳤다.

1475년 3월 6일 피렌체 부근의 카프레세(Caprese)에서 태어난 그
는 6세 때 어머니가 세상을 떠나면서 어느 석공의 집에 맡겨졌다.

이는 그가 어린 나이에 조각을 접하는 계기가 되었고, 이때부터 조각에 매우 큰 관심을 보였다. 13세에 피렌체 화가 기를란다요(Benedetto Ghirlandaio)의 문하에 들어갔고 이후 메디치 가문의 고대 조각을 연구하면서 수많은 고전 작품을 접했다.

17세부터 미켈란젤로는 창작을 시작했다. 서서히 그의 천재성이 두각을 나타내어 정치 관리, 교황, 심지어 국왕도 그에게 예술 작품을 의뢰했고, 미켈란젤로는 최선을 다해 세상에 자신의 작품들을 선보였다. 그는 일생의 대부분 시간을 피렌체와 로마에서 보냈다. 평생 결혼은 하지 않았고 1564년 2월 18일 로마에서 생을 마감했다.

▲ 〈요엘(Ioel)〉 미켈란젤로의 작품

원래 미켈란젤로는 화가가 되는 것을 원하지 않았다. 그러나 오히려 회화 분야에서 그 누구와도 비교할 수 없을 만큼 커다란 업적을 남겼다. 미켈란젤로는 로마의 시스티나 대성당(Cappella Sistina) 천장 벽화를 완성하는 데 4년이라는 시간을 보냈다. 그의 천장 벽화를 보고 라파엘로는 "미켈란젤로의 시대가 열렸다."라고 말했다. 이 작품은 르네상스 시기 회화 분야에서 가장 훌륭한 그림으로 손꼽힌다.

◀ 〈방문〉 미켈란젤로의 작품

▲ 〈성가족聖家族〉(일부) 미켈란젤로
의 작품

미켈란젤로의 또 다른 벽화 작품에는 〈카시나의 싸움(Battle of Cascina)〉, 〈성가족聖家族〉, 〈최후의 심판(Last Judgment)〉 등이 있으며 이 또한 불후의 예술 작품으로 추앙받는다. 미켈란젤로는 "나는 그림을 손으로 그리는 것이 아니라 머리로 그린다."라고 이야기 했다.

조각가로서 미켈란젤로가 남긴 업적은 상상할 수 없을 정도였다. 그는 조각 예술사에 크나큰 공적을 남겼으며 수많은 평론가가 미켈란젤로를 유사 이래 가장 위대한 예술가로 평가한다. 1499년에 겨우 24세였던 미켈란젤로는 〈피에타(Pieta)〉라는 작품으로 이름을 널리 알렸고 이후 〈모세〉, 〈반항하는 노예〉, 〈죽어가는 노예〉, 〈아침〉, 〈저녁〉, 〈낮〉, 〈밤〉 등의 작품을 만들었다. 그중에 가장 유명한 작품은 1501년에 완성한 〈다비드(David)〉상이다. 〈다비드〉는 육체에서 벗어난 영혼으로 여겨졌고 자유와 정의의 힘을 상징하며 르네상스 시기 중 가장 정치적 색채가 강한 미술 작품으로 평가받는다.

한 사람이 이렇게 여러 분야에서 세상이 놀랄 만한 업적을 남길 수 있으리라고 상상이나 할 수 있겠는가? 미켈란젤로는 생의 마지막 20년을 수많은 훌륭한 건축물을 설계하면서 보냈다. 그의 대표적 건축물 가운데 성 베드로 성당(St Peter's Cathedral, Belfast)의 돔이 가장 유명하며, 이것은 이후 서양 건축 양식에 커다란 영향을 주었다. 또 한편으로 미켈란젤로는 시인이기도 했다. 그는 수많은 시를 지었고 후세에 시집이 전해졌다.

1505년에 미켈란젤로는 교황 율리우스 2세의 능묘를 설계하고 조각하기 위해 로마로 향했다. 이때부터 장장 40년이라는 긴 세월 동안 힘든 작업을 계속했다. 그러나 잦은 설계 변경으로 끝내 완성되지 못했고, 이 위대한 예술가의 일생에 가장 큰 오점으로 남았다.

▲〈성 마태의 순교〉 카라바조
(Michelangelo da Carava-
ggio)의 작품

마틴 루터 Martin Luther

우리는 반드시 아이들을 채찍질하는 동시에 사랑해줘야 한다.

마틴 루터

마틴 루터(Martin Luther)는 1483년 독일 아이슬레벤(Eisleben)에서 태어났다. 에르푸르트 대학(University of Erfurt)에 입학해 아버지의 뜻에 따라 법률 공부를 했지만, 1505년에 친구가 낙뢰를 맞고 죽는

▲ 마틴 루터 1483~1546년

종교 개혁(Reformation)

마틴 루터는 로마 가톨릭 교회에 대항하여 종교 개혁을 전개했다. 종교 개혁으로 새로운 교파가 형성되었고, 이로써 유럽에서는 종교 전쟁이 광범위하게 진행되었다. 종교 개혁 이후 수많은 국가는 종교 사상에 대한 자유를 보장하는 원칙을 인정했다.

것을 목격하고 나서 수도사가 되기로 마음먹었다. 그리고 아버지의 만류를 뿌리치고 아우구스티누스 수도회에 들어갔다.

수도회 생활을 하는 동안 루터는 성직자의 부패한 모습을 극도로 혐오했으나 어쩔 도리가 없었다. 그러던 어느 날 《성경》에 나오는 "믿음을 통해서 하느님과 올바른 관계를 가지게 된 사람은 살 것이다."라는 구절이 그의 마음에 와 닿았다. 그래서 이후 수도회 생활을 포기하고 비텐베르크 대학(University of Wittenberg)에 들어가 신학 공부를 했다. 1512년에 신학 박사 학위를 받고 교편을 잡았다. 그리고 수많은 신학 문제, 특히 로마 교황청의 일부 제도에 도전장을 던졌다.

루터는 일부러 계획해서 종교 개혁의 지도자가 된 것이 아니었다. 순리에 따라 행동하다 보니 어느새 종교 개혁이라는 성과를 거두게 된 것이었다. 1517년에 로마 교황은 성 베드로 성당을 보수할 비용을 충당하기 위해 사람들에게 면죄부(indulgence)를 판매했다. 이에 루터는 자신이 초안한 95개조 반박문을 비텐베르크 성당 정문에 붙여놓고 교회의 부패와 면죄부 판매를 격렬하게 비난했다. 그 후 《그리스도인의 자유에 대하여(Von der Freiheit eines Christenmenschen)》 등의 저서를 발표하며 종교 개혁을 주장했다. 1521년, 로마

▶ 〈그리스도의 체포〉 카라바조의 작품

교회의 교황과 성직자들은 그를 이단으로 분류하고 그의 책들을 모두 불태워버렸다.

그러나 루터의 주장은 당시 점차 형성되고 있던 자산 계급과 귀족들의 바람과 합치했다. 그래서 루터를 지지하는 이들이 모여 '루터파 교회'가 성립되었다. 그러나 종교 개혁이 진행될수록 하층민의 요구는 시민 계급의 이익 범위를 벗어났다. 종교 개혁이 거의 끝나갈 무렵 루터는 농민들과 완전히 대립각을 이루었고 1524년에 발생한 농민 전쟁에 대해 '농민 폭도에 반대한다'는 의견을 담은 문건을 발표했다.

1546년에 루터는 자신이 태어난 아이슬레벤에서 생을 마감했다. 그는 평생 《성경》을 번역하고 논문을 발표하는 등 수많은 문건과 저서를 남겼다.

루터가 전개한 종교 개혁으로 새로운 교파들이 분분히 창시되었고 유럽에서는 대규모 전쟁이 일어났다. 또 종교 개혁의 성공은 서유럽에서 자본주의가 탄생하고 발전하는 데 중요한 역할을 했다. 다시 말해 루터의 종교 개혁 이후 인류는 새로운 역사 시대로 진입하게 되었다.

코르테스 Cortes

코르테스는 멕시코를 점령하고 아스텍 제국(Aztec)을 정복했으며 에스파냐가 아메리카 대륙에 식민지를 세울 수 있는 통로를 열었다.

▶ 에르난 코르테스

멕시코 정복자 에르난 코르테스(Fernando Cortes Monroy Pizarro Altamirano)는 1485년 에스파냐 메델린(Medellin)에서 태어났다. 젊은 시절 살라망카 대학(University of Salamanca)에서 법률을 공부했으며 19세가 되던 해에 에스파냐를 떠나 대서양을 건넜다.

1504년에 에스파뇰라(Espanola) 섬에 도착해 몇 년 동안 그곳 관리자로 일했는데, 열심히 일하기는커녕 매우 방탕했고 아무 하는 일 없이 세월을 낭비했다. 그러다 1511년에 에스파냐의 쿠바 정복 전쟁에 참가해 공적을 세웠다. 그리고 쿠바 총독의 처제와 결혼해 산티아고데쿠바(Santiago de Cuba)의 시장으로 임명되었다.

1518년에 벨라스케스(Velazquez)의 명령으로 멕시코로 진군하는 원정대의 대장을 맡았다. 코르테스의 통솔로 탐험대는 1519년 2월 지금의 베라크루스(Veracruz)에 상륙했다. 코르테스는 해안 부근에서 멕시코의 정황에 대한 정보를 대량 입수하고 자세한 멕시코 정복 계획을 세웠다. 그리고 내륙으로 진군해 아스텍 제국의 영토를 점령하고 정복 전쟁에서 승리했다.

종교에 대한 에스파냐인의 열정은 그들의 성공에 매우 중요한 원인이었다. 코르테스는 자신의 부하들에게 매우 확고한 태도로 승리의 빛은 멀지 않은 곳에 있다고 이야기했다. 언제나 이렇게 부하들을 격려했고, 이 덕분에 그들은 그리스도의 깃발 아래서 전쟁을 감행할 수 있었다. 코르테스는 매우 신실한 그리스도교도였다. 끊임없이 위험을 무릅쓰며 인디오 맹우盟友들에게 그리스도교로 개종할 것을 설득했고 이로써 그의 탐험대는 마침내 승리할 수 있었다.

비록 코르테스는 에스파냐와 벌인 정치 투쟁에서 결점을 드러내기도 했지만 인디오들과 친분을 쌓으며 외교관으로서 뛰어난 면모를 과시했다.

멕시코시티

아스텍족은 멕시코시티에 찬란한 문명을 건설했다. 호수를 막아 도시를 건설했는데, 수로를 증축하고 웅장하고 아름다운 사당, 궁전을 세우는 등 도시 전체가 매우 화려했다. 1521년에 에스파냐가 침입한 이후 유럽식 궁전, 교회, 수도원 등의 건축물도 세워졌고, 이 시기에 멕시코시티라는 도시 이름이 정해졌다. 멕시코시티는 '궁전의 도시'로 유럽에 이름을 알렸다. 오늘날 멕시코는 농후한 민족 문화 색채를 보존하고 있는 동시에 현란하고 다채로운 현대화된 도시가 들어서 있다.

125

▲ 1558년 엘리자베스 1세

엘리자베스 1세 Elizabeth I

그녀는 영국의 독립을 수호하기 위해 평생 독신으로 살았다. 그
래서 사람들은 그녀를 '처녀 왕(The Virgin Queen)' 이라고 불
렀다.

엘리자베스 1세(Elizabeth I)는 1533년에 잉글랜드의 그리니치
(Greenwich)에서 태어났으며 아버지는 잉글랜드 종교 개혁의 지도
자였던 헨리 8세(Henry Ⅷ)이다. 그녀는 황실에서 독학으로 열심히
공부했다.

엘리자베스 1세는 1558년 25세에 즉위했고 매우 근검하게 나라를
다스렸다. 집권 초기에는 잉글랜드 왕실의 재정 상태가 매우 좋았지
만 에스파냐와 오랜 전쟁을 치르는 동안 국고는 점점 바닥이 나 그
녀의 집정 말기에는 재정 상황이 크게 악화되었다. 이에 엘리자베스
1세는 재정 회복을 위해 꾸준히 노력하여 즉위하던 당시보다 잉글
랜드를 훨씬 번창시켰다.

국제 교류 분야에서 엘리자베스 1세는 매우 유연하고 융통성 있는
외교 정책을 펼쳤다. 그러나 프랑스와의 전쟁, 스코틀랜드와 에스파
냐와의 긴장 관계 등 해결하기 어려운 문제가 산적해 있었다. 그중
에서도 잉글랜드의 가장 큰 골칫거리는 국내 종교 파벌 간의 첨예한

대립이었다. 이러한 문제들을 해결하기 위해 엘리자베스 1세는 성공회(The Anglican Domain)를 국교로 선포하여 프랑스와의 전쟁을 종식시켰고 덕분에 양국 관계는 개선되었다.

엘리자베스 1세는 수년 동안 공을 들여 잉글랜드의 해군력 증강에 박차를 가했다. 그리하여 1588년 에스파냐와 벌인 해전에서 에스파냐의 무적함대를 크게 이겼다. 잉글랜드는 이때부터 세계 해상 강국으로 떠올랐고 20세기까지 그 지위를 유지했다. 수많은 탐험 활동도 엘리자베스 1세 시대에 시작되었다. 예를 들면 극동[1]에 다다르는 서북 노선의 발견과 북아메리카를 향한 원양 항해 등이 있다.

45년에 걸친 엘리자베스 1세의 재위 기간은 영국의 황금시대로 평가된다. 영국의 수많은 위대한 작가들이 이 시대에 배출되었다. 특히 엘리자베스 1세는 셰익스피어(William Shakespeare)의 극을 지원했고 재정적으로도 많은 도움을 주었다.

엘리자베스 1세의 집권 45년 동안 영국 경제는 전에 없는 발전을 이루었고 문학도 마찬가지였다. 해군력 또한 그 어느 시대보다 강대해졌다. 이 모든 공이 엘리자베스 1세에게 있다고 해도 과언이 아닐 것이다. 엘리자베스 1세는 그야말로 영국 역사상 매우 훌륭한 통치자 중 한 사람이다.

튜더 왕조(House of Tudor)

튜더 왕조의 통치 기간은 1485～1603년이었다. 119년이라는 통치 기간에 역대 5명의 군주가 재위했다. 튜더 왕조는 1485년 헨리 7세(Henry Ⅶ)가 왕위에 오르면서 시작되어 1603년 엘리자베스 1세를 마지막으로 막을 내렸다. 튜더 왕조는 영국이 봉건 사회에서 자본주의 사회로 넘어가는 중요한 시대였다. 그래서 튜더 왕조가 실시한 많은 정책에는 그 시대의 색채가 짙게 배어 있다.

---

1 유럽에서 아시아 대륙의 동부와 그 주변 섬들을 이르는 말. 한국, 중국, 일본, 대만 등이 속한다.

▶ 〈십자가 위에 못 박힌 성 베드로〉 카라바조의 작품

칼뱅 Jean Calvin

▲ 장 칼뱅 1509 ~ 1564년

칼뱅의 신조는 당시 자산 계급 가운데 가장 용감한 사람의 요구에 부합하는 것이었다.

엥겔스(Friedrich Engels)

장 칼뱅(Jean Calvin)은 프랑스의 종교개혁가이자 프로테스탄트 칼뱅주의(Calvinism)[1]의 창시자이다.

1 프랑스에서는 위그노(Huguenot)파라고 부름

1509년 7월 10일 프랑스 북부 누아용에서 태어났다. 1523년에 파리에서 공부했고, 이후 오를레앙 대학(University of Orleans)에서 법학을 공부하며 인문주의 사조에 깊은 영향을 받았다. 1531년에 파리로 돌아와 신학을 공부했고 3년 후 프로테스탄트교도가 되었다. 그러다 정부의 박해로 이름을 바꾸고 스위스로 도망갔다. 1536년에 바젤(Basel)에서 프로테스탄트교의 교의를 체계적으로 논술한 《그리스도교 강요(Institution christianae religionis)》를 출판했다. 그래서 《그리스도교 강요》는 프로테스탄트교의 백과사전이라고 불리기도 한다. 이후 칼뱅은 대부분 시간을 제네바에서 보내며 종교개혁을 주도했고, 1540년에 제네바 종교개혁파가 정권을 장악했다. 이에 칼뱅은 제네바로 돌아와 종교개혁과 시정市政을 통솔하고 종교 제도와 형식

위그노파

16세기 유럽에서 종교개혁 운동이 한창일 무렵 프랑스에서 생겨난 위그노파는 오랫동안 박해를 받은 프로테스탄트교의 교파이다. 주로 국왕의 전제 정치와 가톨릭 교회에 저항하던 중소 귀족, 도시의 '자유'를 수호하고자 했던 자산 계급, 그리고 수 공 업 자 들 로   구 성 되 었 다 . 1562～1598년 위그노파와 프랑스 가톨릭 교파는 위그노 전쟁(Huguenots Wars)을 벌였고, 위그노파는 1802년에 마침내 국가로부터 정식으로 신앙을 인정받았다.

◀ 〈십자가 위에 못 박힌 성 앤드류〉 카라바조의 작품

129

등의 분야에서 일련의 개혁을 진행했다.

칼뱅의 '예정설(predestination)'은 인간 개개인의 구원은 인간의 행위나 노력으로 이루어지는 것이 아니고 하느님의 의지로 미리 정해진다는 교의이다. 또 칼뱅은 재산 형성과 영리 추구를 허락하면서 민주적이고 청렴한 교회를 주장했다. 이러한 칼뱅의 교의와 주장은 신흥 자산 계급의 이해관계와 합치했다.

칼뱅의 제안으로 제네바는 종교 법정을 세워 사람들의 사상과 행동을 엄격하게 감시했다. 칼뱅은 이 종교 법정의 실질적인 책임자였다. 종교 법정은 우상숭배, 춤과 노래, 술 마시고 주정하는 행위, 하느님을 모욕하는 행위 등을 저지른 사람들에게 경고, 벌금, 감금 등의 조치를 취하고 심한 경우에는 화형에 처했으며 칼뱅의 주장을 비판하는 사람들을 박해했다. 또 1553년에 이단이라는 죄명으로 에스파냐의 유명한 의사였던 세르베투스(Michael Servetus) 등 50여 명을 화형에 처했다.

칼뱅의 지도로 제네바는 정치와 교회가 하나가 된 신권神權 공화국이자 종교개혁의 중심지가 되어 칼뱅주의를 각국에 전파했다. 그래서 어떤 사람들은 칼뱅을 프로테스탄트의 교황, 제네바를 프로테스탄트의 로마라고 표현하기도 한다. 1564년 5월 27일에 칼뱅은 제네바에서 눈을 감았고, 《칼뱅 전집》 52권을 세상에 남겼다.

▲ 유스티니아누스 1세가 그의 신
하, 주교들과 함께 있는 모습

유스티니아누스 1세 Justinianus I

《유스티니아누스 대법전》은 많은 유럽 국가의 법률 제정에 귀
감이 되었다.

유스티니아누스 1세(Justinianus I)는 483
년에 오늘날의 유고슬라비아에 해당하는 지
역에서 태어났다. 비록 농민 가정에서 태어
났지만 훌륭한 교육을 받고 자랐으며 삼촌
유스티누스 1세(Flavius Justinus)의 도움으로
학문적 지식을 쌓을 수 있었다. 527년에 유
스티누스 1세가 조카를 공동 황제로 임명했
고, 그가 세상을 떠나고 나서 유스티니아누

◀ 유스티니아누스 1세
483 ～ 565년

131

▶ 유스티니아누스 1세의 부인 테오도라(Theodora)는 매우 비범한 인물이었다. 그 사실을 잘 알았던 유스티니아누스 1세는 부인을 자신의 고문으로 삼았다. 그녀는 유스티니아누스 1세가 편찬한 법률 가운데 부녀자의 권리와 지위 개선에 관한 법률 등에 막대한 영향을 미쳤다.

스 1세는 565년까지 단독 황제로 재위했다. 말년에 그는 심혈을 기울여 신학을 연구했고, 565년 11월 14일 영원히 눈을 감았다.

유스티니아누스 1세가 재위한 30여 년 동안 대외적으로 오랫동안 전쟁이 지속되어 국가의 군사력과 재정은 고갈되었고 슬라브인, 불가리아인, 흉노족과 아바르인(Avars)이 빈번하게 침입했다. 그리고 565년에 그가 세상을 떠나고 나서 오래지 않아 그의 영토는 대부분 다른 민족들에 정복당했다.

역사 발전의 관점에서 볼 때 유스티니아누스 1세는 매우 성공적인 황제였다. 그의 통치하에 비잔틴 제국은 전반적인 법제 시대에 들어섰고 군사력 측면에서 보병 위주의 낙후되었던 전술이 장갑 기병대 위주의 전술로 전환되어 군사력이 증강되었다. 이는 비잔틴 제국이 영토 확장 전쟁에서 승리할 수 있었던 주요 원인이었다.

유스티니아누스 1세는 몇 가지 행정 개편을 단행하면서 각 성의 총독에 대한 감찰을 매우 엄격히 했고 인재를 합리적으로 등용했다. 그리고 자신이 구상하던 방대한 건축 계획을 모두 실행에 옮겼다. 예를 들어 폐허가 된 도시를 재건하고 수도관을 구축하고 방위 공사를 진행했으며 고아원, 여관, 대성당 등을 건축했다. 이때 지어진 건축물 중에 지금까지도 유적으로 남아 있는 것이 많다.

유스티니아누스 1세는 법률 문헌을 정리하고 집대성하는 작업을 매우 중요하게 생각했다. 그래서 따로 편찬 위원회를 조직해 《유스티니아누스 법전》, 《학설집》, 《법학 입문》, 《신법》 등 총 법전 4권을 집필했고 이 법전들을 통틀어 《유스티니아누스 대법전》이라고 불렀다. 또 그가 편찬한 법전은 그의 재임 시기에 모두 실시되었다. 《유스티니아누스 대법전》은 훗날에도 많은 유럽 국가의 법률 제정에 귀감이 되었고 그 어떤 법전도 이 법전처럼 세상에 오랫동안 영향을 미치지 못했다.

유스티니아누스 대법전

《유스티니아누스 대법전》은 세계에서 최초로 노예제를 성문법으로 완비했으며 로마공화국 시절부터 유스티니아누스 1세의 재임 시기까지 모든 법률과 법학 저서를 체계적으로 수집하고 정리해 내용이 매우 풍부하다. 《유스티니아누스 대법전》은 로마법 자체가 매우 발전하여 완전한 단계에 이르렀음을 보여주는 증거로, 이후 유럽 각국의 법학과 법률 발전에 지대한 영향을 주었다. 총 12권으로 구성되었고, 각 권에 항목이 정리되어 있는데 그 항목들은 연대순으로 칙령을 발췌하여 배열했다. 위쪽에는 칙령을 반포한 황제의 이름과 칙령을 받은 사람의 이름이 적혀 있고 칙령의 끝부분에는 반포 날짜가 상세하게 기록되어 있다.

◀ 〈성모자〉 지오토(Giotto di Bondone)의 작품

133

▲《노붐 오르가눔(Novum Organum)》의 겉표지이다. 이 책은 베이컨이 가장 중요하게 여긴 철학 저서로 그가 확립한 경험 인식 원칙과 경험 인식 방법을 제시했다.

베이컨 Bacon

성 알바누스(Albanus)에게 더욱 대단한 칭호를 사용한다면 그것은 마땅히 '과학의 빛', '법률의 혀'가 되어야 할 것이다.

베이컨의 묘비명

프랜시스 베이컨(Francis Bacon)은 영국의 철학가이자 과학자이다. 그는 지식과 과학을 발전시키는 진보 사상을 추앙했고, 사람들이 스스로 발전하기를 독려하면서 사회의 진보를 촉진했다. 한평생 진리를 추구한 이 사상가에 대해 마르크스는 "영국 유물주의(materialism)[1]와 현대 실험과학의 진정한 시조이다."라고 평했다.

베이컨은 런던의 명문가에서 태어나 훌륭한 가정교육을 받고 자

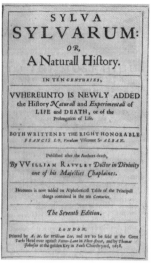

아는 것이 힘이다

이것은 베이컨이 남긴 말로 지금껏 사람들에게 회자되고 있다. 베이컨은 사람이 자연의 주인이며 자연을 다스릴 수 있다고 인식했다. 그러나 또한 자연에 명령하되 반드시 자연에 복종해야 한다고 생각했다. 그러기 위해서는 자연의 법칙을 인식하고 과학적 지식을 파악하고 있어야 한다. 베이컨은 이러한 관점에서 '아는 것이 힘이다'라는 유명한 말을 남긴 것이었다. 이 말은 오늘날에도 여전히 세대를 거치며 전해지고 있다.

랐고, 어린 시절부터 이미 다양한 분야에 뛰어난 재능을 보였다. 이후 케임브리지 대학에서 3년 동안 공부하고 프랑스 주재 영국 대사의 수행원 신분으로 프랑스에 갔다. 파리에서 2년 6개월 간 머물면서 그는 예전에 알지 못했던 새로운 문물을 접하고 수많은 새로운 사상을 흡수했다. 이때의 경험은 그의 세계관이 형성되는 데 커다란 영향을 미쳤다.

베이컨은 비록 정치적으로 승승장구했지만 사실 그의 재능과 의지는 국무 활동과 거리가 멀었다. 그는 오히려 끊임없이 과학적 진리를 추구하고 싶어 했다. 이 시기에 그는 학술 연구 면에서 커다란 성과를 거두었고 수많은 저서를 출판했다.

1597~1607년까지 베이컨은 《수필집》, 《학문의 진보(The Advancement of Learning)》 등 일련의 책들을 잇달아 출간했다. 그가 원래 저술하고자 했던 《학문의 대혁신》은 6권으로 구성된 백과사전식 책이었지만 두 권만 발행되었다. 1620년에 출판된 《노붐 오르가눔(Novum Organum)》은 《학문의 대혁신》 제2권으로 베이컨이 가장 중요하게 여긴 철학 저서였다. 이 책에는 베이컨이 세운 경험 인식

---

1 물질을 제1차적, 근본적인 실재로 생각하고 마음이나 정신을 부차적, 파생적인 것으로 보는 철학설

▶ 15세기 유럽 수공업자들의 모습. 알브레히트 뒤러(Albrecht Durer)의 작품

원칙과 경험 인식 방법에 관한 내용이 담겨 있다. 그는 정치 생애를 끝낸 후 몇 개월의 시간을 쏟아 후세 역사학자들이 '근대 역사학의 이정표'라고 칭송하는 《헨리 7세의 치세사》를 완성했다.

프랜시스 베이컨은 근대 철학사상 최초로 경험론 원칙을 제시한 철학가로, 인식 과정에서 중요한 역할을 하는 감각의 경험과 귀납[2] 논리를 강조했다. 그의 이론은 경험을 수단으로 감성을 연구하는 경험 철학의 새 시대를 열었다. 이는 근대 과학의 확립에도 지대한 역할을 했으며 인류 철학사, 과학사에 중대한 역사적 의의가 있다. 그런 까닭에 루소(Jean-Jacques Rousseau)는 베이컨을 '논리적이고 체계적인 과학 연구의 기틀을 마련한 선구자'라고 칭송했다.

▶ 17세기 유럽 농목업의 모습을 담아냈다.(Valentin de Zubiaurre의 작품)

---

2 개별적인 특수한 사실이나 원리에서 일반적이고 보편적인 명제와 법칙을 유도해내는 추리 및 사고 방법의 하나

▲ 리어 왕과 세 딸

셰익스피어 Shakespeare

연극은 거울이다. 덕행을 비추면 자신의 얼굴이 보이고, 방탕함
을 비추면 자신의 행동이 보이며, 시대와 사회를 비추면 자신의
형상과 기억이 보인다.

셰익스피어

윌리엄 셰익스피어(William Shakespeare)가 태어났을 당시에는 아
무도 그를 알지 못했다. 그러나 죽은 지 수백 년이 흐른 뒤 그의 이
름은 세계 문학사상 가장 숭고하고 명예로운 이름이 되었다. 셰익스
피어는 52년이라는 짧은 생애를 보내면서 극본 37개와 시 100여 편,
그리고 서사시 두 편을 남겼다. 그의 4대 비극으로 꼽히는 《햄릿
(Hamlet)》, 《오셀로(Othello)》, 《리어 왕(King Lear)》, 《맥베스
(Macbeth)》는 온 세상에 널리 알려졌고, 오늘날에도 연극의 고전으
로 손꼽히며 세계 각지에서 상연되고 있다. 마르크스는 그를 가리켜
"인류 가운데 가장 위대한 천재"라고 말했다.

▲ 윌리엄 셰익스피어
1564 ~ 1616년

▲《로미오와 줄리엣(Romeo and Juliet)》은 셰익스피어가 창작 초기에 완성한 비극 작품으로 청춘남녀 한 쌍의 불행한 사랑 이야기를 담고 있다. 셰익스피어는 로미오와 줄리엣의 사랑 이야기를 통해 인문주의를 표현해내고자 했다.

4대 비극

셰익스피어의 4대 비극은 《햄릿》, 《오셀로》, 《리어 왕》, 《맥베스》이다. 이 작품들은 시대와 인생에 대한 작가의 심오한 사고를 표현했다. 이 비극 작품들의 주인공들은 모두 중세기의 속박과 어리석음 속에서 깨어나 커다란 포부를 품고 자신을 발전시켜 앞으로 나아가고자 한다. 그러나 그들은 시대와 자신의 한계를 극복하지 못하고 결국 환경과 내부의 적들에게 처참히 패하고 희생된다.

셰익스피어는 1564년에 스트래퍼드 어폰 에이번(Stratford-upon-Avon)의 유복한 가정에서 태어났다. 소년 시절 그는 고향에서 문법학교를 다녔으나 13세가 되었을 때 집안 형편이 어려워져 학업을 중단해야만 했다. 1580년대 후반, 셰익스피어는 고향을 떠나 런던으로 왔다. 그가 가장 먼저 한 일은 극단 문 앞에서 귀족 고객들의 잔심부름을 해주는 것이었다. 그는 훗날 연기에도 재능을 보여 극단 배우로 활약하기도 했다. 이후 극본을 창작하거나 각색하는 일을 하면서 극단의 주주가 되었다. 이 시기에 셰익스피어는 극단을 따라 궁정이나 시골에서 연극을 상연했으며, 이때 쌓은 경험과 견문은 그의 창작에 훌륭한 바탕이 되었다. 1597년에 이미 런던에서 상당한 자산가가 된 그는 자신이 번 돈으로 고향에 집을 구입해 노후에는 그곳에서 생의 마지막을 보냈다.

셰익스피어의 가장 중요한 업적은 바로 연극이다. 그의 작품과 사상은 세 가지 발전 단계로 나눌 수 있다. 1590~1600년은 그가 창작을 시작한 초기 단계이다. 엘리자베스 1세의 중앙 집권이 비교적 안정된 시기로, 셰익스피어의 인문주의 사상과 예술 풍격이 서서히 형성되었다. 셰익스피어는 삶에 대한 끝없는 희망을 품고 《리처드 3세(Richard Ⅲ)》, 《헨리 6세(Henry Ⅵ)》, 《한여름 밤의 꿈(A Midsummer Night's Dream)》 등과 같은 희곡 작품을 완성했다.

1601년부터 셰익스피어의 창작에 두 번째 단계가 시작된다. 이 시기에 영국은 사회 모순은 격화되었고 정치 경제의 전반적인 상황도 악화되었다. 이러한 사회 분위기 속에서 셰익스피어는 이상理想을 실현시키기가 매우 어렵다는 것을 뼈저리게 느끼며 어두운 사회 현실을 비판하기 시작했다. 이때 그의 대표작으로는 《햄릿》, 《오셀로》, 《리어 왕》, 《맥베스》, 《아테네의 타이먼(Timon of Athens)》 등이 있다.

1608~1612년은 셰익스피어의 창작에 마지막 단계이다. 영국의 정치 부패는 극에 달했고 셰익스피어는 인문주의 이상이 완전히 물

거품이 되어버렸음을 절감했다. 그래서 멜로극을 쓰면서 어두운 현실 세계를 회피하고 꿈속처럼 아름다운 세계를 만들어가기 시작했다. 《심벌린(Cymbeline)》, 《겨울 이야기(Winter's Tale)》, 《폭풍우(Tempest)》 등이 이 시기 그의 대표 작품이다.

셰익스피어는 18세 때 자신보다 6살 연상의 부인과 결혼했지만 결혼 생활은 그다지 행복하지 못했다. 그래서 혼자 런던으로 와 20여 년 동안 지냈고, 부인은 줄곧 그의 고향에 남아 있었다. 그러나 1612년 경에 고향으로 돌아가 1616년 4월에 병으로 생애를 마쳤다.

셰익스피어가 죽은 지 7년 후 그의 전집이 출판되었다. 그 후 두 세기 동안, 그의 작품은 유럽의 독일, 프랑스, 이탈리아, 러시아 등 국가로 유입되어 강렬한 반향을 일으켰고 세계 각국 언어로 번역되어 전파되었다. 셰익스피어는 르네상스 시기 최고의 예술가였다. 프랑스의 대문호 빅토르 위고(Victor Marie Hugo)는 이렇게 이야기했다. "이 세상에 시대마다 그와 같은 천재가 탄생한다면 예술, 과학, 철학 혹은 사회 전체가 완전히 새로워질 것이다. 셰익스피어의 눈부신 빛은 그가 생존했던 한 세기뿐만 아니라 모든 시대의 처음부터 끝까지 전 인류를 비추며 반짝인다."

▶ 갈릴레오는 교황 우르바노 8세 (Urbanus Ⅷ) 앞에서 자신을 변호했지만 결국 이단으로 몰려 유죄 판결을 받았다.

갈릴레오 Galileo

과학을 추구하려면 특별한 용기가 필요하다.

갈릴레오

갈릴레오 갈릴레이(Galileo Galilei)는 르네상스 후기 이탈리아의 위대한 천문학자이자 역학자, 철학자, 물리학자, 수학자, 과학자이다. 약 2,000년 동안 유럽을 지배한 아리스토텔레스 사상의 오류를 타파하며 새로운 과학 연구 방법을 구축했고 동시에 근대 실험 물리학의 초석을 다졌다. '근대 과학의 아버지'로 불리며, 과학사상 매우 중요한 위치를 차지한다.

1564년 2월 15일 이탈리아 피사의 몰락한 귀족 가문에서 태어난 갈릴레오는 어린 시절부터 훌륭한 가정교육을 받았다. 음악과 그림

▲ 갈릴레오가 제작한 나침반

▲ 17세기 초 천문학 연구 원고

그리기를 좋아했고 라틴어와 그리스어에 정통했으며 기계와 수학 분야에 천부적인 소질을 보였다. 1581년에 피사 대학(University of Pisa)에 입학해 의학을 공부했으나 갈릴레오는 의학보다 물리학, 철학, 수학 분야에 훨씬 관심이 있었다. 그래서 결국 피사 대학을 중퇴하기로 했다.

갈릴레오는 1592년부터 파도바 대학(University of Padova)에서 교직 생활을 하며 그곳에서 18년 동안 머물렀다. 그의 인생에서 가장 중요한 연구 작업이 바로 이때 완성되었다. 탁월한 연구 성과와 영향력 있는 논문은 그에게 명성과 사회적 지위를 안겨주었다. 이로써 갈릴레오는 당시 학술계의 저명인사가 되었고, 어떤 이들은 그를 두고 '당대의 아리스토텔레스'라고 칭송했다.

1609년에 갈릴레오는 심혈을 기울여 연구한 끝에 망원경을 제작했다. 그리고 이 망원경을 이용해 목성의 위성 4개를 관측해냈다.

프톨레마이오스와 코페르니쿠스의 2대 세계 체계에 관한 대화

이 책은 갈릴레오의 천문학 분야 저서이다. 등장인물 세 명이 대화하는 형식을 통해 4일 동안 세 가지 문제를 해결하는 내용을 담았다. 갈릴레오는 이 책에서 지구의 운동과 조석潮汐 현상을 설명하며 코페르니쿠스의 지동설을 인정하고 아리스토텔레스의 운동 학설을 근본적으로 부인했다.

▶ 사상가들이 서로 교류하는 모습. 가장 왼쪽에 있는 사람이 갈릴레오이다.

그 이듬해에는 자신이 관측하고 연구한 천체 현상을 종합해 《별 세계의 보고》라는 책을 한 권 발표했다. 이 책은 학술계에 커다란 반향을 불러 일으켰고 당시 천문학 영역의 획기적인 연구 성과로 평가되었다. 그러나 이 일로 교회에 공공의 적으로 낙인찍히고 말았다. 그가 코페르니쿠스의 지동설을 인정했고 또 피사의 사탑(Leaning Tower of Pisa) 실험을 통해 '중량이 서로 다른 두 물체를 떨어뜨리면 두 물체의 낙하 속도도 다르다' 라는 아리스토텔레스의 관점이 틀렸음을 밝혀냈다는 두 가지 이유에서였다.

1616년에 로마 교회는 갈릴레오가 어떤 방식으로든 지구 운동과 지동설에 대해 가르치거나 설명하는 행위를 금지시켰다. 이때부터 갈릴레오에 대한 로마 교회의 잔혹한 박해는 한시도 멈추지 않았다. 1624년에 갈릴레오는 우주에 관한 책을 집필하기 시작해 8년 후 마침내 그의 위대한 저서 《프톨레마이오스와 코페르니쿠스의 2대 세계 체계에 관한 대화(Dialogo sopra i due massimi sistemi del mondo, tolemaico e copernicaon)》가 탄생했다. 그는 이 책에서 다시 한 번 코페르니쿠스의 지동설을 인정하며 그와 관련된 강력한 증거를 제시했다. 그러자 로마 교회는 갈릴레오에게 종신형을 선고했다.

1642년 1월 8일, 두 눈의 시력을 잃고 기력이 약해질 대로 약해진 갈릴레오는 결국 생을 마감했다. 그는 과학과 진리 탐구에 한평생을 바쳤다. 눈을 감기 전에 "과학을 추구하려면 특별한 용기가 필요하다."라는 말을 여러 번 되뇌었다고 한다. 그가 죽은 지 300여 년 후인 1979년, 로마 교황은 갈릴레오에 대한 불공정 심판을 공개적으로 인정하고 그 다음해인 1980년에 세계 주교회에서도 인류 과학사상 이 위대한 인물에 대한 억울한 누명을 다시금 벗겨주었다.

케플러 Kepler

케플러의 공적을 기리고자 국제 천문학 연합회에서는 1134호 소행성을 케플러 소행성이라고 명명했다.

행성 운행의 법칙을 발견한 요하네스 케플러(Johannes Kepler)는 독일의 바일(Weil)에서 태어났다. 그가 태어났을 당시, 코페르니쿠스가 《천체의 회전에 관하여》라는 책을 출간했다. 이 책에서 코페르니쿠스는 행성이란 태양의 주위를 도는 것이라고 서술했다. 당시 대부분 과학자는 이 새로운 이론을 인정하지 않았으나 케플러는 튀빙겐 대학(University of Tubingen)에서 이 이론을 접한 후 그대로 받아들였다.

튀빙겐 대학을 졸업한 후 케플러는 그라츠 대학(University of Graz)에서 몇 년 동안 교편을 잡았고 이 기간에 첫 번째 천문학 저서를 완성했다. 비록 그가 이 책에서 제기한 학설은 완전히 빗나간 것이었지만 그의 수학적 재능과 독창적인 견해는 매우 돋보였다. 그리고 이 일을 계기로 케플러는 훗날 위대한 천문학자로 성장한 브라헤(Tycho Brahe)의 부탁으로 프라하 부근에 있는 천문대에서 그의 조

▲ 요하네스 케플러 1571∼1630년

143

▶ 케플러의 기념비. "위대한 천문
학자를 기념하다"

수로 일하게 되었다. 브라헤가
세상을 떠난 지 얼마 지나지
않아 로마 황제 루돌프 2세
(Rudolf Ⅱ)가 브라헤를 대신
하여 케플러를 황제의 수학 교
사로 위임했다. 케플러는 눈을
감기 전까지 이 직책을 맡았
다.

케플러는 브라헤가 기록해
놓은 대량의 자료를 연구한 끝
에 다음과 같은 사실을 발견했
다. 브라헤와 코페르니쿠스,
그 밖의 다른 고대 천문학자들은 행성이 운행하는 궤도가 원 또는
원의 조합이라고 생각했지만 사실 행성의 운행 궤도는 타원형이었
다. 그는 이러한 자신의 이론을 검증하여 1609년에 《신新천문학》이

케플러의 법칙(Kepler's laws)
'케플러의 법칙'은 '케플러의 행성
운동 법칙'이라고도 불리며, 행성이
우주 공간에서 태양의 주위를 공전
하는 순환의 법칙을 설명했다. 독일
의 천문학자 케플러는 덴마크의 천
문학자 브라헤와 다른 천문학자들
이 관측하고 연구한 자료들과 자신
이 관측한 내용들을 분석하여 1609
년, 1619년에 행성 운동 법칙, 즉
케플러의 법칙을 발표했다.

▶ 17세기 지형을 판각한 그림

라는 저서를 출판하고 행성 운행의 세 가지 규칙, 다시 말해 '케플러의 법칙(Kepler's laws)' 가운데 제1법칙과 제2법칙을 설명했다. 행성이 태양의 주위를 도는 운동에 대한 이론이었는데, 그 내용이 매우 완전하고 정확하여 덕분에 천문학 분야에 존재했던 기존의 문제들이 해결되었다.

이 밖에도 케플러는 천문학에 수많은 공헌을 했다. 갈릴레오가 실험 역학의 초석을 다진 것처럼 그는 근대 광학 연구의 토대를 마련했다. 그는 광원에서 나온 빛이 구체의 표면에 복사되는 것을 발견하고 '광도[1]는 좁아지는 거리의 제곱에 반비례한다' 라는 법칙을 제시했다.

케플러는 과학 발전의 통로를 개척한 용감한 인물이었다.

---

1 일정한 방향에서 물체 전체의 밝기를 나타내는 양

▲ 하비는 찰스 1세(Charles I)에게 자신의 혈액 순환 이론을 증명했다.

하비 Harvey

해부학에서 하비가 차지하는 중요한 의의는 그가 발견한 사실 뿐만 아니라 그의 연구 방법이다.

▲ 윌리엄 하비 1578 ~ 1657년

윌리엄 하비(William Harvey)는 의사이자 생리학자, 발생학자였다. 1578년에 영국 켄트 주(County of Kent) 포크스턴(Folkestone)에서 태어났다. 어린 시절부터 훌륭한 교육을 받고 자랐으며 영국 케임브리지 대학에서 박사 학위를 취득했다. 1603년부터 런던의 한 병원에서 근무했으며 이 기간에 엘리자베스 1세 주치의의 딸과 결혼했다.

이탈리아에서 의학을 공부할 당시 하비는 종종 갈릴레오의 역학과 천문학 강의를 청강했다. 그리고 갈릴레오에게 영향을 받아 특정 학문 분야를 뛰어넘는 지식을 추구했다. 은연중에 갈릴레오가 실험을 중시한 방식에도 영향을 받아 훗날 그가 인체의 혈액 순환을 발견하는 데 밑거름이 되었다.

하비는 환자들을 더 효과적으로 치료할 수 있도록 인체 혈액의 비밀을 밝히기로 마음먹었다. 이때부터 그는 혈액이라는 한 가지 주제를 선택해 연구에 몰두했다.

여러 종류의 동물을 해부해본 후 그는 혈액이 심장이라는 '펌프'에서 나와 동맥혈관을 통해 신체 각 부분으로 흘러갔다가 다시 정맥혈관을 통해 심장으로 들어가는 '혈액 순환'을 한다는 결론을 얻었다. 이를 바탕으로 《동물의 심장과 혈액의 운동에 관한 해부학적 연구(Exercitatio Anatomica de Motu Cordis et Sanguinis in Animalibus)》라는 책에서 정식으로 혈액 순환에 관한 이론을 제기했다. 독자들이 자신의 이론을 신뢰하도록 하비는 책에서 다음과 같이 이야기했다. "추리와 실험을 통해 혈액이 심실의 박동으로 폐와 심장을 통과한다는 사실을 분명히 확인했다. 혈액은 심장에서 나와 동맥을 통해 신체 각 부위로 흘러들어가고, 다시 정맥을 통해 중심으로 모여들었다. 가느다란 정맥을 통해 굵은 정맥으로, 그리고 굵은 정맥에서 마지막 단계인 심실로 흘러들어갔다. … 동물의 혈액은 심장 박동을 원동력으로 순환하고 유동한다. 다시 말해 혈액의 순환은 심장 박동에 의해 운행되는 것이다."

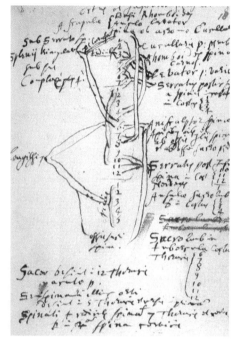

▲ 하비의 원고

혈액 순환 이론

심장 박동은 혈액을 심혈관 계통에서 일정한 방향으로 순환시켜 반복적으로 유동하게 한다. 혈액 순환은 영국의 하비가 수많은 실험과 관찰, 논리적 추리를 통해 1628년에 제기한 과학 이론이다. 인류의 혈액 순환은 폐쇄적 방식이며 체순환과 폐순환이라는 두 가지 경로가 있다. 혈액 순환의 주요 기능은 체내 물질 수송의 완성이다.

◀ 파도바 대학의 캠퍼스 모습. 하비와 갈릴레오 모두 이 학교에서 교편을 잡았다.

1657년에 하비가 세상을 떠났고, 그로부터 4년 후 이탈리아의 말피기(Marcello Malpighi) 교수가 갈릴레오의 망원경을 의학용 현미경으로 개조하는 데 성공했다. 그는 이를 사용해 모세혈관의 존재를 확인하고 하비의 이론을 증명했다. 혈액 순환 이론의 입증은 당시 의학 분야에서 과학 기술이 현저한 공헌을 했다는 점을 반증했다.

하비의 연구는 새로운 생명과학의 시작이었다. 그의 업적은 획기적이었고 과학 혁명에서 중요한 부분이었다. 그의 심혈 계통 연구(및 동물 생식 연구)는 하비를 코페르니쿠스, 갈릴레오, 뉴턴과 같은 과학 혁명의 거장으로 우뚝 세웠다. 하비의 저서 《동물의 심장과 혈액의 운동에 관한 해부학적 연구》는 《천체의 회전에 관하여》, 《프톨레마이오스와 코페르니쿠스의 2대 세계 체계에 관한 대화》, 《자연철학의 수학적 원리》 등의 책들과 함께 과학 혁명과 과학사에 매우 중요한 문헌으로 남았다.

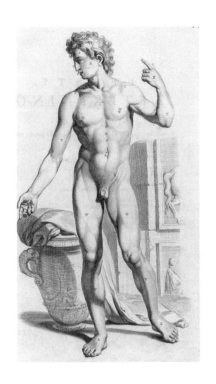

▶ 17세기 인체 의학 연구

▶ 데카르트와 스웨덴 크리스티나 여왕(Alexandra Christina)의 모습. 여왕의 왼쪽에 있는 사람이 데카르트이다.

르네 데카르트 Descartes

나에게 물질과 힘을 준다면 나는 세계를 건설할 수 있다.

데카르트

르네 데카르트(René Descartes)는 프랑스의 저명한 철학가이자 과학자이며 또한 수학자이다. 1596년 프랑스 투렌(Touraine)의 소도시 라에(La Haye)에서 태어났다. 다방면으로 훌륭한 교육을 받은 데카르트는 사고가 개방적이었다. 그는 수학을 흠 잡을 데 없는 완벽한 지식의 영역이라고 인식하고 정규 교육 과정을 포기하고 유럽을 유

▲ 르네 데카르트 1596 ~ 1650년

149

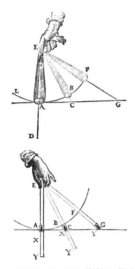

▲ 데카르트의 저서 《철학의 원리 (Principia philosophiae)》 중에서 물체의 운동을 설명하는 그림이다. 이 그림 두 개는 관성의 법칙과 운동량 보존의 법칙을 비교적 명확하게 나타낸다.

람하며 시야를 넓혔다.

데카르트는 유럽 여러 나라를 여행하면서 진리를 발견하는 일반적인 방법을 총결하고 자신의 저서 《정신 지도를 위한 규칙들(Rules for the Direction of Mind)》에서 이를 체계적이고 상세하게 설명했다.

그리고 자신의 이러한 방법을 이후 광학, 기상학, 수학, 해부학, 생리학 등 여러 분야의 과학 연구를 진행하는 데 응용했다. 더 많은 생물학과 해부학 지식을 공부하기 위해 데카르트는 종종 직접 해부 실험을 진행하고 그 과정과 결과를 기록했다. 그 밖에 다른 지식 영역에서도 이와 같이 빈틈없이 연구해 1637년에 그의 가장 유명한 저서 《방법서설(Discours de la mehode)》을 발표했다.

▶ 푸아티에 대학(University of Poitiers)은 유럽에서 매우 오래된 학부 중 하나이다. 데카르트와 마리 퀴리(Marie Curie)는 모두 이 대학교에서 학문을 연구했다.

물리학의 지식 체계에서 데카르트는 빛의 이론을 가장 중요한 부분으로 생각했다. 그래서 좌표기하학을 운용하여 광학 연구에 커다란 진전을 이루었고, 《굴절광학》에서 최초로 굴절 규칙을 이론적으로 풀이했다. 천문학 분야에서는 자신의 기계론 관점을 응용하여 우주진화론을 발전시켰고 우주의 발생과 구조에 관한 학설을 구축했다. 수학 분야에서 이룬 그의 가장 큰 업적은 해석기하학(Analytic Geometry)[1]을 창시한 것이다.

데카르트 시대에 수학자들 사이에는 기하학적 사고가 지배적이었고, 대수학[2]은 새로운 분야였다. 데카르트는 남들보다 먼저 이 대수학과 기하의 관계를 연구하여 1637년에 좌표계를 완성하고 또 성공적으로 해석기하학을 창시했다. 이러한 성과는 미적분의 성립에 초석이 되었고, 해석기하학은 지금도 중요한 수학 방식 중 하나로 손꼽힌다.

데카르트는 또 서양 근대 자산 계급 신분으로 철학의 초석을 다진 인물이다. 그의 철학과 수학 사상은 역사적으로 커다란 영향을 미쳤다. 사람들은 그의 묘비에 다음과 같은 글귀를 새겨놓았다. "데카르트, 유럽의 르네상스 시대 이후 인류를 위한 이성적 권리를 쟁취하고 보장해준 인물"

해석기하학의 탄생

데카르트는 《기하학》에서 해석기하학의 주요 사상과 방법을 제시하며 해석기하학의 탄생을 알렸고, 그 후 인류는 변량變量 수학의 단계로 진입했다. 해석기하학의 출현은 고대 그리스 시대부터 대수학과 기하학을 분리해오던 방식을 바꾸어 기하 곡선과 대수 방정식을 상호 결합시켰다. 데카르트가 내놓은 독창적인 견해로 미적분 탄생의 초석이 다져졌고, 이를 바탕으로 변량 수학의 영역이 한층 더 확장되었다.

---

1 기하학적 도형을 좌표로 나타내고 그 관계를 로그, 미분, 적분 등을 사용해 연구하는 기하학
2 개개의 숫자 대신에 숫자를 대표하는 일반적인 문자를 사용하여 수의 관계, 성질, 계산 법칙 등을 연구하는 학문

▲ 유사한 판각화 네 장은 모두 크
롬웰과 의회가 쟁론하는 모습을
묘사했다.

크롬웰 Cromwell

군사 지도자에서 군자 독재자로 변모한 크롬웰은 역사에 큰 영
향을 주었지만 자기 자신을 넘어서지 못했다.

▲ 올리버 크롬웰 1599～1658년

올리버 크롬웰(Oliver Cromwell)은 17세기 영국 자산 계급 중에서
신新귀족의 대표적 인물로 혁명군의 지휘관이었다. 1599년 4월, 영
국 헌팅턴(Huntingdon)의 세도가 집안에서 태어났다.

17세기 초 영국은 각 교파 간의 분쟁으로 매우 혼란스러웠다. 나
라 전체가 불안했고, 이에 국왕은 군주 전제 정치를 원했다. 1642년
에 왕당파(Royalists)[1]와 의회파 사이에 내전이 시작되자 크롬웰은 의
회파의 편에 섰다. 4년 동안 이어진 내전 기간에 크롬웰은 탁월한

1 영국의 청교도 혁명 시대에 찰스 1세를 지지한 국왕파

군사적 재능을 발휘하여 명성을 떨쳤다. 1646년에 전쟁이 종결되자
찰스 1세(Charles Ⅰ)는 체포되었고 크롬웰은 가장 성공한 장군으로
인정받았다.

　전쟁이 끝나고 1년 후 찰스 1세가 군대를 규합하여 제2차 내전을
일으켰지만, 크롬웰이 왕당파의 봉기를 진압하고 찰스 1세를 단두
대로 보냈다. 영국은 이때부터 공화국으로 새롭게 태어났고 크롬웰
은 국무회의(Council of State) 의장으로 임명되었다. 이렇게 해서
1652년에 10년 동안 이어진 기나긴 내전이 마침내 종지부를 찍었다.

입헌군주제

입헌군주제는 헌법이 군주의 권력을 제한하는 정치 체제이다. 이 제도에서는 의회가 입법권을 장악하고 내각을 구성하며, 군주의 실제 권력은 약화된다. 크롬웰이 이끈 자산 계급 혁명으로 영국에서 가장 먼저 입헌군주제가 확립되었다.

전쟁은 끝났지만 입헌 정치 체제를 운용하는 데는 많은 문제점이 산적해 있었다. 그러나 크롬웰을 따르는 많은 지지자들은 만장일치로 새 헌법을 통과시켰고 크롬웰은 군대의 지지를 받으며 통치자의 자리를 거머쥐었다. 이렇게 그는 어느새 이미 실질적인 군사 독재자가 되었다.

1653~1658년까지 크롬웰은 잉글랜드, 스코틀랜드, 아일랜드 등 세 나라를 통치하는 호국경(Lord Protector)의 자리에 올랐다. 이 5년 동안 그는 영국의 정치 체제를 완비하고 행정 구조를 체계적으로 재편했다. 그 밖에 허술했던 법률을 개선하고, 문화 교육 분야도 소홀히 하지 않고 많은 부분을 발전시켰다. 종교 신앙 면에서도 신앙의 자유를 제창하며 유대인이 잉글랜드로 건너와 그들의 종교를 믿는 것을 허락했다. 또 그가 시행한 외교 정책은 대부분 성공적이었다. 1658년, 그는 말라리아에 걸려 런던에서 세상을 떠났다.

▶ 1650년 크롬웰은 던바(Dunbar) 전투에서 스코틀랜드 군대를 크게 물리쳤다.

고대 유럽인들의 생활 모습. 의회, 유력 인사, 종교는 고대 유럽의 상류 사회와 정치 기반을 구성했다.

로크 Locke

영국의 철학자이며 경험주의의 창시자이다. 최초로 입헌 정치의 기본 사상을 체계적으로 설명한 인물이기도 하다. 철학 및 정치 분야에 중요한 영향을 미쳤다.

존 로크(John Locke)는 영국의 철학자이며 경험주의의 창시자로 최초로 입헌 정치의 기본 사상을 체계적으로 설명한 인물이다. 미국 건국에 큰 공을 세운 사람들이나 프랑스의 계몽주의자들도 그의 사상에서 많은 영향을 받았다.

1632년에 로크는 영국의 링턴(Wrington)에서 태어났다. 24세에 옥스퍼드 대학을 졸업해 학사 학위를 취득하고 2년 후 석사 학위를 받았다. 청년 시절 로크는 과학에 매우 큰 관심을 보였다.

로크의 사상은 주로 그의 저서에서 구현되었다. 그는 자신의 저서 《인간오성론(an Essay Concerning Human Understanding)》에서 인류 인식의 기원, 성질 및 한계성에 대해 이야기했다. 또 《신앙의 자유에 관하여》라는 책에서 국가는 종교 신앙에 대한 개인의 자유를 간섭할 수 없다는 주장을 피력했다. 그의 저서 중에 가장 중요하다고 꼽히는 것은 《정부론(Discourses Concerning Goverment)》으로, 자유 입헌 정치의 기본 사상은 바로 이 책에서 처음으로 제시되었다. 그

▲ 존 로크 1632~ 1704년

정부론

《정부론》은 로크의 중요한 저서 중 하나이다. 이 책에서 그는 자유 입헌 정치의 기본 사상을 제시했다. 로크는 모든 사람에게 있는 자연권에는 생존권뿐만 아니라 개인이 자유과 재산을 소유할 권리도 포함된다고 굳게 믿었다. 로크는 왕권신수설을 반박하며 정부의 권위는 피통치자들을 보호하는 데만 국한되어야 한다고 주장했다.

밖에 저서로는 《관용론(Essay Concerning Toleration)》, 《교육론》, 《성경에서 체현된 그리스도교의 합리성》 등이 있다.

로크는 모든 사람에게 있는 '자연권(natural rights)'[1]에는 생존권뿐만 아니라 개인이 자유과 재산을 소유할 권리도 포함된다고 굳게 믿었다. 로크는 왕권신수설(divine right of king)[2]을 반박하며 정부의 권위는 피통치자들을 보호하는 데만 국한되어야 한다고 주장했다. 그는 권력 분산의 원칙을 고수하면서 정치권력을 입법권, 행정권, 외교권 세 가지로 분리하고, 마땅히 입법 기관이 행정 기관보다 높아야 한다고 생각했다. 로크는 정부가 무한한 권력을 누려서는 안 된다고 명백하게 표명했다.

미국의 독립 혁명(American Revolution)이 일어나기 한 세기 전, 로크는 자신의 주요 사상을 서술했고 그의 정치사상은 훗날 정치 발전에 막대한 역할을 했다. 로크의 자유주의는 미국의 민족적 이상이 되었으며 토머스 제퍼슨(Thomas Jefferson)[3]에게 매우 깊은 영향을 주었다. 로크의 사상은 프랑스에도 전파되어 프랑스 혁명과 프랑스 《인권선언》[4]이 탄생하는 데 간접적으로 근거를 제공했다. 비록 로크는 볼테르(Voltaire), 토머스 제퍼슨과 같이 널리 알려지지는 않았지만 그의 작품은 세계 그 어떤 명작들과 견주어도 전혀 손색이 없으며 그 영향력 또한 매우 컸다.

---

1 자연법에 따라 인간이 태어나면서부터 얻는 권리. 자기 보존이나 자기 방위의 권리, 자유나 평등의 권리 등이 있다. 천부 인권이라고 하기도 한다.
2 절대주의 국가에서 왕권은 신이 부여한 것으로 왕은 신에 대해서만 책임을 지며 국민은 왕에게 절대 복종해야 한다는 정치 이론
3 미국의 정치가, 교육자, 철학가이다. 자유와 평등으로 건국의 이상이 된 1776년 7월 4일 독립 선언문을 기초했다. 1800년 제3대 대통령에 당선되었고 1804년에 재선되었다.
4 프랑스 혁명 때, 1789년 8월 26일 입법 의회가 국민으로서 누려야 할 권리에 대해 결의, 공포한 선언

156

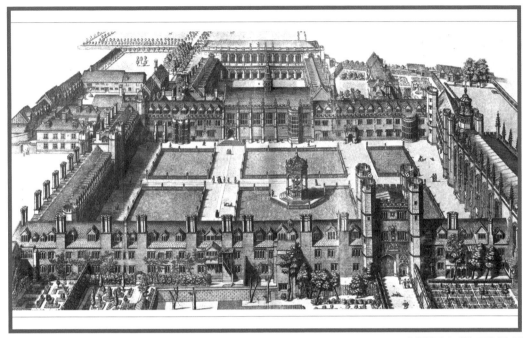

뉴턴 Newton

> 만약 내가 데카르트보다 더 멀리 보았다면, 그것은 내가 거인의
> 어깨 위에 서 있었기 때문이다.
>
> 아이작 뉴턴

   2005년 영국 황실학회는 '과학사상 가장 영향력 있는 인물 선정'
이라는 주제로 여론 조사를 실시했다. 그 결과 아이작 뉴턴(Isaac
Newton)이 알베르트 아인슈타인(Albert Einstein)을 크게 압도하며 1
위로 뽑혔다.

   아이작 뉴턴은 1642년 12월 25일 잉글랜드 링컨셔(Lincolnshire)의
울즈소프(Woolsthorpe)에서 태어났다. 바로 그해에 '근대 과학의 아
버지'라고 불리던 갈릴레오가 세상을 떠났다. 아버지는 그가 태어
나기 전에 사망했고, 어머니는 그가 3세 때 재혼해 어린 뉴턴은 외
할머니 손에 맡겨졌다. 뉴턴은 어린 시절부터 매우 총명하고 손재주
가 뛰어났으며 특히 기계를 만드는 데 천부적인 소질을 보였다. 청

▲ 울즈소프에 있는 한 농가의 모습으로 뉴턴이 살았던 집이다. 오늘날에도 원형 그대로 유지되고 있다.

소년 시절 뉴턴의 어머니는 아들이 학교를 그만두고 성실한 농부가 되기를 원했다. 그러나 다행히 교장 선생님의 설득으로 뉴턴은 학업을 계속 이어나갈 수 있었다. 그렇지 않았다면 우리는 세상에서 가장 위대한 이 과학자를 만나보지 못했을지도 모른다.

19세가 된 뉴턴은 훌륭한 성적으로 학교를 졸업하고 같은 해 6월 케임브리지 대학 트리니티 칼리지에 입학했다. 당시는 아리스토텔레스의 학설이 지배적이었지만 뉴턴은 갈릴레오, 코페르니쿠스, 케플러와 같은 천문학자들의 선진 사상을 탐독했다. 1665년 24세가 되던 해 그는 트리니티 칼리지를 졸업하고 고향으로 돌아왔다. 그리고 같은 해 이항 정리(binomial theorem)[1]를 발견하여 이것을 다시 새로운 수학 이론으로 발전시켰다. 바로 사람들에게 널

▶ 〈연구하는 뉴턴〉 윌리엄 블레이크(William Blake)의 작품

1   두 항의 대수합의 거듭제곱을 전개하는 법을 보이는 공식

▲ 〈울즈소프 농가의 정원〉 뉴턴은 바로 이곳에서 나무에 달려 있던 사과가 땅에 떨어진 원인에 대해 깊이 생각했다.

리 알려진 미적분학이다. 2년 후 페스트가 크게 유행하자 그는 집에서 지내며 자연과학 분야를 꾸준히 연구했다. 뉴턴이 나무에 달려 있던 사과가 땅에 떨어지는 모습을 보고 지구 인력을 발견했다는 유명한 일화도 이때의 일이다.

1667년에 뉴턴은 트리니티 칼리지에서 석사 학위를 받았고, 졸업하고 나서는 스승 배로(I. Barrow)의 뒤를 이어 루커스 석좌 교수로 부임해 1701년까지 강의했다. 뉴턴이 발표한 첫 번째 발견은 빛의 성질에 관한 연구였다. 그는 프리즘이 백색광을 채색광 스펙트럼으로 발산시키며 색광은 반사, 난반사에 상관없이 언제나 동일한 색깔을 유지한다는 사실을 알았다. 그리고 이러한 발견을 토대로 1668년에 최초로 반사 망원경을 제작했다. 이 망원경은 현재 천문 관측용으로 광범위하게 응용되고 있다. 1704년에는 그의 유명한 저서인 《광학光學》을 출판했다.

만약 뉴턴의 업적이 광학 분야에만 국한되었다면 그는 '역사상 가

▶ 케임브리지 대학의 트리니티 칼리지 케임브리지 대학은 노벨상 수상자를 73명이나 배출했으며 뉴턴, 디랙(Paul Adrien Maurice Dirac), 호 킹(Stephen William Hawking) 세 사람 모두 케임브리지 대학에서 공부했다.

만유인력의 법칙

만유인력의 법칙은 1687년에 뉴턴이 《자연철학의 수학적 원리》에서 발표한 이론이다. 만유인력의 법칙은 물체끼리 상호 작용하는 끌어당기는 힘을 해석한 이론으로, 만유인력의 크기는 질량의 곱에 비례하고 거리의 제곱에 반비례한다. 만유인력은 두 물체의 화학적 본질 혹은 물리적 상태 및 중개 물질과는 아무런 관계가 없다.

장 위대하고, 가장 영향력 있는 과학자'라는 찬사를 얻지 못했을 것이다. 그의 최대 업적은 바로 역학에 있다. 뉴턴은 갈릴레오 등 선배 과학자들이 발견한 지식들을 바탕으로 연구와 계산을 수없이 반복해 마침내 역학의 3대 법칙을 총결했다. 첫 번째는 관성의 법칙이다. 물체는 외부의 힘을 받기 전 운동 상태를 지속하려고 한다는 내용이다. 두 번째는 힘과 가속도의 법칙이다. 이것은 운동의 변화와 힘의 관계에 관한 법칙이다. 세 번째는 작용과 반작용의 법칙이다. 두 물체 사이의 힘과 그 반대 힘은 크기가 같고 방향이 반대라는 것이다. 이 역학의 법칙 세 가지 외에도, 그 이름도 유명한 '만유인력의 법칙'을 발견했다. 이렇게 해서 뉴턴은 역학 분야의 최고 권위자로 우뚝 섰다.

1684년에 뉴턴은 《운동론》과 뒤이어 《균등한 매개체 안에서의 물체 운동》을 발표해 힘과 질량의 관계에 대해 이야기했다. 그리고 1687년에는 《자연철학의 수학적 원리(Philosophiae naturalis principia mathematica)》를 출간했다. 이는 이후 3세기 동안 물리학 분야에서 지배적인 과학적 관점으로 작용했을 뿐만 아니라 현대 공학의 기본 원리가 되었다. 이 책은 《광학》과 함께 과학 역사상 위대한 걸작으로 평가받는다.

1703년에 그는 왕립협회 회장으로 추천되었고 영국 여왕에게서 기사의 칭호를 받았다. 1727년 3월 31일 런던에서 세상을 떠났고 웨스트민스터 대성당에 안장되었다. 뉴턴은 영국 역사상 최초로 국장을 치른 자연과학자가 되었다.

▲ 뉴턴의 묘지

◀ 뉴턴의 모습

▲ 상트페테르부르크(Saint petersburg)의 모습. 판화 작품

표트르 1세 Pyotr I

그는 새로운 조류를 받아들인 군주이자 시대의 최전선에 섰던 위대한 인물이었다.

▶ 1697～1698년 동안 표트르 1세는 유럽으로 긴 여행을 떠났다. 이 그림은 그가 네덜란드에서 생활하던 모습을 담았다.

표트르 1세는 러시아 제국이 발전하는 초석을 마련한 인물로, 사람들은 그를 러시아에서 가장 훌륭한 차르(tsar)[1]로 평가한다. 그가 서양의 과학 문화를 모방한 정책을 널리 시행하여 러시아는 폐쇄적이고 낙후되었던 힘없는 국가에서 탈피해 강력한 힘을 갖춘 대국으로 성장해갔다.

표트르 1세는 1672년에 러시

▲ 상트페테르부르크의 모습. 판화 작품

아 차르 알렉세이(Aleksei)의 14번째 아들로 태어났다. 그의 어머니는 알렉세이의 두 번째 부인이었고 다른 형제들은 모두 첫 번째 부인의 자식들이었다. 4년 후 알렉세이가 세상을 떠나자 그의 자식들은 왕위를 차지하려는 기나긴 싸움을 벌였다. 1689년에 17세였던 표트르 1세는 정변을 일으켜 섭정[2]을 하던 누이의 손에서 왕권을 빼앗아 러시아의 최고 통치자가 되었다.

표트르 1세가 왕위에 올랐을 당시 러시아는 여전히 농노제[3] 국가였다. 유럽에서 떠들썩하게 일어난 르네상스와 종교 개혁도 이 나라에는 아무런 영향을 미치지 못하는 듯했다. 러시아인들은 유럽보다 적어도 수백 년은 뒤처진 생활환경에서 무지한 상태로 살아가고 있었다. 이러한 상황을 변화시키고자 표트르 1세는 1697~1698년에 250여 명에 이르는 방대한 규모의 사절단을 이끌고 유럽으로 '여행'을 떠났다. 이 '여행'에서 표트르 1세는 러시아와 서유럽의 차이

▲ 표트르 1세는 의용이 비범했다. 체구가 크고 훤칠했으며 패기가 넘쳤다. 그는 정치, 군사 분야뿐만 아니라 인쇄, 항해, 조선 등의 분야에 대해서도 연구를 거듭했다. 표트르 1세는 러시아에서 가장 훌륭한 차르로 인정받는다.

1 제정 러시아 때 황제의 칭호
2 군주가 직접 통치할 수 없을 때 군주를 대신하여 나라를 다스리는 일 또는 그런 사람
3 농민이 봉건 지주에게 예속되어 지주의 땅을 경작하고 부역과 공납의 의무를 지는 사회 제도

를 눈으로 직접 확인할 수 있었다. 이러한 인식을 바탕으로 그는 서
양의 문화, 과학 기술, 군사, 산업, 그리고 관리 방법 등 자신이 배
울 수 있는 모든 것을 배우고자 노력했다.

1698년 여행에서 돌아온 표트르 1세는 자신을 영접하러 나온 대신
들의 수염을 갑작스럽게 잘라버렸다. 그리고 경제, 군사, 사회생활
등 각 분야에서 개혁 조치들을 단행하며 러시아의 발전을 도모했다.
그의 개혁은 먼저 군사 영역부터 시작해 어마어마한 규모의 해군을
창건하고, 해외의 신식 무기와 훈련 방식을 도입했다.

이후 다른 분야에서도 잇달아 대대적인 개혁을 유도했다. 경제 분
야에서는 수많은 서양 연구자들을 초빙해 산업과 상업을 크게 발전
시키고 외국인들도 러시아에 와서 공장을 세울 수 있게 했다. 문화
분야에서 표트르 1세는 학교, 인쇄소, 박물관 등 문화를 발달시킬
수 있는 시설들을 건립하고, 러시아 문자를 간소화하고 최초의 러시
아 신문을 발행했다. 정치 분야에서는 국가 행정 기구를 새롭게 설
치하고, 전국을 행정 구역 50개로 분할하고, 관원들의 세습 관행을
없애버렸다. 사회 분야에서 그는 사람들에게 유럽식 의복을 입고 커
피를 마시는 것을 권장했다. 이렇게 해서 러시아인들은 서서히 서양
사회의 생활 습관에 익숙해졌다.

여기서 한 가지 언급해야 할 점은 표트
르 1세가 진행한 이 개혁 조치들은 모두
대외 전쟁을 벌이는 와중에 진행되었다
는 것이다. 그는 남쪽으로는 터키, 북쪽
으로는 스웨덴과 전쟁을 감행했고 통
치 말기에는 서쪽으로 발
트 해, 동쪽으로 태평양,
북쪽으로는 북극에까지 진
출했다. 이는 훗날 강대한
러시아 제국의 든든한 초
석이 되었다.

표트르 1세는 평생 두 번
결혼했고, 첫 번째 부인과
의 사이에서 아들 한 명을
낳았는데 1718년에 사망했

▶ 상트페테르부르크에 세워진 표
트르 1세의 조각상. 1782년 작품

164

다. 이렇게 해서 후사가 없던 표트르 1세가 1752년에 세상을 떠나자 둘째 부인 예카테리나(Ekaterina)가 그의 후계자가 되었다.

표트르 1세는 스스로 서양 문명을 익혀 러시아 제국의 발전 방향을 확립했다. 의심할 여지없이 그의 개혁과 전쟁은 러시아가 세계 강국으로 도약할 수 있는 견실한 발판을 마련했다. 이후 러시아 제국은 세상에 커다란 영향을 미쳤다. 그러나 더 중요한 것은 세계 여러 나라가 20세기 들어서야 서양 과학 기술 문명을 받아들인 반면에 표트르 1세는 이미 18세기에 그것을 받아들여 실행했다는 점이다. 그는 탁월한 안목을 갖춘 지도자로서 훗날 러시아 제국이 서유럽 국가들과 어깨를 나란히 할 수 있도록 발전시킨 인물이다.

농노제 개혁

1861년 표트르 1세의 개혁으로 러시아는 역사상 중대한 전환점을 맞이했다. 바로 농노제의 폐지였다. 그는 농노를 자유인의 신분으로 풀어주어 자본주의 발전을 위한 노동력으로 활용했다. 이는 자본주의를 발전시키는 데 매우 타당한 조치였다. 이로써 러시아는 자본주의로 가는 길을 걷게 되었다.

▼ 〈죽음을 맞는 근위병의 아침〉 레핀(Ilya Yefimovich Repin)의 작품. 이 그림은 표트르 1세가 반란군을 진압한 후 황궁 광장에서 실시한 반란군의 사형 집행 장면을 묘사했다.

▶ 바흐와 가족이 아침 예배를 드리는 모습

바흐 Bach

그 누가 나처럼 노력하고, 또 그 누가 나와 같은 성과를 이룰 수 있겠는가?

바흐

18세기 초, 독일은 종교 음악이나 가극 등 어떠한 영역에서도 이탈리아의 팔레스트리나(Giovanni Pierluigi da Palestrina)와 프랑스의 륄리(Jean Baptiste Lully)와 같은 위대한 예술가를 배출하지 못했다. 그러나 바흐의 출현으로 독일은 유럽 음악계의 선두주자가 되었다.

순수 음악가 집안에서 태어난 바흐(Johann Sebastian Bach)는 1702년에 학교를 졸업하고, 이듬해부터 궁정 악단에 들어가 바이올린 주자로 일했다. 그렇게 20년이 지난 후 그는 오르가니스트(organist)이자 훌륭한 작곡가, 그리고 악단의 지휘자로 어느새 명실상부한 전문 음악가가 되어 있었다. 바흐는 자신의 업적에 대해 태연하게 이야기했다. "그 누가 나처럼 노력하고, 또 그 누가 나와 같은 성과를 이룰 수 있겠는가?" 사람들은 그를 '절대로 뛰어넘을 수 없는 음악계의 대가'라고 부르면서 '근대 음악의 아버지'라고 칭송했다.

1717년 8월 케이텐 궁정에 악장으로 취임한 바흐는 6~7년간 순

고전 음악

고전 음악은 독립적인 유파로, 예술 수법이 세련되고 감정을 이성적으로 표현했다. 17~19세기까지 하이든, 모차르트, 베토벤, 바흐 등의 음악이 대표적인 고전 음악 작품이다.

탄한 음악 인생을 보내며 풍성한 창작 활동을 했다. 이 시기에 탄생한 그의 대표작으로는 〈평균율 피아노곡집(BWV846-869)〉 상권, 〈브란덴부르크 협주곡(BWV1046-1051)〉, 〈무반주 바이올린을 위한 소나타와 파르티타(BWV1001-1006)〉, 〈무반주 첼로 모음곡(BWV1007-1012)〉 등이 있다.

▲ 칼 바흐(Kal Bach)의 모습. 바흐의 셋째 아들로 형제 가운데 가장 유명한 작곡가였다.

1723년에 바흐는 토마스 교회의 칸토르[1]에 임명되었고 그곳에서 웅장한 합창곡들을 작곡하며 일생을 보냈다.

사람들은 바흐의 오라토리오(oratorio)[2]를 들으며 그의 변화무쌍하고 다채로운 영감을 느꼈고, 그럴 때마다 그에게 최고의 찬사를 보냈다.

바흐는 오랫동안 사람들의 마음에 감동을 주었다. 중세기와 르네상스 시기 폴리포니(polyphony)[3]의 감성, 17세기 이탈리아 음악의 극적인 요소와 아리아(aria)[4] 형식, 17세기 프랑스 음악의 우아하고 세심한 장식적 음악 방식…. 바흐의 작품 속에는 이 모든 것이 녹아 들어 있다. 바흐는 베토벤, 와그너와 같은 위대한 음악가들이 탄생할 수 있도록 영양분이 가득한 토양을 마련했다.

◀ 바흐와 그의 세 아들

---

1 음악 감독
2 16세기 무렵 로마에서 시작한 종교 음악. 성경의 장면을 음악과 함께 연출한 교회극에서 발달하여 오페라의 요소를 가미한 영창, 중창, 합창, 관현악으로 연주한다.
3 독립된 선율의 성부가 두 개 이상으로 구성된 음악
4 오페라, 오라토리오 등에서 기악 반주가 있는 서정적인 가락의 독창곡

▲ 〈민중을 이끄는 자유의 여신〉
들라크루아(Ferdinand Victor
Eugene Delacroix)의 작품.
볼테르로 대표되는 계몽 사상가
들은 1789년 프랑스 대혁명의
사상적 기초를 제공했다. 그들
이 제창한 '자유, 민주, 평등'은
대혁명이 추구한 권리였다.

볼테르 Voltaire

그는 계몽 운동의 지도자이자 유명한 시인, 극작가, 작가, 역사
학자, 철학가이다.

볼테르(Voltaire)는 자유와 평등을 제창했다. 그는 자유와 평등이
공정한 사회 질서의 기초이며 '사람은 본질적으로 평등하다' 라고 인
식했다. 그리고 모든 공민은 생존과 행복을 추구할 권리가 있으며
이러한 권리는 태어나면서부터 얻는 것으로 누구도 그 권리를 빼앗
아갈 수 없다고 생각했다. "법률 앞에서 모든 만민은 평등하다." 라는
말은 볼테르의 유명한 천부인권(= 자연권, natural rights)[1] 사상이다.

프랑스 계몽 운동의 지도자 볼테르는 1734년에 《철학서간(Lettres phiques ou Lettres sur les anglais)》을 발표했고 몽테스키외(Charles Louis de Secondat, Baron de La Brede et de Montesquieu) 등 동시대의 다른 계몽 사상가들보다 훨씬 빠르게 계몽사상을 전파했다. 그는 민주, 자유, 평등이라는 깃발을 높이 들고 교회의 부패한 통치를 맹렬하게 비판했으며, 그의 사상은 전체 계몽 운동의 사상을 대표했다. 볼테르는 가장 이상적인 정치 제도란 '깨어 있는' 군주가 철학가들의 건의에 따라 국가를 통치하는 형태라고 생각했다. 그리고 상원, 하원, 국왕이 서로 규제하며 통치할 것을 주장하고, 민주 정치 제도는 반대했다.

▲ 〈바스티유 감옥의 습격〉 18세기 말 프랑스 화가의 작품이다. 이 사건으로 바스티유 감옥의 소장이었던 로네가 체포되어 죽음을 맞이했다. 이후 습격 사건의 배후자는 교수형에 처해졌다.

볼테르는 진정한 의미에서 철학가는 아니었다. 그러나 그는 로크, 베이컨 등 인물의 철학 사상을 발전시켜 민주, 자유와 종교의 관용 사상을 유럽에 전파했다. 또한 그는 중요한 역사학자였으며 그의 저서 《풍속시론》은 전 세계에 광범위한 영향을 미쳤다.

또 그가 작가였다는 점이 매우 흥미롭다. 여러 방면에 재주가 많았던 볼테르는 서사시 〈앙리아드(La henriade)〉, 〈잔 다르크〉, 연극에서는 〈오이디푸스〉, 〈방탕한 아들〉, 사상 소설에는 《캉디드》, 《자디그(Zadig)》, 철학 작품으로는 《철학 사전》, 《형이상학론》, 《뉴턴 철학의 요소들》, 역사학 저서로 《찰리 12세의 세기》, 《루이 14세의 세기》, 《풍속시론》 등의 작품을 남겼다.

▲ 볼테르 1694~1778년

이 위대한 인물은 1694년 11월 21일 파리의 한 중산층 가정에서 태어났다. 변호사였던 아버지는 아들이 장차 법관이 되기를 바랐다. 그러나 볼테르는 법률 공부를 잠시 하다가 그만두었다. 그는 시를 짓는 재주가 뛰어났고 그가 쓴 글에는 미묘한 운치가 넘쳤다. 특히

---

1 인간이 태어날 때부터 자연적으로 얻는 천부의 권리

계몽 운동

계몽 운동은 17세기 유럽에서 일어
난 반反봉건, 반反교회 사상의 문화
혁명 운동이다. 계몽 사상가들은 천
부인권 사상, 삼권 분립과 자유, 박
애, 평등사상을 제창했다. 이러한
사상들은 매우 빠르게 유럽과 아메
리카로 전파되었다. 계몽 운동의 대
표 인물로는 볼테르, 루소, 몽테스
키외 등이 있다.

재치 있는 풍자로 사회의 추악함을 비판하는 데 아주 능했다. 하나 예를 들어보자면 다음과 같은 것이 있다. "웃어라, 그러면 모든 전쟁에서 승리할 수 있다. 웃음은 가장 강력한 무기이다."

그러나 때로는 그의 뛰어난 재주가 오히려 화를 부르기도 했다. 1717년 볼테르는 봉건 전제 정치와 가톨릭 교회를 비난했다는 이유로 바스티유(Bastille) 감옥에 갇혔다. 출소하고 나서 자신의 첫 번째 연극 〈오이디푸스〉를 상연했는데, 매우 큰 성공을 거두어 하룻밤 사이에 유명인이 되었다.

볼테르는 글로 세상에 이름을 알렸고, 여러 차례 나라에서 추방당하기도 했다. 1726년에 영국으로 강제 망명을 하게 되었는데 이때 로크의 유물주의 경험론과 뉴턴의 만유인력 법칙을 연구했다. 1729년에 프랑스로 돌아와 첫 번째 철학 저서 《철학서간》을 완성하고 1734년에 출판했다. 그러나 이 책은 출판되자마자 바로 판매가 금지되었고, 볼테르는 또 다시 15년 동안 파리를 떠나 살게 되었다. 이 기간에 그는 수많은 저서를 집필했다.

이후 베를린에서 3년간 지내다가 1760년부터 프랑스와 스위스 국경 지역인 페르네에서 생활했다. 그리고 1778년에 다시 프랑스로 돌아왔다. 이렇게 보낸 20년 동안 볼테르는 많은 문학 작품과 철학 저

▶ 1789년 7월 14일 파리 시민들
은 바스티유 감옥을 습격했다.

서를 완성하면서 유럽 각국 인사들과 자주 서신을 교류했다. 이렇게 교제를 나누면서 그는 프랑스의 종교 박해와 사법부의 부패와 부당함에 대해 토로했다.

1778년 초 84세의 고령이 되어 28년 만에 파리로 돌아온 볼테르는 시민들에게 '페르네의 장로'라는 칭송과 열렬한 환영을 받았다. 같은 해 2월에는 파리의 프랑스 극장에서 자신의 연극을 관람하며 최고의 찬사를 받았다.

▲ 볼테르가 상류 사회 모임에서 자신의 시를 낭송하는 모습

그러나 볼테르의 생명의 불씨는 그리 오래지 않아 꺼져버렸다. 그 해 5월 30일 볼테르는 파리에서 영원히 눈을 감았다. 그는 생전에 교권주의에 반대했기 때문에 교회에서 그의 장례를 허락하지 않았다. 프랑스 대혁명이 승리를 거둔 후, 볼테르의 유해는 다시 파리에 있는 프랑스 위인들의 무덤 팡테옹(Pantheon)에 안장되었다.

▼ 사상 계몽이 동반된 프랑스 혁명 속에서 수많은 사람의 역사적 사명감은 한층 더 성숙해져 갔다.

오일러 Euler

오일러는 가장 많은 저서와 논문을 남긴 수학자로 유명하다. 그의 저서를 정리하는 데만 47년이라는 시간이 걸렸다.

▲ 레온하르트 오일러
1707 ~ 1783년

오일러의 정리(Euler's theorem)

다면체에서 그 꼭짓점의 개수를 V, 그 변의 개수를 E, 그 면의 개수를 F라 하면 $V - E + F = 2$인 관계가 성립한다. 이를 '오일러의 정리'라고 한다. 이 정리는 다면체 꼭짓점의 개수, 면의 개수, 변의 개수의 특이한 규칙에 대해 풀이했다.

레온하르트 오일러(Leonhard Euler)는 18세기 스위스의 수학자이자 물리학자이며 세계에서 가장 걸출한 과학자로 손꼽히는 인물로 '해석학의 화신化身'이라고 불린다. 오늘날까지 물리학계와 수많은 공학 영역에서 모두 그의 이론을 응용하여 사용하고 있다.

오일러는 특히 일상적으로 볼 수 있는 물리 현상에 과학 법칙들을 응용하여 논증해내는 데 뛰어났으며, 언제나 수학으로 천문학 문제들을 분석해내고자 했다. 예를 들면 태양, 달, 그리고 지구가 서로 끌어당기면서 어떻게 운동하는지를 고심했는데, 이 문제는 21세기인 지금도 완전히 해결하지 못한 숙제로 남아 있다.

사람들은 오일러가 남긴 수학과 과학적 성과에 대해 감탄해 마지않는다. 그는 평생 저서 총 32권과 독특한 창작성이 돋보이는 논문 70여 편 이상을 발표했다. 오일러의 천재성은 순수학과 응용 수학의 영역을 넘나들었고 그의 과학적 성과는 지금도 광범위하게 운용되고 있다. 상트페테르부르크 대학에서 오일러가 남긴 방대한 양의 저서를 정리하는 데만 장장 47년이라는 시간이 걸렸다.

수학 분야에서 오일러는 미분 방정식과 무한급수, 즉 미적분의 두 가지 영역에 탁월한 공적을 남겼다. 또 현재 사용하는 수학 부호에도 중요한 역할을 했다. 예를 들어 원주율을 그리스 알파벳 π로 표시하는 것은 오일러가 제안한 것이다. 또 그는 수많은 다른 간편한 부호들도 제시했으며 이 수학 부호들은 오늘날에도 여전히 사용되고 있다.

수학과 물리학 교과서에 자주 등장하는 명사와 법칙들은 대부분이 위대한 수학자의 작품이다. 오일러 각, 오일러 상수, 오일러 방정식, 오일러-라그랑주 방정식, 코시-오일러 방정식 등이 그가 제시한 수학 및 물리학의 법칙들이다.

세계 일류 학자였던 오일러는 수많은 저서를 집필했을 뿐만 아니라 과학을 보급하는 데도 열심히 노력했다. 이를 위해 《무한해석 개론(Introduction in Analysis Infinitorum)》, 《미분학 원리(Institutiones Calculi Differontial)》, 《적분한

원리(Institutiones Calculi Integrelis)》와 같이 사람들이 과학을 비교적 쉽게 이해하도록 하는 교과서와 문건들을 발표했다.

후배 수학자들은 오일러가 남긴 업적에 크나큰 찬사를 보냈다. 대수학자 라플라스(Pierre Simon de Laplace)는 "오일러, 그는 우리 모두의 스승이다."라고 말했고, 독일의 수학자 가우스(Karl Friedrich Gauss)는 "그 무엇도 오일러의 연구 성과를 대신할 수 없다."라고 칭송했다.

▲ 〈루이 16세의 사형 집행〉 루소는 프랑스 계몽사상의 선구자이자 계몽 운동의 가장 대표적인 인물이다. 계몽사상의 영향으로 프랑스 혁명이 일어났지만 그때 이미 루소는 세상을 떠난 뒤였다.

▲ 장 자크 루소 1712~1778년

루소 Rousseau

프랑스 18세기 계몽 운동의 대표적인 인물 중 한 사람이다. 그의 수많은 작품은 세상에 널리 알려졌다.

"인생은 자유로운 것이다. 그러나 족쇄는 모든 곳에 있다."

《사회계약론(Du contrat social)》의 시작 부분에 나오는 말이다. 루소는 1762년 이 《사회계약론》을 발표하기 이전에 《인간 불평등 기원론(Discours sur l'origine de l'inegalite parmi les hommes)》을 집필하여 인류가 자연 상태에서 사회 상태로 진화해 나가는 과정을 회고했다. 《사회계약론》에서 루소는 자유와 평등을 인류 최고의 선으로 인식했다. 그리고 인생은 자유롭고 평등한 것이므로 그 누구도 타인

의 천부인권을 빼앗을 수 없으며 인간의 자유와 평등은 사회 계약을 통해 구현된다고 간주했다. 18세기 유럽에서는 봉건 통치 제도가 시행되었는데, 루소의 우렁찬 목소리는 사회가 자산 계급 혁명으로 나아가는 데 위대한 깨달음이 되었다.

장 자크 루소(Jean Jacque Rousseau)는 1712년 스위스 제네바에서 태어났다. 어머니가 그를 낳다가 사망해 루소는 시계공인 아버지와 고모의 손에서 자랐다. 집안 형편이 매우 좋지 않아 남의 심부름을 하고 하인 노릇을 하며 소년기를 보냈다. 오랜 기간 하층민 생활을 경험한 루소는 어린 나이에 벌써 사회 공정에 대해 심층적으로 사고하기 시작했다.

16세 때부터 집을 떠나 혼자서 생활했는데, 남들보다 조숙했던 그는 바랑 남작 부인과 기묘한 관계 속에서 집사 일을 했다. 그녀의 도

▶ 루소가 두 아이를 돌보는 여인에게 꽃을 주는 모습. 유명한 철학자이자 교육자였던 루소는 어린 아이는 모두 천성이 선하고 아름다우며 반드시 부모가 아이의 교육을 책임져야 한다고 생각했다.

움으로 신학 학교에 입학했고, 또 그녀의 영향을 받아 작곡을 공부하면서 기보법(musical notation)[1]을 발명하기도 했다. 심지어 음악 분야의 저서 《현대 음악 이론》을 출간하기도

했지만 판매량은 매우 적었다.

1738년에 루소는 바랑 부인의 곁을 떠나 자립 생활을 시작했다. 가정교사, 서기, 교사 일을 하다가 1745년 디드로(Denis Dideror) 등과 친교를 맺으면서 더욱 찬란하게 사상의 불꽃을 피웠다. 1749년에 루소는 디드로와 달랑베르 등이 진행하던 《백과전서》 간행을 도왔다. 이렇게 당대 유명 인물들과 교제하면서 그는 여론을 분명하게 파악하고 있었다.

파리에서 15년을 지낸 루소는 1756년에 방황 생활을 접고 고향으로 돌아와 조용히 살았다. 이 시기에 루소는 이미 천부적인 글 솜씨와 예술성으로 유명한 작가가 되어 있었다. 6년 동안 은둔 생활을 하면서 소설 형식의 교육론 《에밀(Emille)》, 정치학 저서 《사회계약론》, 자서전체 소설 《신엘로이즈(Nouvelle Heloise)》 등 많은 저서를 집필했다. 그의 저서는 지배적인 전통이나 사상에서 벗어난 관점으로 쓰였지만 그 영향력은 엄청났다. 그러나 이 저서 때문에 루소는 봉건 보수 세력의 박해를 받았다. 최고법원에서 자유를 선양한 《에밀리》를 소각하고 저자인 루소를 감옥에 가두라고 판결해 그는 어쩔 수 없이 스위스, 프로이센, 영국에서 망명 생활을 했고, 혹은 이름을 바꿔 프랑스로 몰래 들어오기도 했다. 《고백론(Les Confessions)》, 《고독한 자의 몽상(Les Reveries du promeneur

사회계약론

《사회계약론》은 루소의 가장 중요한 사상서이다. 그는 이상적 사회란 사람과 사람 사이의 계약을 바탕으로 세워지는 것이지 사람과 정부 간의 계약으로 세워지는 것이 아니라고 생각했다. 자신의 저서에서 "인생은 자유로운 것이다. 그러나 족쇄는 모든 곳에 있다."라는 관점을 피력했고 주로 합법적인 정치 권위의 존재 여부에 대해 탐구했다. 루소는 사회 계약의 확립을 주장하며 사람은 태어나면서부터 얻는 자유를 포기해야만 계약이 주는 자유를 누릴 수 있다고 간주했다.

---

1 음악을 가시적으로 표기하는 방법

solitaire)》, 《산중서신》, 《공민의 감정》 등이 이 시기에 탄생했다.

1770년 루소는 파리로 돌아와 정착했다. 그러나 노년에 접어들면서 몸이 많이 쇠약해지고 경제적으로도 어려움을 겪었고, 결국 1768년 7월 10일 66세로 생을 마감했다. 11년 후 프랑스 대혁명이 일어났을 때, 애석하게도 그의 모습은 찾아볼 수 없었다.

라부아지에 Lavoisier

화학 분야에서 그의 영향력은 물리학 분야의 뉴턴과 견줄 만하
다. 라부아지에는 현대 과학의 기틀을 마련했다.

위대한 프랑스 과학자 앙투안 라부아지에(Antoine-Laurent de
Lavoisier)는 화학 발전 역사상 가장 중요한 인물이다. 1743년 그가
파리에서 태어났을 무렵, 물리와 수학은 화학보다 훨씬 앞서 있었
다. 화학 분야에는 해결해야 할 문제가 산적해 있었지만 아직 체계
적인 과학 학설이 정립되지 않은 상황이었다. 1754～1774년 사이에
몇몇 천재적인 화학자들이 산소, 수소, 질소 및 이산화탄소와 같은
중요 기체들을 분리해냈지만 당시 학계는 '연소 이론'이 지배적이
었기 때문에 당시 화학자들은 발견한 화학 물질의 성질과 가치를 완
전히 이해할 수 없었다.

이 수수께끼를 풀 수 있는 올바른 길을 찾은 인물이 바로 라부아
지에이다. 라부아지에는 연소 이론은 전혀 과학적이지 않으며, 연소
과정은 연소 물질과 산소가 화합하는 과정이라고 지적했다. 또 물은
예전에 알려진 것처럼 단일 물질이 아닌 산소와 수소가 결합해 이루
어진 일종의 화합물이라고 주장했다. 라부아지에의 가설과 그 근거

는 그가 집필한 교과서인《화학 원소
(Elementary Treatise of Chemistry)》에 분명하
게 소개되었고 이는 젊은 화학자들에게 빠르
게 인정받았다.

물과 공기가 화학 원소가 아니라는 사실을
증명한 라부아지에는 자신이 단일 물질이라
고 생각하는 물질들을 표 한 장에 배열했다.
그리고 베르톨레(Claude Loius Berthollet), 푸
르크루아(Antoine Francois Fourcroy), 기통
(Louis Bernard Guyton de Morveau) 등과 협
력하여 새로운 화학 명명법을 제정했다.

또 화학 반응을 통해 '질량보존의 법칙(law
of conservation of mass)'을 최초로 제시했
다. 그러면서 화학 반응에 첨가된 물질의 무
게를 정확하게 재는 것은 매우 중요한 작업인
데 이를 통해 화학을 정확한 과학 영역 안으
로 입문시킬 수 있고, 이후 화학 발전을 가로
막는 장애를 일소할 수 있다고 강조했다.

▲ 실험 중인 라부아지에

라부아지에는 지리학과 생리학 분야에도 업적을 남겼다. 라플라
스(Pierre Simon de Laplace)와 심혈을 기울인 연구 끝에 호흡의 생
리 과정은 기본적으로 장시간에 걸쳐 나타나는 연소 과정이라는 사
실을 증명해냈다. 이러한 발견은 하비의 혈액 순환 발견과 어깨를
나란히 할 만한 중요한 업적이었지만, 라부아지에의 최대 공적은 체
계적으로 화학 이론을 제안하여 화학을 올바른 길로 이끈 것이다.
사람들은 라부아지에에게 기꺼이 '화학의 아버지'라는 명예로운 칭
호를 선사했다.

질량보존의 법칙
질량보존의 법칙은 자연계의 기본
법칙으로 화학 반응이 일어나기 전
과 후에 물질의 모든 질량은 항상
일정하다는 원칙이다. 18세기 프랑
스 화학자 라부아지에는 실험을 통
해 기존의 연소 이론을 뒤집고 이후
하나의 법칙으로 정리했다.

◀ 라부아지에의 화학 실험실

▲ 이 그림은 산업혁명이 발생한 후 면방직 공장의 모습이다. 애 덤 스미스가 살던 시대는 산업 혁명이 이미 시작된 때였고, 이 는 그가 경제를 연구할 수밖에 없는 환경적 배경이 되었다.

애덤 스미스 Adam Smith

애덤 스미스의 저서 《국부론(An Inquiry into the Nature and Causes of the Wealth of Nations)》은 현대 경제학 연구의 출발 점이 되었다.

애덤 스미스(Adam Smith)는 고전 경제학 이론 체계를 창시하여 경제학계에서 독보적인 지위를 차지하며 '경제학의 아버지'라고 칭 송받았다. 그의 가장 중요한 경제학 저서인 《국부론》은 경제학에 지 대한 영향을 미쳤다. 또한 그는 유명한 윤리학자였으며, 그의 윤리 학 저서 《도덕감정론(Theory of moral Sentiments)》은 지금까지도 윤 리학계의 고전으로 그 명성을 이어가고 있다.

1723년 6월 5일 애덤 스미스는 스코틀랜드 커콜디(Kirkcaldy)에서

▲ 애덤 스미스 1723～1790년

세관원 집안의 유복자로 태어났으며, 평생 독신으로 어머니와 함께 지냈다. 어린 시절부터 매우 총명하고 공부하기를 좋아했던 그는 14세에 글래스고 대학(University of Glasgow)에 들어가 라틴어, 그리스어, 수학, 윤리학 등을 공부했다. 1740년에는 우수한 성적으로 옥스퍼드 대학에 입학해 6년 후 학업을 마치고 고향 커콜디로 돌아왔다. 옥스퍼드 대학 재학 시절 방대한 양의 책을 탐독해

훗날 애덤 스미스의 경제학 연구에 든든한 밑바탕이 되었다.

1749~1751년까지 애덤 스미스는 에든버러 대학(University of Edinburgh)에서 교수직을 맡아 처음에는 영문학을 강의하다가 이후 경제학으로 전환했다. 그 후로 10여 년 동안 그는 줄곧 모교인 글래스고 대학에서 교수 생활을 했다. 그곳에서 논리학과 도덕 철학 과목을 강의하면서 동시에 학교 행정 사무일도 맡아서 처리했다. 이 시기에 서서히 경제학 관점이 형성되었고, 애덤 스미스는 마침내 경제적 자유주의 사상을 공개적으로 발표했다. 그의 유명한 윤리학 저서 《도덕감정론》도 이 시기에 완성되었는데, 출판 초기부터 학술계의 폭넓은 관심과 높은 평가를 받았다.

1764년에 애덤 스미스는 교직 생활을 마감하고 유럽 여행을 떠났다. 그리고 이때 수많은 저명한 경제학자들과 친분을 나누면서 자신의 경제 이론을 점차 성숙시켜나갔다. 1768년부터 《국부론》 집필에 착수했고 6년에 걸쳐 그 내용을 기본적으로 완성했다. 그러나 이에 만족하지 못한 애덤 스미스는 다시 3년이라는 시간을 쏟으며 수정 작업에 공을 들였다. 1776년 3월, 드디어 《국부론》이 출판되었고 영국뿐만 아니라 유럽과 아메리카 대륙에서도 뜨거운 반향을 일으켰다. 《국부론》은 고전 자유주의 경제학의 공식적인 탄생을 알렸고 이로써 애덤 스미스는 '현대 경제학의 아버지'라는 칭송을 얻었다.

경제적 자유주의

경제적 자유주의는 정부의 경제 통제를 제한하고 시장이 경제를 조절해야 한다는 주장이다. 경제적 자유주의는 개인의 재산을 인정하고 사회계약론 사상을 지지했으며, 애덤 스미스는 이 경제 자유주의의 대표적 인물이었다.

1778년에는 에든버러에 정착했다. 고된 집필 작업을 계속하면서 건강이 크게 악화되었지만, 그는 여전히 손에서 펜을 놓지 않고 생을 마감하기 얼마 전에 경제학과 철학 저서 두 권을 완성해냈다.

1790년에 건강 상태가 더욱 악화된 애덤 스미스는 아직 완성하지 못한 원고 10여 부를 불태웠다. 그리고 같은 해 7월 17일, 67세를 일기로 세상을 떠났다.

애덤 스미스는 최초로 경제학설을 체계적인 과학으로 정립했다. 경제학에서 다른 어떤 학설도 애덤 스미스의 학설을 대신할 수 없었다. 토머스 맬서스(Thomas Robert Malthus), 데이비드 리카도(David Ricardo) 등과 같은 후세 경제학자들은 모두 애덤 스미스의 학설에 깊이 영향을 받은 인물들이다.

▶ 산업혁명 기간에 탄생한 새로운 발견과 발명품들이 생산 분야에서 응용되었고 이는 경제를 급속도로 발전시켰다.

▲ 1781년 9월 영국군 콘월리스 (Charles Cornwallis) 장군은 8천여 군사와 함께 워싱턴에게 투항했다. 이렇게 해서 워싱턴 은 미국 독립 전쟁 최후의 승자 가 되었다.

워싱턴 Washington

칼은 우리의 자유를 보호해주는 마지막 수단이다. 일단 자유가 확립되면 칼은 우선 다른 한쪽에 치워두어야 한다.

1796년 11월, 두 번째 임기가 끝나자 워싱턴은 유명한 '고별사 (Farewell Address)'를 발표해 더 이상 대통령직을 맡지 않겠다는 뜻 을 밝혔다. 이렇게 해서 미국에서 대통령 종신제는 사라지고 평등한 권력 이양의 시대가 열렸다.

워싱턴(George Washington)은 세상을 떠나기 3년 전에 마운트버 넌(Mount Vernon)으로 돌아갔다. 그리고 1799년 12월 14일 급성인 후결막염으로 생을 마감했다. 그는 살기 위해 발버둥치지도, 죽음을 두려워하지도 않고 아무런 말없이 조용히 눈을 감았다. 미국 국회는 워싱턴에 대해 이렇게 평가했다. "그는 독립 전쟁 시기에도 1인자였 고, 평화의 시대에도 1인자였으며, 미국인의 마음속에서도 언제나 1

▲ 조지 워싱턴 1732 ~ 1799년

183

인자이다. 그는 세상에 둘도 없는 위대한 인물이었다."

18세기 중엽 영국과 북아메리카 식민지 사이에 갈등이 매우 격화되었다. 1774년 9월 제1회 대륙 회의가 개최된 후 영국령 식민지 13곳이 서로 연합하여 영국에 대항하기로 하면서 미국의 독립 전쟁이 시작되었다. 이때 워싱턴은 굳건한 독립주의자로서 드디어 역사의 무대에 올랐다. 1775년 5월 제2회 대륙 회의가 열릴 때, 그는 뛰어난 군사 지휘 능력으로 독립혁명군 총사령관으로 임명되어 독립 전쟁을 총지휘했다.

8년에 걸친 힘들고 어려웠던 미국 독립 전쟁은 독립혁명군의 승리로 막을 내렸다. 1783년에 파리조약(Treaty of Paris)이 조인된 후 영국은 공식으로 미국의 독립을 승인했다. 같은 해 12월, 미국 혁명군을 이끈 워싱턴은 군 통수권을 반환하

▲ 1774년에 북아메리카의 영국령 식민지 13곳이 대륙 회의를 열었다. 이때 조지 워싱턴은 버지니아 주 대표로 참석했다.

고 고향으로 돌아갔다.

그러나 역사는 위대한 인물을 쉽게 놔주지 않았다. 1787년에 워싱턴은 헌법 제정 회의의 의장직을 맡았다. 비록 그는 헌법 제정자가 아니었지만, 그의 지원은 중요한 역할을 했다. 만약 명성이 높았던 워싱턴의 지지가 없었다면 새로운 헌법은 의결되지 못했을 것이다. 그리고 모든 사람의 예상대로 1789년에 열린 미국 초대 대통령 선거에서 워싱턴이 만장일치로 대통령에 당선되었다.

취임 후 워싱턴은 연방 정부 조직, 사법 조례 반포, 최고 법원 설치, 공공 토지 법안 비준, 국가 운영 은행 설립 지원 등의 정치 활동을 하며 미합중국(United States of America) 형성과 발전을 위한 초석을 다졌다. 1793년 워싱턴은 또다시 대통령으로 선출되었고, 두 번째 임기가 끝난 후 3선 대통령으로 추대되었으나 끝내 거절했다. 이는 미국 역대 대통령의 독재 가능성이 원천 봉쇄되었다.

조지 워싱턴은 미국에서 '건국의 아버지'로 불린다. 그러나 사실 그는 대학 교육도 정식으로 받지 않은 사람이었다. 워싱턴은 1732년 2월 버지니아 주에 사는 부유한 지주의 아들로 태어났다. 그러나 당시 다른 부유한 집안의 자식들처럼 영국으로 유학을 가지 않고 고향

미국 헌법

이 헌법은 1787년 9월 17일 필라델피아(Philadelphia)에서 소집된 헌법 제정회의에서 비준되었다. 이 헌법에 따라 미국에는 각기 독립적 주권을 갖춘 여러 주 정부가 형성되었고, 주권체인 각 주가 자신들의 공동 목표를 달성하기 위해 권력 일부를 위임해 인위적으로 설정한 제한된 권력체인 연방 정부가 이들을 통솔했다. 미국 헌법은 세계에서 가장 오래된 성문 헌법이며, 이후 수많은 국가의 성문법 제정에 성공적인 전례가 되었다.

◀〈독립 선언문에 조인하다〉존
트럼블(John Trumbull)의 작품

에서 일반 교육을 받았다. 16세 때 토지 측량관이 되었고, 몇 년 후
프렌치인디언 전쟁(French and Indian War)[1]에 참전해 뛰어난 군사
적 재능을 발휘했다. 1759년에는 이미 자녀가 네 명인 마사와 결혼
했지만 자신의 자식은 얻지 못했다. 미국인들은 그를 영원히 기억하
기 위해 수도 이름을 워싱턴으로 명명했다.

　"그는 완벽한 사람이었다. … 이렇게 자신의 품성과 시운에 기대
어 힘차게 일어선 인물은 그 어느 시대에도 없다. 청사에 길이 이름
을 남긴 영웅이 많지만 최고의 자리는 그의 것이다." 워싱턴의 첫
재임 시절 국무장관을 지낸 토머스 제퍼슨(Thomas Jefferson)은 이
렇게 그를 평가했다.

1　유럽의 7년 전쟁과 관련해 1754~1763년 아메리카 대륙에서 영국과 프랑스가 싸운 전쟁

와트 Watt

증기 기관은 산업 전체에 광범위하게 응용되어 산업의 기계화를 이끌었으며, 진행 중이던 산업혁명에 촉매 역할을 했다.

제임스 와트(James Watt)는 영국의 과학자이며 증기 기관을 개량해 역사에 커다란 영향을 미친 인물 중 한 명이다.

1736년 1월 19일 와트는 스코틀랜드 그리노크 (Greenock)에서 태어났다. 어릴 때부터 병을 자주 앓고 체력이 약해 결국 졸업을 하지 못한 채 학교를 그만두어야 했다. 대신 집에서 요양하는 동안 천문학, 화학, 물리학, 해부학 등 다양한 학문을 탐구하고 라틴어, 그리스어 등 5개 언어를 숙달했다. 또 아버지 일터에서 함께 일하는 기술자들에게 기계 만지는 법을 배워 혼자서 여러 가지 기계

모형을 제작하고 항해에 필요한 각종 측정 기구를 수리하면서 화학과 전기학 실험을 했다. 이 모든 것은 훗날 그의 발명에 초석이 되었다.

창의력이 풍부한 과학 귀재 와트는 액체비중계 등 다양한 발명품을 만들어냈다. 스크루를 이용한 선박을 제의했고 그 밖에도 실용적인 작업 공정을 설계하는 데 노력했다. 와트가 역사에 이름을 남기게 된 가장 큰 업적은 기존에 사용되고 있던 증기 기관을 개량한 것이다. 사람들은 와트가 최초로 실용 가치가 있는 증기 기관을 발명했다고 보았다.

와트는 실린더에서 냉각기를 분리한 증기 기관을 발명해 더 많은 열을 동력으로 바꿀 수 있게 했을 뿐만 아니라 증기 기관의 효율을 4배 높였다. 1781년에 기어를 발명했고, 증기 기관의 용도를 다양화했다. 1788년에는 원심력을 이용해 속도를 제어하는 장치인 원심조속기를 발명했고, 2년 후에는 압력계, 계수기, 지시기, 스로틀밸브(Throttle valve) 및 그 밖의 측정 기구를 발명했다.

▲ 와트의 기념우표

와트가 30년 동안 완성한 증기 기관 개량 작업은 기존 증기 기관의 작업 효율을 크게 제고했고 공장 수공업에서 현대 산업으로 넘어가는 역사의 문을 활짝 열었다.

와트의 증기 기관 개량은 오래된 기계에 새로운 생명을 불어넣었다. 그는 증기 기관을 모든 산업 분야에 적용할 수 있는 기계 동력으로 변화시켰다. 덕분에 증기 기관은 당시 한창 진행되고 있던 산업혁명에 촉매 역할을 했다. 사람들은 이 위대한 발명가를 기념하고자 웨스트민스터 대성당에 그의 조각상을 세웠다. 또 그가 발명한 증기 기관에 대해 이렇게 칭송했다. "증기 기관은 인류를 무장시켰으며 인류의 무력한 두 손에 무한한 힘을 주었다. 증기 기관은 미래의 기적이 창조될 수 있는 밑거름이 되었다."

산업혁명

18세기 중기부터 19세기 중기까지 영국에서 일어난 기술 혁신으로, 기계가 수공 도구를 대신하는 시대가 열렸다. 이 혁명은 증기 기관의 발명으로 대표되며, 낙후된 생산 방식에 의존하던 자작농 계층이 사라졌고 새로운 생산 방식과 또 다른 계층이 그 자리를 대신하게 되었다.

▶ 우연한 발명은 종종 산업과 사회에 거대한 진보를 가져온다.

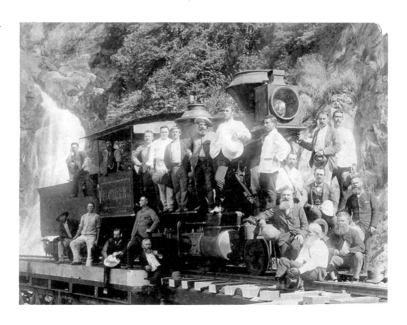

토머스 제퍼슨 Thomas Jefferson

시간을 낭비하지 않는 사람은 시간이 부족하다고 원망하지 않는다.

제퍼슨

토머스 제퍼슨 (Thomas Jefferson) 은 아메리카 합중국의 제3대 대통령이다. 또 미국 독립 선언문의 기초 위원이었으며 미국 건국에 큰 공헌을 한 인물이다. 9년의 임기 동안 1803년에 루이지

독립선언문

'독립선언문'은 1776년 7월 4일 토머스 제퍼슨이 기초하고 영국령 식민지 13곳의 대표가 조인한 최초의 성명이다. 이로써 13개 영국령 식민지가 영국에서 독립했다. '독립선언문'은 모든 사람이 평등하다는 진리를 인정했으며, 이는 미국 건국의 기본 원칙이 되었다.

애나(Louisiana)를 구입하고 1807년에는 노예무역 제재 법안을 승인하는 등 중대한 많은 사건을 처리했다.

정치가로서 제퍼슨은 고전자유주의[1]와 공화주의[2] 원칙을 고수했으며, 버지니아 종교 자유령(Virginian Statute of Religious Liberty)[3]을 제정했다. 그가 창립하고 통솔한 민주공화당은 오늘날 민주당의 전신이며, 25년 동안 미국을 통치했다. 1779~1781년 제퍼슨은 제2대 버지니아 주 주지사를 지냈고, 1797년에 제2대 부통령으로 재임했다.

이후 제퍼슨은 버지니아 대학을 설립하고 스스로 학장에 취임했다.

토머스 제퍼슨은 미국에 민주주의가 뿌리 내리도록 노력했으며 그가 기초한 '독립선언문'과 인권 사상은 전 세계에 영향을 주었다. 미국의 대통령으로서 그는 헌법에서 규정한 공화제와 민주제를 엄

▼ 1773년 12월 16일 보스턴 차 사건(Boston Tea Party)[4]이 발생했다. 영국 정부는 이 사건을 계기로 식민지 탄압을 더욱 강화했으며, 이는 다시 1775년 4월 미국 독립 전쟁이 일어나는 데 직접적인 발단이 되었다.

---

1 정부의 간섭 없이 개인의 자유로운 경제 활동을 보장하는 것이 개인적으로나 사회적으로 부를 증대시킨다는 주장
2 공화 제도를 주장하거나 실현하려는 정치적인 태도
3 인간의 기본권 중 하나인 신교의 자유를 가장 철저하고 완전하게 제도적으로 확립한 미국 최초의 입법
4 1773년 12월 16일 밤 미국 식민지 주민들이 영국 본국으로부터의 차 수입을 저지하기 위해 일으킨 사건

수했으며, 그의 정치적 실천은 미국을 한층 더 안정시켰다. 또 새로운 땅을 개척하여 미국 국토 면적을 더 확장했고 미국 발전에 커다란 역할을 했다. 제퍼슨은 정치가로서 그 시대의 위인이었고, 계몽가로서 민주주의 사상가였다.

◀ 자주 논쟁을 벌이던 각 지역의 대표들은 '독립선언문'에 차례로 신중하게 서명했다.

▲ 종두 19세기 작품

제너 Jenner

"어째서 공허한 추측만 하고 실제로 실험을 하지는 않느냐?" 제너는 스승의 충고를 가슴깊이 새겼다.

에드워드 제너(Edward Jenner)는 영국의 의학자이다. 천연두를 예방하는 조치로 우두 접종술을 발전시키고 널리 보급했다. 당시 천연두(smallpox)는 심각한 전염병으로 유럽, 북아메리카, 인도, 중국 및 전 세계 곳곳에서 발병했으며 이 때

▶ 중세기 유럽의 진료 장면

문에 수많은 어린 아이가 목숨을 잃었다.

제너가 살던 농촌 지역에 우두에 감염되었던 사람은 평생 천연두에 걸리지 않는다는 이야기가 돌았다. "왜 공허한 추측만 하고 실제로 실험을 하지는 않느냐?" 스승의 충고를 가슴깊이 새겨두었던 제너는 지역에 떠도는 이야기에 대해 조사와 연구를 시작했다. 그리고 1796년에 농민들의 말이 사실이라는 것을 증명하고, 직접 검증해보기로 했다.

1796년 5월, 그는 8세 소년의 체내에 우두농을 주입했다. 그리고 예상대로 아이는 우종에 걸렸다. 그러나 매우 빠르게 회복했다. 이후 그 소년에게 다시 천연두농을 접종했으나 아이는 천연두에 걸리지 않았다. 실험은 대성공이었다!

이를 바탕으로 제너는 그 검증 결과를 '우두의 원인과 효과에 관한 연구(An Inquiry into the Causes and Effects of the Variolae Vaccinae)'라는 문건에 기재하고 1798년에 비공식적으로 발표했다. 얼마 후 그의 발견은 인정되어 접종 방법이 신속하게 널리 보급되었고, 제너는 접종에 관한 또 다른 문서 다섯 개를 발표했다. 그리고 사람들이 고통 없이 접종할 수 있도록 오랫동안 이곳저곳을 돌며 분주히 연구하면서 자신의 접종법을 알렸다. 접종법은 신속하게 영국 전역으로 전파되었고 대영제국의 육군과 해군은 대대적으로 제너의 우두 접종을 실시했다. 그의 접종법은 오늘날에도 전 세계에서 상용

▲ 에드워드 제너 1749~1823년

천연두

천연두는 천연두 바이러스에 감염되어 발생하는 악성 전염병으로 수많은 인류의 생명을 앗아간 무서운 질병이었다. 주요 증세는 고열과 구토, 전신에 나타나는 특유한 발진, 구진 등이었다. 천연두는 회복되면서 딱지가 떨어진 자리에 서서히 깊은 흉터가 남았고 사망률이 매우 높았다. 천연두는 1979년에 전 세계적으로 사라진 질병으로 선언되었고, 현재까지 자연적인 발생이 보고된 바는 없다.

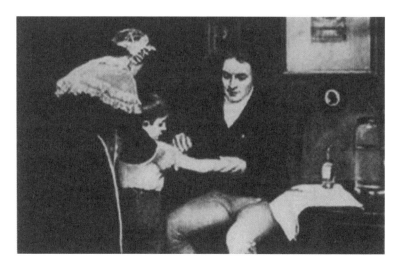

◀ 제너가 세상을 떠난 후 그의 우두 접종법은 일상적인 의료 요법이 되었다.

되고 있다.

접종법의 전파와 함께 널리 제너의 명성도 높아졌고, 수많은 사람
이 그에게 아낌없는 찬사와 존경을 보냈다. 1823년에 그는 73세를
일기로 고향 버클리(Berkeley)에서 눈을 감았다.

제너는 한낱 민간에 떠도는 이야기를 조사하고 실험하여 수많은 사
람의 목숨을 구한 해결책으로 발전시켰다. 비록 그의 종두법은 천연
두를 치료하는 것이 아닌 예방법이었지만, 그는 분명히 동시대 사람
들뿐만 아니라 후세인들에게도 무한한 존경을 받을 만한 인물이다.

◀ 맬서스의 《인구론》에 나오는 삽화

맬서스 Malthus

자유 시장 사상가 루트비히 미제스(Ludwig Mises)는 "맬서스의 인구론은 위대한 사상적 업적이다."라고 격찬했다.

토머스 로버트 맬서스(Thomas Robert Malthus)는 잉글랜드 서리에서 태어났다. 케임브리지 대학 지저스 칼리지에 진학해 1788년에 졸업했고, 영국 국교회의 목사가 된 후 1791년에 석사 학위를 취득했으며, 1793년에 지저스 칼리지의 목사가 되었다. 1798년에는 《인구론(An essay on the Principle of Population)》을 출판했다.

▲ 토머스 로버트 맬서스
1766 ~ 1833년

맬서스의 기본 논제는 인구의 증가 속도가 식량의 공급 속도보다 훨씬 빠르다는 것이었다. 그는 이 책에서 인구 증가는 무한하지만 식량 공급은 유한하므로 자연스럽게 빈곤과 악덕이 발생하며, 장기적인 관점에서 보면 어떠한 기술 발전으로도 이러한 추세를 개선할 수 없다고 지적했다.

인구는 전쟁, 전염병 혹은 기타 재해들로 점차 감소하게 된다. 그러나 이러한 인구 감소에는 가혹한 대가가 따른다. 맬서스는 그 외에 인구 과잉을 피할 수 있는 방법으로 '도덕적 억제'를 제안했다.

인구론

맬서스가 1798년에 발표한 《인구론》은 인구학 원리의 기본 사상을 자세하게 서술했다. 이 책에서 인구는 2, 4, 8, 16, 32, 64, 128 등 기하급수적으로 증가하는데 식량은 1, 2, 3, 4, 5, 6, 7 등 산술급수적으로 증가하므로 인구와 식량 사이의 불균형은 필연적으로 발생할 수밖에 없으며 여기에서 빈곤과 악덕이 초래된다고 설명했다.

그러나 현실주의자였던 그는 한편으로 '도덕적 억제'가 좋은 방법이긴 하지만 대다수 사람이 따를 수 없는 방법이므로 인구 과잉은 절대로 피할 수 없는 현상이라고 주장했다.

또 맬서스는 경제학에서도 중요한 역할을 했다. 그의 영향을 받은 경제학자들은 정상적인 환경에서라면 인구 과잉으로 임금이 생계유지 수준을 크게 웃돌지 못할 것이라고 단정했다. 맬서스와 친분이 있던 영국의 유명한 경제학자 데이비드 리카도와 마르크스(Karl Heinrich Marx)는 그의 영향을 받았고, 진화론을 주장한 찰스 다윈(Charles Robert Darwin)도 마찬가지였다.

맬서스는 인구 과잉이 빈곤을 초래한다는 사상을 자세히 설명하면서 이 문제에 관한 여러 문건을 발표했다. 그의 주장은 당시 지식계에서 큰 관심을 받았고 후대에 이르기까지 여러 분야에 커다란 영향을 미쳤다.

나폴레옹 Napoleon

프랑스 역사에서 천재적 군인
이었던 그는 군대를 이끌고
신화를 창조했다.

1770년에 이탈리아의 코르시
카 섬(Corsica I.)이 프랑스공화
국에 팔렸다. 그 바로 전 해 8월
15일에 그곳에서 태어난 이탈리
아 귀족 나폴레옹 보나파르트
(Napoleon Bonaparte)는 그에
따라 프랑스공화국 귀족이 되었

◀ 〈나폴레옹〉 자크 다비드의 작품

▶ 1797년에 나폴레옹이 이탈리아에서 오스트리아군을 제압했다. 이는 1796년 만토바(Mantova) 점령 이후 거둔 중대한 승리였다.

▼ 나폴레옹 군대는 1800년 오스트리아군과 맞붙은 마렝고(Marengo) 전투에서 승리했다.

다. 아버지의 뜻에 따라 브리엔 유년학교와 파리 육군 사관학교에 입학했고, 졸업하고 나서는 포병 소위로 지방 연대에 부임했다.

나폴레옹이 두각을 나타낸 것은 1793년 툴롱 공략 작전에서 왕당파 반란군을 토벌하는 최초의 무훈을 세우면서부터였다. 그 후 육군 중장 겸 파리 수비 사령관직을 맡는 등 단번에 높은 자리에 올랐다. 1797년에는 이탈리아 군대 총사령관의 신분으로 이탈리아 원정길에 올라 이탈리아 정복을 승리로 이끌었다. 이렇게 해서 나폴레옹은 프랑스공화국의 영웅이 되었고 명성이 하늘을 찌를 듯했다. 그 다음해에 이집트 원정에 파병되어 떠났는데 국내 정세가 불안해져 도중에 돌아왔다. 이후 나폴레옹은 탁월한 전공戰功을 세워 사회 각계각층의 지지를 얻었고, 1799년 11월 쿠데타에 성공하여 정권을 쟁취했다. 또한 신속하게 프랑스공화국을 프랑스 제국으로 바꾸고 나폴레옹 1세로 즉위했다.

나폴레옹의 집정 과정은 끊

1813년 라이프치히 전투에서 나폴레옹은 20만 군대를 이끌고 러시아, 오스트리아, 프러시아, 스웨덴으로 구성된 30만 '대프랑스 동맹' 군과 싸웠다. 이 전쟁의 실패로 나폴레옹은 독일에 대한 지배력을 상실했고 황제 자리에서 물러났다.

임없는 전쟁의 연속이었다. 제2차 대프랑스 동맹(Coalitions against France)[1] 세력이 공격해오자 나폴레옹은 1800년에 이탈리아로 진군하여 예상 밖의 큰 승리를 거두었고, 평화 조약을 체결하여 제2차 대프랑스 동맹을 붕괴시켰다. 1805년에 제3차 대프랑스 동맹이 다시 맺어졌지만 나폴레옹은 군대를 이끌고 거의 몇 시간 만에 적군을 섬멸하며 유럽에서 자신의 지위를 더욱 공고히 했다. 이후 제4차, 제5차 대프랑스 동맹도 성공적으로 해체시켰다.

그러나 나폴레옹은 이베리아 반도(Iberia Pen.) 전쟁과 러시아 원정 등의 치명적인 실수를 저지르기도 했다. 1812년 6월, 그는 50만 대군을 이끌고 러시아로 진격해 손쉽게 모스크바를 점령했다. 모스크바를 점령하기만 하면 러시아가 항복할 것이라고 생각했는데, 예상 외로 러시아는 항전의 뜻을 굽히지 않았다. 러시아에서 겨울을 보낼 준비를 하지 않았던 프랑스군은 결국 퇴각할 수밖에 없었다. 이때를 기다린 러시아군의 공격으로 나폴레옹의 군대는 병사의 수가 10분의 1도 안 되게 줄어드는 대패를 당했다.

한편, 프랑스에서는 대규모 제5차 대프랑스 동맹의 공격이 나폴레옹을 기다리고 있었다. 결국 나폴레옹은 수많은 적군에 대적하지 못하고 라이프치히 전투(Battle of Leipzig)에서 참패했고 1814년 4월

1 프랑스혁명의 파급을 막고 나폴레옹 1세의 대륙 지배에 대항하기 위해 1793~1815년 사이에 5회에 걸쳐 유럽의 여러 나라들이 체결한 군사 동맹

퇴위를 선언했다. 그리고 지중해의 작은 섬인 엘바 섬(Elba I.)에 유배되었다. 이듬해에 프랑스로 달아나 다시 황제에 즉위했지만, 100일 후 워털루 전투(Battle of Waterloo)에서 완전히 패해 대서양 세인트헬레나 섬(Saint Helena I.)에 유배되었고 결국 그곳에서 생을 마감했다.

프랑스 제1제국[2]의 황제 나폴레옹은 서유럽과 중유럽 대부분 영토를 정복했다. 그는 그 누구보다 뛰어난 군인이었다. 비록 나폴레옹이 통치 후기에 감행한 전쟁은 프랑스와 유럽 각국의 국민에게 재난을 초래했지만, 프랑스는 이를 바탕으로 유럽 역사에서 지배적인 위치에 오를 수 있었다.

또한 나폴레옹은 매우 걸출한 정치가였다. 프랑스를 통치할 당시 그는 행정 제도와 법률 제도에 중대한 개혁을 단행했다. 특히 그는 유명한 법전인 《민법전》, 즉 《나폴레옹법전》을 반포했다. 이 법전은 여러 분야에서 프랑스공화국의 혁명 이상을 구현했고 유럽 수많은 국가의 입법에 중대한 영향을 미쳤다.

▶ 프랑스군은 이집트 피라미드 아래에서 이집트 기마병과 격렬한 전투를 벌였다.

2 1804년 건립되어 나폴레옹 1세의 통치를 받으며 1815년까지 존속한 프랑스의 군사 독재 정권

베토벤 Beethoven

고전주의를 집대성한 낭만주의의 선구자. 사람들은 그를 '교향곡의 아버지'라고 불렀다.

▲ 루트비히 반 베토벤
1770~1827년

"나는 내 손으로 목을 졸라 그것이 나를 굴복시키지 못하게 할 것이다." 이 말은 독일의 유명한 음악가 베토벤이 마음속 깊은 곳에서부터 우러나와 한 말이다. 그는 병마와 싸우면서 음악가에게 그 무엇보다 중요한 청력을 서서히 잃어갔다. 하지만 그럼에도 절대로 굴복하지 않고 더욱 완강하게 운명과 맞서 싸웠다. 완전히 귀머거리가 된 후에도 베토벤은 세상의 환호와 박수소리가 멈추지 않는 위대한 교향곡을 작곡했다.

1770년 12월 16일 루트비히 반 베토벤(Ludwig van Beethoven)은 독일 본(Bonn)의 음악 명문가에서 태어났다. 할아버지는 사람들에게 존경받는 궁정 악단의 악장이었고 아버지는 궁정 가수였다. 베토벤은 아주 어린 시절부터 피아노에 천부적인 재능을 보였다. 그래서 아버지는 베토벤을 모차르트와 같은 신동으로 키우려 4세 때부터 그에게 피아노를 가르쳤고, 8세 때는 생애 최초의 음악회를 열어주었다. 그러나 안타깝게도 사람들은 어린 베토벤에게 별다른 관심을 보이지 않았다. 11세가 되던 해 베토벤은 첫 번째 피아노 변주곡을 발표했고 2년 후 궁정 악단의 오르간 연주자가 되었다.

17세가 된 베토벤은 유럽의 음악 도시 빈(Wien)에서 모차르트를 만났다. 그가 즉석에서 피아노곡을 연주하자 모차르트는 감동해서 "훗날 베토벤의 이름은 전 세계에 널리 알려질 것이다."라고 말했다고 한다. 22세 때 베토벤은 빈에서 음악을 공부했다. 하이든(Franz Joseph Haydn), 알베르히트베르거(John Albert Heat Berger), 살리에리(Antonio Salieri) 등에게서 음악에 관련된 여러 가지 지식을 배웠

▶ 19세기 판화 작품으로, 베토벤이 4중주 악단의 연주를 지휘하는 모습이다.

다. 베토벤은 매우 빠르게 성장했고, 뛰어난 음악적 재능을 바탕으로 빈의 상류 사회에 진입해 본격적인 창작 활동을 시작했다.

　1795년 25세가 된 베토벤은 빈에서 성인이 된 후 첫 번째 공연을 열었다. 이 공연이 크게 성공을 거두어 그의 이름은 널리 알려졌다. 이후 5년 동안 베토벤은 피아노 소나타 11곡, 피아노 협주곡 3곡을 작곡했고, 그중에서도 〈피아노 소나타 8번 '비창'〉이 가장 유명했다. 그런데 베토벤은 1798년부터 점차 청력이 약해졌다. 그의 작품 일부는 이러한 병마와 싸우면서 완성되었다.

　1802년 들어서는 건강과 정신 상태가 모두 쇠약해졌고, 귓병과 실연의 상처로 베토벤은 자살을 생각했다. 심지어 유언을 남기기도 해 '하일리겐슈타트(Heiligenstadt)의 유서'로 전해진다. 1년 후 베토벤은 결국 거의 듣지 못하게 되었고, 그럼에도 그해에 〈교향곡 2번

◀ 베토벤이 말년에 사용하던 서재의 모습

세계 각지의 뛰어난 음악가들은 모두 '음악의 도시' 빈으로 모여들었다. 18~19세기 빈에서 활발하게 활동했던 음악가들은 빈 역사의 자랑이다. 그중에는 '교향곡의 아버지' 하이든, '음악 천재' 모차르트, '악성(성인이라고 부를 정도로 뛰어난 음악가)' 베토벤은 고전주의를 대표하는 3대 인물이다. 이들은 모두 음악사에서 중요한 위치를 차지하며, '빈의 3대 음악가'로도 불린다.

라장조 작품 번호 36〉을 완성했다.

1804~1814년은 베토벤의 창작 활동에서 최고 절정기였다. 이 시기에 〈피아노 소나타 23번 '열정'〉, 〈교향곡 3번 내림 마장조 '영웅' 작품 번호 55〉, 〈교향곡 5번 다단조 '운명' 작품 번호 67〉, 〈교향곡 6번 바장조 '전원' 작품 번호 68〉, 〈교향곡 7번 가장조 작품 번호 92〉 및 일련의 피아노 소나타곡을 작곡했다.

1815년부터는 완전히 귀가 들리지 않아 필담을 통해야만 다른 사람들과 의사소통을 할 수 있었다. 그는 남은 일생을 빈곤과 실연, 고독, 멸시, 청력 상실과 같은 잔인한 운명과 싸워야 했다. 그러나 베토벤은 최후의 승리자였다. 1824년 운명과의 싸움에서 이긴 베토벤은 자신의 이상을 담은 위대한 작품 〈교향곡 9번 라장조 '합창' 작품 번호 125〉를 완성했다.

1827년 3월 26일, 평생 독신으로 산 베토벤은 57년의 인생 여정을 접고 성 마르크스 묘지에 묻혔다. 사람들은 빈 고전주의를 집대성한 베토벤, 하이든, 모차르트를 '빈의 3대 음악가'로 평가한다.

▶ 18세기 말 빈 시민들은 그라벤 (Graben) 거리에서 마차를 타고 산보를 즐기며 친구들과 한담을 나누었다. 그라벤 거리 양쪽에는 우아한 상점들이 즐비하고, 거리 한가운데에는 화려한 분수대가 설치되어 있었다. 1782년에 베토벤이 빈에 왔을 때 이 도시의 인구는 그의 고향 본보다 20배나 많았다.

▲ 뢴트겐이 피츠버그 대학에서 X
선 연구 성과에 대해 설명하는
모습

뢴트겐 Röntgen

그가 발견한 X선을 비추면 뼈의 골격이 그림자 속에서 빠져나
와 스크린 위에 선명하게 드러났다.

빌헬름 뢴트겐(Wilhelm Conrad Röntgen)은 독일의 유명한 물리학
자로, 1901년에 최초로 노벨물리학상을 받았다.

독일 레네프의 직물 판매상 가정에서 태어났고, 3세 때 온 가족이
네덜란드 아펠도른(Apeldoorn)으로 이주했다. 1869년에 취리히 대
학에서 물리학 박사 학위를 받았다. 1870년에 독일로 돌아온 뢴트겐
은 뷔르츠부르크 대학(University of Wurzburg)과 스트라스부르 대학
(University of Srtasbourg)에서 강의하며 차츰 저명한 과학자로서 명
성을 얻었다.

1895년 11월 8일 뢴트겐은 뷔르츠부르크 대학에서 음극선
(cathode ray) 실험을 진행했다. 그러다 크룩스관(Crookes tube) 근

X선

파장이 자외선과 Y선 사이에 있는
전자기파이다. 독일의 물리학자 빌
헬름 뢴트겐이 1895년에 최초로 발
견하여 '뢴트겐선'으로 부르기도 한
다. X선은 투과력이 아주 강력해 의
학에서는 투시 검사에, 공업에서는
금속 내부의 결함 검사에 종종 사용
된다. 그러나 인체가 X선에 장기간
노출되면 건강을 해칠 위험이 있다.

205

▶ 빌헬름 뢴트겐 1845 ~ 1923년

처에 있던 사이안화백금바륨을 칠한 널빤지가 형광을 내는 사실을 관찰했다. 확인해 보니 그것은 아직 세상에 알려지지 않은 새로운 복사선이었다. 뢴트겐은 이것을 이용하여 사람의 손을 촬영했는데 사진에 손의 전체 골격 구조가 선명하게 나타났다. 이를 바탕으로 1895년, 1896년, 1897년에 걸쳐 새로운 복사선 발견에 관한 논문 세 편과 X선을 비추어 찍은 사람의 손 사진을 연이어 발표했고, 이는 물리학계에 거대한 반향을 일으켰다. 의학상으로 응용된 X선은 그에게 엄청난 명예를 가져다주었고, 뷔르츠부르크 대학에서 그에게 명예 의학 박사 학위를 수여했다.

뢴트겐의 연구는 매우 철저해 그의 학술 논문에서는 지금까지도 오류가 발견되지 않고 있다.

▲ 1822년 7월 26일 산마르틴
(Jose de San Martin)과 볼리
바르가 과야킬(Guayaquil)에서
회담했다.

볼리바르 Bolivar

볼리바르의 통솔 아래 남아메리카 6개 국가가 에스파냐의 식민
통치에서 해방되었다.

볼리바르는 1830년 12월 베네수엘라, 페루, 콜롬비아, 에콰도르,
볼리비아를 에스파냐의 식민 통치에서 해방시킨 남아메리카의 독립
운동 지도자이다. '남미의 워싱턴'으로도 불리는 시몬 볼리바르는
가난과 질병으로 고통스러워하다가 콜롬비아에서 생애를 마쳤다.

그는 1783년 베네수엘라의 에스파냐 혈통 집안에서 태어났다. 10
세쯤 되었을 때 부모가 모두 세상을 떠나 고아가 되었지만 귀족이었
던 그는 특권을 누리며 다양한 교육을 받았다. 1799년에 에스파냐로

▲ 시몬 볼리바르 1783 ~ 1830년

207

▲ 볼리바르의 조각상

▶ 볼리바르의 초상화

가서 공부를 했고, 그곳에서 프랑스 계몽사상의 영향을 받아 루소, 볼테르, 몽테스키외 등이 집필한 저서를 탐독했다. 1804년에 에스파냐 귀족인 부인과 함께 고향 베네수엘라로 돌아왔는데, 유감스럽게도 부인은 1년 후 병으로 세상을 떠났다. 그래서 볼리바르는 혼자 이탈리아와 프랑스 등 유럽 국가를 여행하기 시작했다.

1811년에 베네수엘라가 에스파냐의 지배에서 독립했다. 그러나 몇 년 후 세력을 회복한 에스파냐가 다시 베네수엘라를 침공했고, 볼리바르는 혁명가로서 군대를 이끌고 독립 전쟁에 참전해 1819년에 결정적인 승리를 거두었다. 그는 먼저 콜롬비아에 주둔해 있던 에스파냐군을 토벌하고 뒤이어 1821년과 1822년에 베네수엘라와 에콰도르를, 그리고 1825년까지 페루와 볼리비아를 성공적으로 해방시켰다.

볼리바르의 이상은 남아메리카연방공화국을 건국하는 것이었지만, 그는 일단 베네수엘라, 콜롬비아, 그리고 에콰도르 3개국을 합하여 대콜롬비아공화국을 수립하고 대통령직에 올랐다. 그런데 전투에서 잇달아 승리를 거두면서 각국의 대립과 이해관계가 얽혀 독립혁명군 내부의 갈등이 격화되었다. 그러던 1826년 볼리바르가 개최한 파나마 회의(Congress of Panama)는 4개 국가만 참여하여 별다른 성과를 거두지 못했고, 몇 년 후 베네수엘라와 에콰도르가 대콜롬비아공화국에서 독립했다.

볼리바르는 포부가 원대한 사람이었다. 때때로 손 안의 권력을 이용해 독단적으로 일을 처리하기도 했지만, 민족적 대의 앞에서는 언제나 민주의 이익과 민주적 이상을 최우선으로 했다. 또 그 어떤 명성보다 '해방자'라는 칭호를 자랑스럽게 여겼다. 1830년에 그는 자신이 공화국의 앞날에 걸림돌이 된다고 판단되자 망설임 없이 대통령 자리에서 물러났다.

남아메리카 독립 전쟁

1810 ~ 1826년, 남아메리카의 에스파냐 식민지 국가들은 에스파냐의 지배에서 벗어나기 위한 해방 전쟁을 전개했다. 16 ~ 18세기에 걸쳐 일어난 자본주의 생산 관계의 발전은 민족의 자립을 각성시켰고, 이는 대對에스파냐 전쟁으로 이어졌다. 전쟁에서 승리하고 독립을 선언한 대다수 국가는 노예제를 폐지하고 공화제를 확립했다.

볼리바르는 비록 남아메리카 대륙을 해방시켰지만 단 한 번도 정식 군사 훈련을 받아본 적이 없었다. 그래서 비록 전략 전술상으로는 그다지 뛰어난 재능을 보이지 못했지만, 역경 속에서 빛나는 불굴의 의지와 강한 정신력은 그의 부족한 부분을 채워주었다.

　사람들은 종종 볼리바르를 '남아메리카의 워싱턴'이라고 부른다. 정규 군인이 아니었던 볼리바르와 마찬가지로 그의 군사들 역시 특별한 훈련을 받은 경험이 없었다. 게다가 자금도 부족했고 인원도 1만 명이 채 되지 않았다. 이러한 그들에게 가장 필요한 것은 어떤 상황에서도 사기를 북돋아주는 지도자였다. 볼리바르는 그 역할을 빈틈없이 해냈다. 그리고 살아 있는 동안 자신이 소유했던 노예들을 해방시켰다. 그러나 다른 나라에서 노예 제도를 폐지하는 데는 실패했다.

　그가 해방시킨 영토가 미국 최초의 영토보다 훨씬 광활했음에도, 시몬 볼리바르가 역사에 미친 영향은 워싱턴에 미치지 못한다. 볼리바르는 통치 기간이 짧아 군사적 영향력이 제한되었고 그가 해방시킨 국가들이 세상에 공헌한 업적이 미국과 비교할 수 없기 때문이다. 그러나 볼리바르가 남아메리카 국가들에 자유를 안겨주었다는 점은 결코 부인할 수 없다.

◀ 〈테니스 코트의 서약(The Oath of the Tennis Court)〉 자크 루이 다비드의 작품. 전제주의와 식민 통치에 대한 반대, 그리고 산업혁명과 민족 독립 운동의 발발은 18~19세기 중엽 역사의 중요한 부분이다.

▲ 수차례 실험 끝에 패러데이는 마침내 전자기 유도 현상의 신비한 베일을 벗겼다. 이것을 기초로 패러데이는 그 유명한 전자기 유도 법칙을 확립했고 이를 바탕으로 전자기학 이론의 급격한 발전을 일궈냈다. 또한 전기 공학 기술, 무선 전기 기술을 발전시키면서 광범위한 응용분야를 개척했다. 이와 같이 패러데이는 과학사와 기술사상 매우 획기적인 발견을 해냈다.

패러데이 Faraday

패러데이는 세계를 변화시킬 만큼 위대한 발견과 연구를 끊임없이 해냈다. 아인슈타인은 그를 물리학 발전사상 가장 영향력 있는 과학자라고 칭송했다.

마이클 패러데이(Michael Faraday)는 영국의 유명한 물리학자이자 화학자로, 1791년 9월 22일 영국 남부 서리 카운티 뉴잉턴(Newington)의 빈민가에서 한 대장장이의 아들로 태어났다.

가난의 고통은 공부에 대한 이 천재 소년의 열정을 결코 막지 못했다. 소년 패러데이는 어려운 집안 사정으로 학업을 중도에 그만두고 생활고를 짊어져야 했지만 스스로 과학 탐구의 길을 개척해나가기 시작했다. 일을 하면서 꾸준히 공부를 이어나갔고, 여가시간을 이용해 틈틈이 철학 연구회 활동에 참여하고 자연철학 강연을 들으면서 자연철학에 관한 기초 지식을 다졌다. 패러데이는 과학 연구를 매우 좋아했는데, 어느 날 영국 과학자 험프리 데이비(Humphry Davy)의 눈에 들어 그의 추천으로 1813년 3월부터 왕립 연구소에서 실험실 조수로 일하게 되었다. 이렇게 본격적으로 과학의 전당에 발을 들인 패러데이는 평생을 과학 발전에 헌신했다.

▲ 마이클 패러데이 1791~1867년

이 기간에 패러데이는 소중한 배움의 기회를 절대로 놓치지 않았다. 그는 데이비가 각지에서 학술 강연한 내용들을 모두 기록하고 공부하면서 풍부한 과학적 지식을 쌓고 유명한 과학자들과도 교류했다. 1815년 5월, 왕립 연구소로 돌아온 패러데이는 데이비의 지도를 받으면서 독자적인 연구를 진행해 중요한 화학적 연구 성과를 몇 가지 거두었다. 또 1818년부터 J. 스토더트(J. Stoddart)와 합작으로 특수강을 연구해 최초로 금속 조직 분석 방법을 고안해냈고 1820년에는 치환 반응을 이용해 육염화에탄(C_2Cl_6)과 사염화에틸렌(Cl_2C)을 제조하기에 이르렀다. 그리고 3년 후에는 염소 가스와 기타 기체의 액화 방법을 발견했다. 1825년 5월 패러데이는 데이비를 대신하여 왕립 연구소의 주임을 맡았으며, 그해에 벤젠을 발견했다.

1831년 7월, 패러데이는 수차례 실패를 겪은 끝에 마침내 자기를 전기로 전환하는 실험에 성공하여 비로소 전자기 유도 현상의 신비한 베일을 벗길 수 있었다. 그리고 이 성과를 기초로 하여 마침내 그 유명한 전자기 유도 법칙을 완성했다. 전자기 유도 현상의 발견과 전

◀ 패러데이가 청중에게 전자기 유도 현상을 자세히 설명하는 모습

자기 유도 법칙의 확립은 전자기학 발전사상 가장 중요한 성과였다. 전자기 유도 현상과 그 법칙으로 전자기 운동의 본질에 대한 인류의 지식은 더욱 풍성해졌고, 전자기학 이론은 급격한 발전을 이루었으며, 전기 공학 기술과 무선 전기 기술의 광범위한 응용 분야를 개척하게 되었다. 이는 과학사와 기술사상 매우 획기적인 사건이었다.

전기 분해의 첫 번째 법칙과 두 번째 법칙의 완성은 패러데이가 전기 화학 영역에서 거둔 이정표와도 같은 성과였다. 훗날 사람들은 이 두 가지 법칙을 합쳐서 '패러데이 전기 분해 법칙'이라고 불렀고, 이 법칙은 전기화학의 기초를 이루었다. 전기 분해 법칙의 확립은 근대 전자론의 확립에 매우 중요한 실험적 근거를 제공했으며, 이는 인류가 물질 구조를 인식하는 데 교두보 역할을 했다.

패러데이는 외모도 준수하고 재능이 출중했지만 언제나 겸손함을 잃지 않고 개인의 명예와 이익에 큰 욕심을 내지 않았다. 또 아름다운 부인과 행복한 결혼생활을 꾸려나갔지만, 안타깝게도 이들 부부에게는 자식이 없었다. 그는 기사 작위를 완곡히 거절했으며 영국 왕립 학회의 학장 자리도 마다했다. 그리고 1867년, 영국의 햄프턴(Hampton)에서 생을 마감했다.

다윈 Darwin

진화론을 주장한 다윈은 완전한 과학적 방법을 통해 새로운 학문 분야인 생물학을 창시했다.

1859년 11월 24일의 평화롭던 오후, 영국 런던은 어떤 책 한 권으로 광풍과도 같은 혼란에 휩싸였다. 그 책은 영국의 위대한 생물학자이며 진화론 학설을 주장한 찰스 로버트 다윈(Charles Robert Darwin)의 《종의 기원(On the Origin of Species by Means of Natural Selection or the Preservation of Favoured Race in the Struggle for Life)》이었다. 다윈은 완전히 새로운 생물 진화 사상으로 '창조론'과 '종의 불변' 이론을 뒤집고 최초로 완전한 과학적 바탕 위에 생물학을 정립했다.

1809년 2월 12일, 다윈은 영국의 한 의사 집안에서 태어났다. 아버지는 다윈 역시 의사가 되어 가문의 명예를 이어나가길 바랐지만, 다윈은 의사라는 직업에 별다른 관심을 두지 않았다. 그는 어렸을

▲ 찰스 로버트 다윈
1809～1882년

▶ 다윈의 모습

때부터 대자연을 좋아했고 무언가 수집하는 일을 매우 즐겼다. 다윈은 "나는 어릴 때부터 줄곧 박물학자가 되고 싶었다."라고 이야기했다. 1825년에 16세가 된 다윈은 에든버러 대학에 입학해 의학을 공부했지만 대부분 시간을 자연과학 분야를 연구하는 데 쏟았다. 이후 영국 케임브리지 대학으로 전학해 신학 공부를 시작했고 1831년에 학업을 끝마쳤다.

1831년 8월 다윈은 자연과학자 신분으로 영국 해군 측량선 비글 호에 승선해 전 세계를 돌며 탐사를 시작했다. 이것은 다윈의 일생에서 매우 중대한 역할을 했다. 5년 후 원양 항해에서 돌아와 약 10년에 걸쳐 종의 변천에 관한 글을 정리했고 이후 저서 《비글 호 항해기(Journal of the Voyage of the Beagle) – 동물학》과 《비글 호 항해기 – 지질학》을 집필했다.

1844년에 다윈은 《자연 선택에 의한 종의 기운에 관하여》를 완성했고, 이는 그 후에 출판된 《종의 기원》에 주요한 이론의 틀이 되었다. 1859년, 다윈은 힘든 역경에도 굴하지 않고 끊임없이 노력하여 마침내 《종의 기원》을 완성했다. 생물학 역사상 한 획을 그은 대작이 런던에서 세상 빛을 본 순간이었다. 이후 다윈은 《사육 동물과 배양 식물의 변이(The Variation in Animals and Plants under Domestication)》, 《인류 유래와 성 선택(The Descent of Man and Selection in Relation to Sex)》 등의 저서를 잇달아 출간했다.

1882년 4월 19일에 다윈은 생을 마감했고, 웨스트민스터 대성당에 누워 있는 뉴턴과 존 허셸(John Herschel)의 옆에 묻혔다. 다윈은

일생을 과학 사업에 투신했고 그의 저서 《종의 기원》은 생물학에 위대한 혁명을 일으켰다. 마르크스의 다음 이야기처럼 말이다. "다윈의 《종의 기원》은 매우 의미 있는 책이다. 이 책은 역사적 계급투쟁에 대한 자연 과학적 증거로 간주할 만하다."

▶ 마르크스와 엥겔스가 함께 찍은 사진

이것은 모두를 위한 헌신이며 우리가 느꼈던 모든 것은 가련함도, 유한한 것도, 개인적인 즐거움도 아니었다. 우리의 행복은 수천 수백만 인간의 것이며, 우리의 사업은 묵묵히, 그러나 영원히 존재할 것이다. 우리의 유골을 대면할 때 고상한 이들은 뜨거운 눈물을 흘리리라.
– 카를 마르크스

마르크스 Marx

그는 마르크스주의의 창시자이며 국제 공산주의 운동을 시작하고 전개했다. 또 엥겔스와 함께 《공산당 선언(Manifest der Kommunistischen Partei)》을 공동 명의로 집필했다.

1883년 3월 14일 위대한 이의 심장박동이 마침내 멈추고, 그의 유해는 런던의 하이게이트 공동묘지(Highgate Cemetery)에 안장되었다. 그는 과학사회주의를 창시하고 평생 극단적인 빈곤과 정치 압박에 대항한 사상가였다. 그가 남긴 풍성하고 심오한 사상은 후대 역사에 지대한 영향을 미쳤다.

카를 마르크스(Karl Heinrich Marx)는 독일 라인란트(Rheinland) 지방의 트리어(Trier)에서 태어났다. 마르크스는 유대인으로 아버지는 변호사였고 어머니는 네덜란드 귀족 출신의 현명한 부인이었다. 마르크스는 어린 시절부터 라틴어, 그리스어, 프랑스어, 영어, 이

▲ 카를 마르크스 1818~1883년

탈리아어를 열심히 공부하고 혼자 사색하기를 좋아했다. 1835년 10월 본 대학(University of Bonn)에 입학해 법학을 배웠고, 1년 후에는 베를린 대학에서 법률을 공부했다. 대학에서 그는 법학 외에도 역사, 철학, 그리고 예술 이론을 연구했다. 그리고 1837년부터 헤겔 철학을 진지하게 탐독하기 시작했고 1841년 대학 생활을 마치면서 철학 박사 학위를 받았다.

1842년 마르크스는 언론계에 투신했다. 같은 해 5월 자유주의 반대파가 창간한 〈라인 신문〉에 기고하기 시작해 10월에는 신문사 편집장이 되었다. 그러나 〈라인 신문〉은 급진적인 정치 관점 때문에 당국의 조사를 받고 결국 폐간되었다. 마르크스는 어린 시절의 여자친구 예니와 결혼하고 그 다음해에 파리로 건너가 고전 경제학자 애덤 스미스, 데이비드 리카도의 노동 가치 이론을 심도 있게 연구했다. 또 생시몽(Comte de Saint Simon), 오언(Robert Owen) 등 공상 사회주의 사상가들을 연구하며 훗날 과학사회주의 학설을 형성하는 데 이론적 초석을 다졌다.

▲ 마르크스와 엥겔스의 동상. 두 사람은 깊은 우정을 쌓았고 40여 년간 서로 협력했다.

그리고 1844년 그의 인생에 중요한 역할을 한 협력자 프리드리히 엥겔스(Friedrich Engels)가 등장했다. 두 사람은 깊은 우정을 나누며

◀ 파리 코뮌에 참여한 민중은 바리게이트를 설치했다. 파리 코뮌은 후세에 커다란 영향을 준 민중 봉기로 역사에 기록되었다.

▶ 마르크스는 이렇게 말했다. "노동자의 파리 코뮌은 새로운 사회의 선구자로 사람들에게 영원히 존경받을 것이며, 파리 코뮌의 영웅들은 노동자 계급의 위대한 마음속에 각인되었다."

친밀한 관계를 유지했다.

1845년 1월 마르크스는 프랑스 정부의 추방 명령으로 어쩔 수 없이 브뤼셀로 떠나게 되었다. 브뤼셀에서 그는 《포이어바흐에 관한 테제(Thesen ber Feuerbach)》, 《독일 이데올로기》, 《철학의 빈곤》과 같은 저서를 발표하고 실천이야말로 인간 사고의 진실성을 검증하는 기준이라고 지적하면서 최초로 유물주의 역사관을 체계적으로 해석했다. 1848년 마르크스와 엥겔스는 공동으로 《공산당 선언》을

▶ 마르크스와 그의 부인 예니 (Jenny Marx)

집필했다. 이 선언문의 영향력은 실로 막대했다. 이 일로 마르크스는 브뤼셀에서도 추방당했고 독일의 쾰른, 프랑스 파리, 영국 런던에서도 잇달아 그에게 추방 명령이 내려졌다.

마르크스의 영향력은 그의 저서에만 국한되지 않았다. 그는 각종 활동과 노동자 조직에도 적극 가담해 과학사회주의 이론을 전파했다.

▲ 이 사진은 파리 코뮌 민중 봉기를 진압하는 정부군의 모습이다. 봉기의 실패는 예견된 것이었지만 이때부터 〈공산주의 혁명가(L'internationale)〉가 전 세계에 울려 퍼졌다.

1847년 6월 '공산주의자 연맹'의 브뤼셀 지구 지부장에 당선되었고 1848년에는 엥겔스와 함께 독일로 돌아와 자산 계급 혁명에 참여했다. 1864년 9월 28일 국제노동자협회(International Working Men's Association), 즉 제1인터내셔널이 창설되자 그는 이에 참여하여 독일 담당 통신 서기직을 맡았다. 그러던 1871년 3월 18일에 파리에서 무산 계급이 봉기하자 마르크스는 수백 통에 달하는 편지를 써서 파리 코뮌(Commune de Paris)의 가치를 널리 알렸다. 그러나 파리 코뮌이 결국 실패하여 그는 또다시 파리를 떠나 망명 생활을 하게 되었다.

마르크스는 저서를 집필하여 받는 원고료 외에 다른 경제 수단이 없었다. 신문사에서는 그를 받아주지 않았고, 생활고는 매일같이 마르크스를 짓눌렀다. 그러나 엥겔스라는 든든한 지원군을 만나 그는 1867년에 일생의 대작 《자본론(Das kapital)》 제1권을 완성할 수 있었다. 그리고 미완성인 채로 남은 제2권과 제3권은 엥겔스가 마르크스 사후에 그의 원고를 기초로 완성하여 출판했다.

마르크스의 연이은 집필 활동은 당시 정치에 영향을 미쳤을 뿐만 아니라 이후 국제 형세에도 중요한 작용을 했다. 마르크스 생전에는

마르크스주의

마르크스주의는 마르크스와 엥겔스의 철학, 사회 이론, 사회 정치에 관한 학설이다. 구체적으로 과학 세계관, 사회 역사 발전 학설, 무산 계급 혁명 이론 및 사회주의와 공산주의 건설 이론이 내재되어 있는 과학 이론 체계, 노동자 계급 정당 이론의 기초와 지도 사상을 담고 있다. 이로써 마르크스는 전 세계 무산 계급과 노동자의 위대한 지도자가 되었다.

▲ 무산 계급의 시위 모습
부의 배분과 축적의 문제는 오늘날 세계 각국에 모두 해당되는 해결하기 어려운 오래된 문제이다.

사회주의 국가가 존재하지 않았다. 그러나 그가 세상을 떠나고 나서 일련의 노동자 정권이 탄생했다. 그의 사상은 레닌, 스탈린, 마오쩌둥과 같은 인물에게 직접적인 영향을 주었다.

미국의 작가 마이클 하트(Michael Hart)는 자신의 저서에서 이렇게 언급했다. "마르크스가 세상을 떠난 지 1세기 동안 마르크스주의를 신봉하는 사람들은 10억 명을 훌쩍 넘었다. 세계 역사상 그 어떤 철학가도 마르크스와 같은 영향력을 누리지 못했다."

벨 Bell

나는 운명이 내 손 안에 있고, 거대한 성공이 이제 막 도래할 것임을 알고 있다.

벨

전화를 발명한 알렉산더 그레이엄 벨(Alexander Graham Bell)은 스코틀랜드의 에든버러에서 태어났다. 어린 시절부터 음향학과 언어학에 큰 관심을 보였고, 대학에서 전공하고 훗날 연구한 성과 역시 모두 음향학과 관련된 것이다.

1871년 4월 벨은 미국 보스턴에서 농아들에게 '볼 수 있는 언어'에 대해 강의했고, 2년 후 보스턴 대학 음성생리학 교수가 되었다. 그리고 몇 년 후 미국 국적을 취득했다. 1874년에 벨은 전화의 작동 원리인 가변저항 이론을 연구하여 이듬해 세계 최초로 음성 전달 기계, 즉 자석식 전화기(magneto telephone)[1]를 성공적으로 제작해 특허를 받았다. 그리고 1876년 3월 드디어 전화기가 세상에 나왔다. 2

▲ 알렉산더 그레이엄 벨
1847∼1922년

---

1 송수화기용 전지와 호출 신호용의 수동 발전기를 갖춘 전화기

▲ 초기의 전화 설치

벨연구소

벨연구소는 1925년에 건립되어 크리스털 관, 레이저, 태양 전지, 통신 위성 등으로 특허 25,000여 개를 취득했다. 벨연구소의 작업은 기초 연구, 시스템 공정, 그리고 응용 개발의 세 단계로 진행된다.

년 후 그는 벨전화회사를 정식으로 설립했고, 이는 훗날 세계 최대 규모의 통신 회사인 미국전신전화회사(AT&T)로 발전했다. 이후 광선을 이용한 음성 전달 실험에 성공하자 벨은 셀렌 결정체와 얇은 거울을 이용한 '광음기'를 시험 제작했다.

그는 평생 총 18개의 개인 특허를 취득했다. 그 가운데 12개는 다른 사람과 공동으로 낸 특허였고 전화, 전신 분야와 관련된 것이 14개였다.

벨이 전화를 발명한 이래 사회에는 거대한 변화의 물결이 일어났고 통신 혁명은 이러한 변화에 촉매 역할을 했다. 1950년대 말 소련은 최초의 인공위성을 발사하여 통신 분야의 새로운 영역을 개척했다. 뒤이어 미국도 첫 번째 인공위성을 발사했고 1964년에 위성 실황을 통해 전 세계에 올림픽을 중계 방송했다. 1990년대에는 인터넷 시대로 접어들면서 전신, 정보 기술, 방송과 대중매체가 하나로 융합되었다.

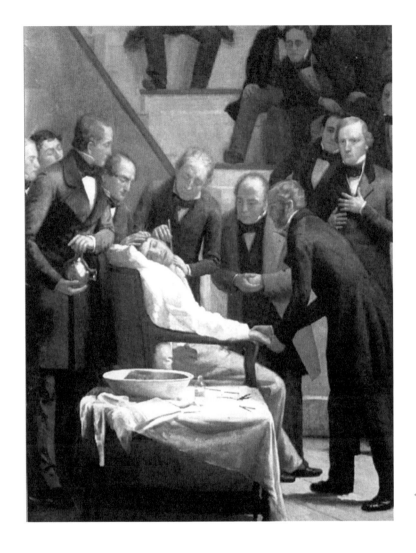

▲ 모턴은 에테르 마취제를 발명하여 고통 없는 수술 시대의 도래를 선언했다.

모턴 Morton

마취술을 외과에 적용한 주요 인물

18세기 이전에는 마취제가 없었기 때문에 외과 수술은 사람들에게 매우 두려운 일일 수밖에 없었다. 의사가 난폭하고 때로는 잔인한 방법을 사용해 환자의 의식을 잃게 한 다음에 수술을 진행했지만, 환자들이 고통스럽기는 마찬가지였다. 그러던 어느 날 환자와 의사에게 기쁜 소식이 들려왔다. 미국의 치과 의사 모턴이 세계 최초로 에테르(Ether) 마취제를 응용해 외과 수술에 성공한 것이다.

모턴(William Thomas Green Morton)은 17세에 고향을 떠나 보스턴에서 장사를 하다가 실패하자 하버드 의과대학에 입학해 치과 공부를 했다. 1845년에 우수한 성적으로 학교를 졸업하고 보스턴에 병원을 개업해 현지에서 유명한 치과 의사가 되었다. 이 기간에 모턴은 환자들이 이를 뽑을 때 극도의 고통을 참아내야 하는 모습을 수없이 목격하면서 환자가 의식이 없어 고통을 느끼지 않는 상태에서 치료할 수 있는 방법을 연구하기 시작했다. 박식한 의사이자 과학자였던 찰스 잭슨(Charles Thomas Jackson)에게 조언을 받아 모턴은 에테르 흡입을 통한 마취 방법과 마취 기구를 구상했다. 그리고 1846년 9월 30일, 마침내 에테르 마취 방법을 사용하여 성공적으로 고통 없이 이를 뽑았고, 같은 해 12월 16일 매사추세츠 종합 병원에서 에테르 마취를 적용한 수술을 시연하는 데 성공했다. 이때부터 모턴의 마취법은 학계에서 공인되어 특허를 받았다.

그러나 안타깝게도 마취법 독점권을 두고 존 콜린스 워런(John Collins Warren), 찰스 잭슨 등과 소송 쟁의에 휘말려 모턴은 의사로서 큰 타격을 받았고 이후 빈곤과 실망, 적대감 속에서 생을 마감했다. 그의 주요 저서로는 《적당한 에테르 흡입 방법에 대하여》, 《치아 결함과 재생에 관한 현대적 방법》 등이 있다. 모턴의 비문에는 그의 업적에 대한 글이 새겨져 있다. "외과 수술의 모든 고통을 잠재운 마취제는 그대의 공이오. 예전 수술은 심장이 찢어질 듯 괴로웠지만 당신의 과학이 그 아픔들을 사라지게 했소."

◀ 완두 교배실험을 하고 있는 멘델

멘델 Mendel

천재란 평생 열심히 일한 사람을 일컫는 말이다.

멘델

　과학자들은 유전학을 연구하면서 멘델이 수십 년 전에 연구했던 성과를 직접 눈으로 확인했다. 그러나 멘델은 살아 있을 당시 세상에 이름이 알려지지 않은 오스트리아의 수도사이자 비전문 과학자였다. 그래서 유전학의 기본 원리를 발견한 이 인물은 천재라고 부

▲ 멘델은 완두콩을 관찰했다.

▲ 그레고르 멘델 1822~1884년

를 수밖에 없다.

그레고르 멘델(Gregor Johann Mendel)은 오스트리아에서 가난한 농부의 아들로 태어났다. 아버지가 과일, 화초 등을 심고 가꾸는 모습을 보고 자란 멘델은 어린 시절부터 식물의 개화 과정에 큰 관심을 보였다.

1843년에 성 아우구스티노 수도회에 들어간 그는 4년 후 사제 서품을 받았다. 정식 교사 자격증은 없었지만 지식을 가르치는 데는 아무 문제가 되지 않았다. 그는 1854~1868년에 걸쳐 브륀 근처에 있는 고등학교에서 자연과학 교사직을 맡았다.

1856년부터 멘델은 식물 육종 실험을 시작했다. 9년 동안 수많은 시행착오를 겪으면서 마침내 1865년 유명한 유전학 법칙을 발견하고 브륀 자연역사학회에 짧은 논문을 제출했다. 그의 업적은 이듬해 이 학회의 학보를 통해 처음으로 발표되었고, 3년 후 멘델은 두 번째 논문을 발표했다. 그러나 그의 논문은 이후 30여 년 동안 빛을 보지 못했다.

1900년이 되어서야 멘델의 연구 성과가 재발견되었다. 당시 과학자 세 명이 각자 연구를 진행하던 중에 우연히 멘델의 논문을 발견했는데, 그들의 실험 결과는 멘델의 업적에 대한 증명에 지나지 않았다. 그리하여 멘델은 30년이 지나서야 늦은 축하를 받게 되었다.

20세기로 접어들면서 인류는 유전의 비밀을 하나하나 풀어나갔다. 물론 멘델의 유전 법칙이 그 바탕이 된 것은 두말할 필요도 없

▶ 식물의 접목

다. 유전학 분야에서 멘델이 일군 수많은 발견은 오늘날 생육, 질병 억제와 예방에 지대한 역할을 했다. 멘델은 모든 생물체에 유전자가 존재하며, 이 유전자를 통해 유전적 특징이 부모 세대에서 자녀 세대로 전해진다는 사실을 발견했다. 일반적으로 우성 인자는 식물 개체 밖으로 표출되었고, 열성 인자는 겉으로 드러나지는 않지만 소멸되지 않은 채 다음 세대로 유전되었다.

멘델의 유전학설은 인류의 지식을 더욱 풍성하게 해주었고, 멘델의 법칙은 비록 완벽하지는 않았지만 현대 유전학의 기원이 되었다.

멘델의 법칙

그레고르 멘델이 완두의 교배를 실험한 결과를 바탕으로 제시한 유전학의 가장 기본적인 법칙으로 우열의 법칙, 분리의 법칙, 독립의 법칙이 있다. 우열의 법칙은 순종의 대립 형질끼리 교배시켰을 때 잡종 1대에서 한쪽 형질만 나타나고 다른 쪽 형질은 나타나지 않는 현상을 말한다. 분리의 법칙은 대립 유전자 한 쌍이 각각 분리되어 다음 대에 전달되는 현상이다. 독립의 법칙은 대립되는 형질이 두 쌍 이상 함께 유전되는 경우 각 형질이 우열의 법칙과 분리의 법칙에 따라 독립적으로 유전되는 현상을 의미한다. 멘델의 실험 재료는 완두콩뿐이었지만 그가 정리한 유전학 법칙은 전체 생물계에 적용되는 보편적인 현상이다.

◀ 멘델은 순종 완두콩을 선택하여 교배시켰다.

▶ 〈연구하는 파스퇴르〉 알베르트 에델펠트(Albert Edelfelt)의 작품

▲ 루이 파스퇴르 1822~1895년

파스퇴르 Pasteur

의지, 일, 성공은 인생의 3대 요소이다.

파스퇴르

루이 파스퇴르(Louis Pasteur)는 명예로운 인생을 살았고, 사람들에게 '완전무결점한 사람'이라고 불렸다. 저온살균법(pasteuriza-tiong)을 발명한 프랑스의 미생물학자이자 화학자로, 근대 미생물학 탄생의 발판을 마련했다.

뉴턴이 고전 역학을 개척한 것처럼 파스퇴르는 미생물 영역을 개척한 과학계의 거물이다. "의지, 일, 성공은 인생의 3대 요소이다."라는 말은 그가 생활에서나 연구하는 동안 자신을 엄격하게 채찍질하며 되뇌던 말이라고 한다.

파스퇴르는 1822년 12월 27일 프랑스 데파르트망(Department)에서 태어났으며, 1847년에 파리 고등 사범대학을 졸업하고 철학 박사

저온살균법

프랑스의 미생물학자 루이 파스퇴르는 저온살균법을 발명했다. 이 살균법은 비교적 낮은 온도를 이용하여 살균하고 음식물의 영양 상태와 맛을 그대로 유지할 수 있는 일종의 소독법이다.

학위를 받았다.

파스퇴르가 평생 진행한 연구들은 모두 중대한 성과를 거두었다. 그는 한평생 노력하여 세 가지 과학 문제를 증명했고, 이는 모두 산업 진보와 학술 발전을 촉진했다. 파스퇴르는 각각의 발효 작용과 모든 전염병은 박테리아로 말미암아 발생한다는 사실을 발견했다. 또 저온살균법(가열살균법)을 고안하여 각종 음식물과 음료에 사용했고 누에알에 침입한 세균을 발견하고 제거하여 프랑스 실크 산업에 대혁신을 일으켰다. 파스퇴르는 실험을 통해 전염병을 일으키는 박테리아를 발견하고 특수 배양을 거쳐 박테리아의 독성을 줄였다. 덕분에 박테리아는 병균에서 병을 예방하는 백신으로 바뀌었다. 그는 수많은 질병이 미생물 때문에 발생한다는 것을 확인하고 세균 이론을 구축하는 데 박차를 가했다.

파스퇴르는 이론상으로 멈추지 않고 문제를 실제로 해결한 과학 천재였다. 1848년에 타타르산(tartaric acid)염과 파라타타르산염의 구조상의 차이를 밝혀냈고 물질의 광학 성질에 대한 연구를 시작했다. 1856～1860년 파스퇴르는 미생물의 대사 활동을 기초로 하는

◀ 의지는 당신을 위한 문을 열어 줄 것이다. 일은 방으로 들어가는 길이다. 이 길의 끝에 있는 성공은 그대의 노력의 결실을 축하할 것이다. … 굳은 의지로 열심히 일한다면 성공의 그날은 반드시 온다.

파스퇴르

발효의 본질에 관해 새로운 이론을 제시하고 유산 발효를 골자로 하는 논문을 발표했다. 1880년 이후에도 닭 콜레라 백신과 광견병 백신 등 다양한 백신을 성공적으로 개발하여 의학계에 대변혁을 일으켰다. 이는 또 한편으로 프랑스의 주조업, 양잠업과 목축업 발전에 크게 공헌했다.

파스퇴르는 연구에 엄격한 과학자였지만 명예와 이익에는 큰 욕심을 내지 않았다. 그리고 진리 추구를 위해서라면 개인적 안위 따위는 잊어버렸다. 파스퇴르는 자신의 업적만큼이나 고상한 인격을 갖춘 인물이었다. '미생물학의 아버지' 파스퇴르는 미생물학, 면역학, 의학에 불후의 업적을 남기고 1895년 9월 28일 73세를 일기로 세상을 떠났다.

▶ 과학의 발달로 화학은 19세기 유럽에서 새로운 '지식의 전당'으로 자리매김했다.

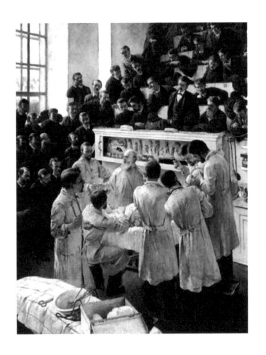

대로우 Darrow

죄는 미워하되 사람은 미워하지 말라.

대로우

클래런스 대로우(Clarence Darrow)는 1857년 미국의 오하이오 주에서 태어나 1938년 시카고에서 사망했다. 미국 역사상 가장 위대한 변호사로 평가받으며 살아서나 죽어서나 숭고한 명예를 이어가고 있다. "죄는 미워하되 사람은 미워하지 말라." 대로우는 언제나 사람에 대한 존중과 내면에서 우러나오는 정의감으로 모든 사건을 객관적으로 처리했다.

1876년에 19세가 된 대로우는 대학에서 법률 공부를 하고 3년 후 변호사 면허증을 취득해 이때부터 법정 변호의 길을 걷기 시작했다. 변호사로 일한 약 60년 동안 대로우는 때로는 격렬하게, 때로는 감성적으로 숙련된 변호 기술을 사용하며 억울한 사람들의 무죄를 입증했다. 정의 수호, 도덕 숭상, 변호 대상에 대한 존중, 권익 쟁취를 추구하는 그의 변호는 수많은 피고인과 법관을 감동케 했다. 대로우의 노력으로 노동자, 무정부주의자, 흑인, 그리고 다양한 형사 사건의 당사자들이 지위고하를 막론하고 법률 앞에서 평등하게 공정한 재판을 받을 수 있었다.

▲ 클래런스 대로우는 미국의 변호사였다. 가난하고 힘없는 사람들을 위해 변호한 그의 용기는 오늘날 변호인들에게 이상적 귀감이 되고 있다. '피고인은 죄를 선고받기 전까지 무고한 사람이다.' 라는 그의 변호관은 후세 사람들에게 명언으로 전해진다.

19세기 말 미국에서는 노사 분쟁이 폭발적으로 빈번했고, 노사 간의 충돌은 남북 전쟁 이후 '제2차 내전'으로 불릴 만큼 매우 극렬했다. 이러한 상황 속에서 대로우는 서부 시대의 카우보이와 같은 호방함과 솔직함으로 노동자 환경 개선을 위해 투쟁했다. 그에게 전쟁터는 법정이었고 적군은 불공정이었다. 그는 펜실베이니아 광부들의 노동 시간 단축과 임금 인상을 위해 싸웠고, 철도 파업자들을 지지했다. 또 원래는 사형 판결을 받았을 수많은 노동 조합장들을 죽음에서 구해주었다.

　그는 변호사뿐만 아니라 강사, 정치 활동가, 기고가 등 다채로운 직업이 있었다. 대로우가 변호한 법률 안건은 노동, 종족, 종교 충돌 등 대부분 사회의 중대 사안이었고, 이는 미국 사회 전반에 커다란 영향을 미쳤다. 그의 직업 정신과 변호 능력은 후배 법조인들에게 귀감이 되었다. 대로우의 저서로는 《파밍턴(Farmington)》, 《저항은 결코 죄악이 아니다》, 《이에는 이》, 《범죄의 원인과 처벌》, 《무신론과 이단》 등이 있다.

맥스웰 Maxwell

그는 아이작 뉴턴 이래로 가장 위대한 업적을 남긴 과학자이다.

알베르트 아인슈타인

제임스 클러크 맥스웰(James Clerk Maxwell)은 1831년 스코틀랜드의 에든버러에서 태어난 영국의 물리학자로 고전 전자이론의 기초를 세웠다.

아버지의 영향으로 맥스웰은 어린 시절부터 과학계에 입문했다. 1847년 맥스웰은 16세에 에든버러 대학에 진학하여 수학과 물리학을 공부했고, 3년 후 케임브리지 대학에 들어가 깊이 있는 공부를 계속했다.

1855년에 맥스웰은 전자기학에 관한 그의 첫 번째 논문 '패러데이의 전자기력에 대하여'를 발표했다. 이를 통해 그는 전자기학 이론을 확립하는 데 한 발자국 더 가까이 다가섰다. 1861~1864년까지 그는 '물리적 지력선', '전자기장의 역학'이라는 전자기학 관련 논문 두 편을 발표했다. 그리고 이후 발표한 논문에서는 정밀한 수학 방식을 이용하여 맥스웰 방정식(Maxwell's equations)을 완성했고 전자기학에 대한 논문 세 편으로 전자기학 이론에 관한 과학적 체계를 구축했다.

1871년 맥스웰은 케임브리지 대학 초임 실험 물리학 교수로 임명

▲ 제임스 클라크 맥스웰
1831~1879년

맥스웰 방정식

맥스웰 방정식은 전기장과 자기장을 기술하는 네 가지 방정식이다. 이 방정식에서 전기장과 자기장은 분해할 수 없는 하나의 개념이다. 맥스웰 방정식은 전자기장의 기본 규칙을 체계적이고 완벽하게 설명했으며 그 시대에는 알려지지 않았던 전자기파의 존재에 대해 언급하기도 했다.

되었다. 교수로 재직한 동안 《열 이론》을 출간했고, 맥스웰–볼츠만 분포(Maxwell-Boltzmann distribution)를 확립했다.

1879년 11월, 병세가 악화된 맥스웰은 48세를 일기로 생애를 마쳤다.

맥스웰은 빅토리아 여왕 시대에 전에 없던 번영을 가져다주었으며 영국과 유럽 대륙에 과학 기술의 꽃을 활짝 피웠다. 전자기학에 발판을 마련하고 전자기학이 나아가야 할 방향을 제시했으며 19세기 물리학에 불후의 명작을 남겼다. 그는 뉴턴 이래 가장 위대한 물리학자였고 뉴턴, 아인슈타인과 함께 세계 3대 물리학자로 손꼽힌다. 맥스웰과 그의 전자기이론은 역사 속에 영원히 머무를 것이다!

오토 Otto

평생 내연 기관 개발에 매진하다.

내연 기관(internal combustion engine)의 용도는 매우 광범위했다. 그것은 산업의 각종 영역에서 응용되었으며 비행기를 발명하는 데 필수불가결한 요소였다. 이 위대한 기관을 발명한 사람은 프랑스의 발명가 니콜라우스 오토(Nikolaus August Otto)다.

1860년에 에티엔 르누아르(Jean Joseph Etienne Lenoir)가 최초로

내연 기관

내연 기관은 일종의 동력 기계이다. 연료를 기계 내부에서 연소시키고, 그때 발생하는 열에너지를 동력으로 사용한다. 일반적으로 피스톤식 내연 기관을 가리킨다. 피스톤식 내연 기관은 연료와 공기를 혼합하고 이 혼합 기체에 점화해서 폭발시켜 피스톤을 움직이는 왕복 운동형 기관이다.

▶ 산업혁명 시기의 제지 기계

사용 가능한 내연 기관을 발명했다. 이 사실을 접한 오토는 내연 기관의 용도를 확대할 방법을 찾는 데 주력했다. 그리고 수많은 실험을 통해서 만약 액체 연료를 사용해서 기계가 가동된다면 내연 기관은 가스 파이프와 연결될 필요가 없으며, 또 그럴 경우 내연 기관의 용도가 훨씬 다양해진다는 사실을 발견했다. 그는 매우 신속하게 기화기(carburetter)[1]를 발명하여 특허 취득을 신청했지만 특허국은 이미 유사한 장치가 존재한다는 이유로 거부했다.

그러나 오토는 이에 흔들리지 않고 오히려 르누아르가 발명한 내연 기관을 더욱 개선하는 데 집중했다. 1861년에 그는 4행정 엔진 방식을 구상하여 이듬해 제작을 완성했다. 그러나 점화 장치를 개선하는 데 문제가 생겨 일이 더 이상 진척되지 않았다. 그 후 오토는 가스를 동력으로 하는 2행정 엔진을 발명했다. 1863년에 이 새로운 발명품에 대한 특허를 취득했고, 자금 지원까지 받게 되었다. 이를 바탕으로 작은 회사를 설립하고 계속해서 엔진 개선 연구를 진행했으며, 1867년에 열린 파리 만국박람회에서 금메달을 차지했다. 또 이 일을 계기로 회사의 판로가 활짝 열려 많은 이윤을 창출했다.

비록 2행정 엔진이 시장에서 좋은 반응을 얻었지만 오토는 4행정 엔진에 더 큰 기대를 걸었다. 그리고 만약 연료와 공기의 혼합물에 먼저 압축을 가하고 나서 점화하면 4행정 엔진이 르누아르의 내연 기관을 발전시킨 2행정 엔진보다 훨씬 효과적일 것이라고 확신했

▲ 니콜라우스 오토 1832~1891년

---

1 가솔린 기관의 실린더 속에 연료와 공기를 적당한 비율로 혼합시켜 공급하는 장치

◀ 산업혁명은 유럽의 면모를 완전
히 변화시켰다.

다. 1876년에 오토는 개선한 점화 체계를 설계하여 같은 해 5월에 4
행정 엔진을 실용화한 최초의 내연 기관을 제작했고, 이듬해에 특허
를 받았다. 4행정 엔진은 효율과 성능 면에서 탁월한 우수성을 갖춰
시장에서 커다란 성공을 거두었다. 이후 10년 동안 4행정 엔진 내연
기관은 3만여 대가 판매되었고, 르누아르식 내연 기관은 빠르게 쇠
퇴했다.

　내연 기관은 산업화의 진행 과정에 지대한 영향을 미쳤으며 산업
혁명 발전에도 핵심적인 역할을 했다. 니콜라우스 오토의 안목과 지
혜가 이 위대한 발명을 가능하게 했다.

▲ 사람들은 평생 2,000여 개에 이르는 발명품을 고안한 에디슨을 '발명왕', '과학계의 나폴레옹'이라고 불렀다.

에디슨 Edison

미국은 세계에서 가장 부강한 나라가 되었는데, 그것은 에디슨이 있었던 덕분이다.

포드(Henry Ford)

▲ 토머스 에디슨 1847~1931년

1931년 10월 18일 세상에 널리 알려진 미국의 전자기학자이자 발명가인 에디슨(Thomas Alva Edison)이 세상을 떠났다. 향년 84세였다. 그는 평생 2,000여 종에 이르는 발명품을 보유했고 1,300여 개의 특허를 받았다. 자신의 첫 발명품인 정시定時 자동 발신기를 만들어낸 후 생을 마감할 때까지 거의 12일에 하나씩 세상에 새로운 발명품을 선보인 셈이다. 또 1882년 한 해 동안 그가 특허를 신청한 발명품은 141항목으로, 이는 사흘이 채 안 되는 시간에 발명품을 하나씩 내놓은 꼴이었다. 에디슨의 발명은 주로 전등, 전화, 전보, 영화

촬영기, 축음기 등 주로 전력학 분야에서 이루어졌고 이러한 발명품들은 인류 생활을 풍요롭게 했다. 이렇게 그는 인류의 문명과 진보에 지대한 공헌을 했다.

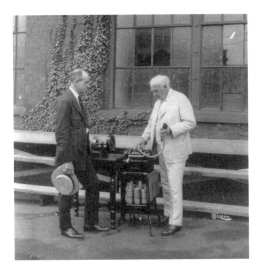

◀ 에디슨이 자신이 발명한 축음기를 설명하는 모습

1847년 2월 11일 에디슨은 미국 오하이오 주에서 태어났다. 8세 때 학교에 입학했는데 선생님과 같은 반 친구들은 그를 '저능아'라고 놀려댔고, 3개월 후 퇴학당했다. 그 후 에디슨의 어머니는 아들의 교육을 전담하면서 수많은 문학, 자연과학 분야의 책들을 읽도록 지도했다.

16세 때 에디슨은 기차에서 실험을 하다가 화재를 일으켰다. 그때 화가 난 차장에게 얻어맞아 왼쪽 귀의 청각을 잃었고, 그 후로 발명에 몰두하기 시작했다. 20세가 되던 해 에디슨은 전등 발명에 주력하며 10여 년에 걸쳐 각기 다른 재료 1,000여 가지를 실험했다. 이러한 노력 끝에 마침내 백열등을 발명해내고 특허를 취득했다. 1870년에 에디슨은 새로운 보금자리인 뉴저지 주에서 발명의 황금기를 맞이했다. 전화, 축음기, 전등, 다수의 전기 철도, 대형 쇄석기, 영사기 등이 이곳에서 완성되었다.

에디슨은 수많은 발명품을 개발한 발명가였을 뿐만 아니라 뛰어난 사업가이기도 했다. 1869년 전기 기계 제조 공장을 세워 파라핀지, 등사판 등을 발명했으며 '에디슨 전력조명회사', 실험 연구소 등을 잇달아 건립했다. 그리고 1890년에는 그때까지 해온 모든 성과를 재정립하여 '에디슨 전기회사'를 설립했다. 이 회사는 현재 세계 최대 규모를 자랑하는 제너럴일렉트릭(General Electric Company)의 전신이다. 한편 에디슨은 전기 분야에서만 두각을 나타낸 것이 아니라 시멘트 공장을 세워 미국 시멘트 업계에서 서열 5위를 차지하기도 했다.

말년에는 더 이상 전력 분야의 발명을 하지 않았다. 다른 업계로

백열등

20세기에 접어들면서 에디슨은 전등 연구에 주력했다. 1867년에는 1,000여 가지가 넘는 재료를 사용해 1,000여 차례 실험을 진행했다. 그리고 1879년 말에 마침내 카본 필라멘트 백열등 발명에 성공했고, 1908년에 이를 텅스텐 필라멘트로 교체했다.

▶ 에디슨이 베커(Becker)사에서
1901년에 생산한 소형 자동차
를 타고 있는 모습

눈을 돌려서 축전지, 시멘트 믹서, 광석 분쇄기, 철로 제동기 등 다
양한 분야의 발명에 주력했다. 제1차 세계대전이 발발하자 미국 해
군 기술 고문으로 임명되어 무기 수십 종을 발명했고, 이후 미국 국
회에서 명예 메달을 받았다.

오늘날 미국인은 가장 위대한 인물을 선정하는 여론 조사에서 에
디슨을 1위로 뽑을 만큼 그를 자랑스러워한다. 미국의 자동차 왕 헨
리 포드는 이렇게 말했다. "미국은 세계에서 가장 부강한 나라가 되
었다. 그것은 에디슨이 있었던 덕분이다."

프로이트 Freud

세계 최초로 정신분석법을 사용해 정신 질병을 치료한 심리학자

1856년 지그문트 프로이트(Sigmund Freud)는 오늘날 체코 프라이베르크(Freiberg)의 유대인 가정에서 태어났다. 4세 때 가족과 함께 오스트리아 빈으로 이사했고 일생의 대부분을 그곳에서 보냈다. 프로이트는 독일어, 히브리어, 그리스어, 프랑스어, 영어, 이탈리아어 등 다국어를 공부했다. 1881년에 빈 대학에서 의학 박사 학위를 받고 의학 이론에 대한 연구를 시작했다.

▲ 지그문트 프로이트
1856∼1939년

▶ 등나무 의자에 앉아 있는 프로이트의 표정이 매우 편안해 보인다.

프로이트의 일생에서 1882년은 가장 중요한 한 해이다. 가정 형편이 매우 어려워져 생리학 실험실을 떠나 정신과 의사로 정신병원에서 진료하며 생계를 꾸려나갔는데, 이는 이후 프로이트의 운명을 완전히 뒤바꿔놓았다.

정신과 의사가 된 프로이트는 그동안 배운 의학 이론을 직접 실천하는 기회를 얻었고 이는 그의 정신 분석 연구에 풍부한 경험을 제공했다. 프로이트는 훗날 자서전에서 이렇게 말했다. "내 운명의 전환점은 1882년이었다. … 나는 생리학 실험실을 떠나 종합 병원으로 들어갔다."

이후 10여 년 동안 프로이트는 자신의 정신병원을 개업하여 의사 생활을 계속했지만 그와 동시에 생리학 연구도 게을리 하지 않았다. 이 기간에 정신병 전문가 장 샤르코(Jean Martin Charcot), 그리고 그의 일생에 중대한 영향을 미친 조셉 브로이어(Joseph Breuer)와 친분을 맺었다.

1895년에 프로이트는 첫 번째 저서 《히스테리의 연구》를 출판하면서 정신분석학 사상과 심리학 사상을 형성했고 또 다른 저서들도 잇달아 출간했다. 그리고 1900년에 드디어 그의 걸작으로 꼽히는 《꿈의 해석(Die Traumdeutung)》이 탄생했다. 이 책은 출판 초기에는 사람들에게 그다지 환영받지 못했지만, 그의 저서들 가운데 가장 독창적이고 의미 있는 책으로 평가받았다. 이후 프로이트는 빈에서 정신 분석 학회를 조직해 《일상생활의 정신 병리》, 《도라의 증례(Dora Case)》 등 몇 권을 출간했고, 1908년 미국에서 강연할 때쯤에는 이미 이름이 널리 알려졌다.

꿈의 해석

《꿈의 해석》은 심리학에서 경전과도 같은 책이다. 1900년에 출간된 후 프로이트의 저서 가운데 가장 독창적이고 의미 있는 책으로 평가받았다. 이 책은 꿈의 해석 방법, 꿈의 유래, 꿈의 활동 등에 관한 내용을 담고 있으며, 프로이트는 꿈의 해석을 통해 인간 내면에 잠재하는 행동 동기에 대해 이야기했다.

프로이트는 세계에서 최초로 정신분석법을 이용해 정신 질병을 치료한 심리학자였다. 그는 사람의 무의식이 행동에 막대한 영향을 미친다고 강조했다. 그리고 억압받는 성애性愛가 정신병을 일으킨다는 학설을 주장하면서 성애와 성욕은 아동기, 심지어 영아기 때부터 시작된다고 지적했다. 또 그가 사용한 원아(id), 자아(ego), 초자아

(superego) 등의 개념은 이후 세상에서 널리 응용되었다.

말년에 이르러 프로이트는 줄곧 병마와 싸워야 했다. 특히 구강암을 치료하기 위해 1932년부터 30여 차례나 수술을 받았다. 그러나 이렇게 힘든 상황에서도 꾸준히 학술 연구를 계속해 유명한 저서 《자아의 방어 기제(ego defense mechanism)》를 이때 완성했다. 그리고 1939년, 런던으로 이사를 온 지 일 년이 되던 해에 83세를 일기로 세상을 떠났다.

프로이트는 물론 심리학의 시조가 아니다. 그러나 그가 심리학에 남긴 업적은 실로 엄청나다. 그는 심리학자, 정신 질병 전문가였을 뿐만 아니라 정신분석학파의 창시자이다. 프로이트의 정신 분석 이론은 심리학을 넘어서 교육학, 철학, 인류학, 문학예술, 윤리학 등 수많은 영역에 크나큰 영향을 미쳤다. 프로이트는 아인슈타인, 코페르니쿠스와 함께 20세기의 가장 영향력 있는 인물로 손꼽힌다.

▶ 1896년 6월 1일, 제1회 올림픽 조직 위원회 회의가 열렸다. 사진에서 가운데에 있는 사람이 국제 올림픽 위원회의 첫 번째 위원장 비켈라스이고 그 오른쪽에 있는 사람이 쿠베르탱이다.

쿠베르탱 Coubertin

그는 올림픽기를 고안했으며, 근대 올림픽 경기의 창시자이다.

피에르 쿠베르탱(Pierre de Coubertin)은 세계 최대 스포츠 축제인 근대 올림픽 경기의 창시자로 '근대 올림픽의 아버지'라고 불린다. 또한 그는 역사학자이자 교육자였다.

1863년 1월 1일 프랑스 파리의 귀족 가문에서 태어난 쿠베르탱은 어린 시절부터 훌륭한 교육을 받고 자랐다. 역사 공부를 좋아했고, 특히 고대 그리스 역사에 관심이 많았다. 청년 시절 파리의 정치과학원에서 공부했고 조정, 펜싱, 승마 등 각종 운동 경기에 애착을 가지고 활동했다. 졸업할 때 그는 문학, 과학, 법학의 세 가지 학위를 받았다. 아울러 고대 올림픽 유적의 발견은 쿠베르탱의 가슴을 뛰게 했다. 그는 회고록에 이렇게 기록했다. "고대 그리스

▶ 쿠베르탱과 관련된 각종 기념우표 1913년에 쿠베르탱은 흰 바탕에 청색, 황색, 흑색, 녹색, 적색의 고리 다섯 개를 겹쳐 다섯 대륙 간의 평화와 협력을 상징하는 오륜기를 고안했다. 쿠베르탱은 말년에 《올림픽 회상록》이라는 제목의 회고록을 완성했다. 또 그는 세계 최초로 오토바이를 탄 사람이었다. 1900년 제2회 올림픽에서 사람들은 그가 오토바이를 타는 모습을 볼 수 있었다.

역사에서 올림픽만큼 나에게 강렬한 감동을 준 것은 없었다."

◀ 고대 올림픽 모습

　1889년, 올림픽 부활에 대한 신념이 확고해진 쿠베르탱은 올림픽 부활을 제창했다. 그리고 이때부터 올림픽 부흥 운동 사업에 온몸과 마음을 쏟아 부었다. 1891년에 28세가 된 그는 프랑스 육상협회 총장으로 임명되었다. 이후 자신의 직무상의 편리를 이용하여 유럽과 아메리카 대륙에 올림픽 부흥 사상을 전파했고, 이듬해 프랑스 육상협회 성립 5주년 기념회장에서는 처음으로 '올림픽 경기의 부흥' 사상을 제시했다.

　쿠베르탱의 제창으로 1894년 6월 23일 국제올림픽위원회(International Olympic Committee, IOC)가 파리에서 공식적으로 창설되었다. 위원회의 12개국 대표들은 만장일치로 올림픽 부흥 헌장을 통과시켰고 근대 올림픽 경기의 근본정신을 확립했다. 이 밖에 국제올림픽위원회는 올림픽을 4년에 한 번씩 개최하며 그리스 아테네에서 제1회 근대 올림픽을 열기로 했다. 그리스의 유명 문학가 비켈라스(Demetrius Vikelas)가 첫 번째 올림픽 위원회 위원장, 쿠베르탱이 사무장으로 임명되었다.

　1896년, 제1회 근대 올림픽이 그리스 아테네에서 성공리에 개최되었고 올림픽 부흥이라는 쿠베르탱의 꿈은 마침내 현실로 이루어졌다. 아테네 올림픽이 끝난 후 그는 국제올림픽위원회 위원장직을 맡았다. 그의 재임 기간에 국제올림픽위원회 회원국은 14개국에서 40개국으로 늘고 올림픽 참가국 수도 점차 늘어났으며, 이에 따라 올림픽의 영향력도 점차 커져갔다. 또 쿠베르탱은 올림픽을 상징하는 오륜기를 고안하여 제정했다. 이처럼 그가 올림픽 발전에 이바지

▲ 피에르 쿠베르탱 1863~1937년

245

한 공헌은 막대했다.

이와 동시에 교육자이자 역사학자로서 쿠베르탱은 수많은 저서를 남겼다. 주요 저서로는 《1879년 이후의 프랑스 역사》, 《스포츠 심리학》, 《스포츠 교육학론》, 《교육 제도의 개혁》, 《영국의 교육학》, 《운동의 지도 원리》, 《스포츠에 부치는 송시》 등이 있다. 그중에서도 가장 유명한 책은 《스포츠에 부치는 송시》로 1912년 스톡홀름 올림픽 문학 부문에서 금메달을 받았다.

1937년 9월 2일 근대 올림픽의 아버지인 쿠베르탱은 제네바에서 생애를 마감했다. 향년 74세였다. 생전 유언에 따라 그의 시신은 국제올림픽위원회가 있는 스위스 로잔(Lausanne)에 안장되었고, 그의 심장은 고대 그리스 올림픽의 발원지인 올림피아에 묻혀 지금도 여전히 올림픽 경기와 함께 뛰고 있다.

▶ 초기의 올림픽 모습
달리기를 준비하는 자세가 다양
하고 재미있다.

◀ 1901년 라이트 형제는 글라이더를 날려 보냈다. 그리고 이 모델을 '라이트(Wright)'라고 명명했다.

라이트 형제 Wright brothers

세계 최초로 유인 항공기를 발명한 라이트 형제는 발명의 업적과 영광을 함께 나누었다.

윌버 라이트(Wilbur Wright)와 오빌 라이트(Orville Wright)는 형제이자 세계 최초로 유인 항공기를 제작한 발명가들이다. 그들이 비행기를 발명함으로써 자유롭게 파란 하늘을 날고 싶다는 인류의 꿈이 실현되었다.

1892년에 라이트 형제는 자전거공동회사를 설립하여 자전거를 판매하고 수리하고 제조했다. 그러나 그들이 진짜 관심을 둔 분야는 사람을 태운 비행기를 만드는 것이었다. 라이트 형제는 하늘과 항공학자의 저서들을 열심히 공부했다. 1899년에 비행 문제에 관한 연구를 시작했고 4년여의 노력 끝에 1903년에 마침내 성공을 거두었다.

비행 실험과 발명 과정은 고난과 좌절의 연속이었다. 1900～1902년까지 그들은 활공 시험 비행을 수천 번 하고 서로 다른 비행기 날개 200여 개를 제작해 천 번 이상 풍동風洞[1] 실험을 했다. 라이트 형제는 끊임없이 비행 데이터를 수정하고 고안한 날개, 발동기, 나선

▲ 왼 쪽 : 윌버 라이트
　　　 1867～1912년
　오른쪽 : 오빌 라이트
　　　 1871～1948년

---

1 인공으로 바람을 일으켜 기류가 물체에 미치는 작용이나 영향을 실험하는 터널형 장치. 비행기, 자동차 등에 공기의 흐름이 미치는 영향이나 작용을 실험하는 데 쓴다.

형 노櫓의 성능을 개선했다. 그리고 각각의 부품을 조립하여 세계 최초의 동력 비행기 '플라이어(Flyer) 1호'를 제작했다. 1903년 시험 비행에서 성공을 거둔 후 이듬해에 '플라이어 2호'를, 1905년에는 '플라이어 3호'를 제작해 비행에 성공했다.

라이트 형제는 합심하여 성공을 이루었고 발명의 업적과 명예를 함께 누렸다. 그런 그들을 뒤에서 묵묵히 지원해준 사람이 있었다. 바로 여동생 캐서린 라이트(Catherine Wright)였다. 그녀는 어머니의 빈자리를 대신해 가정을 돌보며 아버지와 오빠들을 정성껏 보필했다. 또 오빠들을 대신해 경비와 동업자를 모으고 비행기를 판매했다.

오늘날에는 '라이트 형제'로 명명된 상이나 강연들을 심심치 않게 찾아볼 수 있다. 예를 들면 미국에는 1924년에 설립된 라이트 형제 메달(Wright Brothers Medal)이라는 상이 있다. 이 상은 항공 엔진 분야에서 가장 훌륭한 논문을 쓴 저자에게 수여된다. 그리고 미국항공우주학회(American Institute of Aeronautics and Astronautics, AIAA)에는 '라이트 형제 항공학 강좌'가, 영국황실항공학회에는

라이트 형제 메달

라이트 형제 메달은 1924년에 미국에서 설립된 상이다. 항공 엔진 분야에서 가장 훌륭한 논문을 쓴 저자에게 수여되며 수상 범위는 공기동력학, 구조 이론, 비행기와 우주선 연구 등 분야가 포함된다. 한 번 수상하면 3년 후에 다시 이 상을 받을 수 있는 자격이 생긴다.

'라이트 형제 기념 강연' 등이 있다.

　인류는 오래전부터 새처럼 하늘을 나는 꿈을 꿔왔다. 그리고 라이트 형제는 그 오랜 꿈을 실현시켜 마침내 인류의 비행 시대를 열었다. 세계 최초의 동력 비행기와 '비행기의 아버지' 라이트 형제는 항공 역사상 영원히 지워지지 않을 발자취를 남겼다.

▼ 1899~1903년까지 라이트 형제는 수차례 실험과 개선을 통해 1903년에 마침내 시험 비행에 성공했다.

라듐의 어머니

마리 퀴리는 라듐을 발견하여 커다란 업적을 남겼다. 1898~1902년까지 수만 번의 추출과 반복되는 실험을 거쳐 광석 수십 톤을 처리한 끝에 마침내 라듐염(radium salts) 0.1그램을 얻을 수 있었다. 마리 퀴리가 라듐 원소의 존재를 증명하자 전 세계는 방사능에 관심을 기울이기 시작했다. 라듐의 발견은 과학계에 일대 혁명을 일으킨 사건이었다. 이후 사람들은 마리 퀴리를 '라듐의 어머니'라고 불렀다.

마리 퀴리 Marie Curie

많은 유명인 가운데 마리 퀴리만이 명예욕에 물들지 않은 유일한 사람이다.

아인슈타인

▲ 마리 퀴리 1867~1934년

과학 역사상 마리 퀴리(Marie Curie)는 세계에서 인정받은 첫 번째 여자 과학자이다. 그녀는 노벨상을 두 차례나 수상했는데, 이것으로 그녀가 과학계에 남긴 지대한 공헌을 짐작할 수 있다.

마리 퀴리는 프랑스에서 수많은 과학 연구를 완성했지만 고향은 폴란드이다. 1867년에 폴란드 바르샤바에서 태어났고, 결혼 전 이름은 마리아 스크토도브스카(Maria Sktodowska)였다. 당시 폴란드는 러시아의 잔혹한 지배를 받고 있었고, 모든 학교에서 노예화 교육이 실행되고 있었다. 마리 퀴리는 어린 시절부터 자연과학에 많은 관심을 보였다. 폴란드에서 중학교까지 졸업한 후 더 진보된 교육을 받기 위해 1891년에 혈혈단신으로 파리 소르본 대학에 입학해 물리학을 공부했고 우수한 성적으로 졸업했다.

파리에 온 지 3년 후 마리는 자신처럼 과학 연구를 매우 좋아하는 피에르 퀴

▲ 1895년에 마리 퀴리와 남편 피에르 퀴리가 함께 있는 모습. 피에르 퀴리는 1906년에 마차에 치어 목숨을 잃었다. 향년 47세였다.

리((Pierre Curie)를 만나 사귀다가 마침내 결혼했다. 이때부터 두 사람은 공동 연구를 시작했다. 19세기 말 마리 퀴리는 방사능을 발견한 것에 고무되어 방사능 연구에 착수했다. 퀴리 부부는 힘든 연구 과정을 거쳐 1898년에 방사성 원소인 폴로늄(polonium)을 발견했다. 마리 퀴리는 여기에서 멈추지 않고 방사성 원소 연구를 계속했다. 그리고 4년 후 또 다른 방사성 원소 라듐(radium)을 발견했다. 폴로늄과 라듐의 발견은 과학사상 매우 획기적인 사건이었으며, 특히 라듐의 발견은 오늘날 원자력 발전에 초석이 되었다.

1903년에 마리 퀴리는《방사성 물질의 연구》라는 논문으로 소르본 대학에서 물리학 박사 학위를 받고 이 학교 역사상 첫 번째 여성 물리학 박사가 되었다. 그리고 같은 해 과학계에서 최고로 명예로운 상인 노벨상을 받았다. 당시 상황에서 만약 퀴리 부부가 라듐에 대한 특허를 취득했다면 그들은 상상할 수도 없을 만큼 엄청난 수입을 벌어들였을 것이다. 그러나 퀴리 부부는 이러한 기회를 조금도 아까워하지 않고 포기했다. 마리 퀴리는 이렇게 말했다. "라듐은 개인의 돈벌이로 사용되어서는 안 된다. 그것은 화학 원소이며, 마땅히 전 세계가 공유해야 한다."

마리 퀴리의 연구 성과가 한창 무르익을 무렵, 남편 피에르 퀴리가 마차에 치어 목숨을 잃었다. 그러나 어떠한 불행도 마리 퀴리를

▶ 실험실에 있는 피에르 퀴리와
마리 퀴리

굴복시키지는 못했다. 그녀는 굳건한 의지로 자신의 연구를 계속 진
행했고, 피에르 퀴리의 후임으로 소르본 대학 최초의 여교수가 되었
다. 1907년에 마리 퀴리는 방사성 원소의 변화에 대해 체계적으로
정리했고 누구의 도움도 받지 않고 염화라듐의 정화 작업을 완성했
다. 1911년에 스웨덴 황실 과학원은 마리 퀴리의 중요한 과학 업적
을 표창하기 위해 다시 한 번 그녀에게 노벨상을 수여했다.

　1934년, 세계 각국에서 메달과 명예직을 수여받고 노벨상을 두 번
받은 위대한 과학자 마리 퀴리는 프랑스에서 생애를 마쳤다. 그녀는
과학 연구에 일생을 헌신했고 어떤 명예와 유혹에도 흔들리지 않았
다. 아인슈타인은 그녀를 두고 이렇게 말했다. "많은 유명인 가운데
마리 퀴리만이 명예욕에 물들지 않은 유일한 사람이다."

간디 Gandhi

인도 민족주의 운동과 인도 국민회의파 지도자로서 인도가 영국 식민 통치에서 벗어나 독립하도록 이끌었다.

'마하트마(Mahatma : 위대한 영혼)'라고 칭송받는 인도의 민족주의자 간디는 수백 년 동안 잠들어 있던 인도 국민을 일깨워 주권 쟁취를 위해 투쟁하도록 이끌었다.

모한다스 카람찬드 간디(Mohandas Karamchand Gandhi)는 1869년에 인도 서부의 항구 도시 포르반다르(Porbandar)에서 태어났고, 아버지는 라지코트(Rajkot)의 수상이었다. 간디는 14세 때 결혼하여 아들을 네 명 낳았고, 1887년 18세가 되던 해에 혼자서 영국으로 건

비폭력, 비협력 운동

비폭력, 비협력 운동은 간디가 영국의 식민지 통치를 반대하며 인도인을 이끈 반反 운동이다. 이 운동에서 간디는 폭력 없는 평화적인 방법으로 영국 정부에 대항할 것을 제창했다. 인도인들은 대대적인 파업과 외국산 직물 불매 운동 등 비폭력적인 수단으로 독립 투쟁을 전개했다.

▶ 마하트마 간디 1869~1948년

너가 법률 공부를 했다. 4년 후 변호사 자격증을 취득해 인도로 돌아왔지만 적당한 일자리를 찾지 못했다. 그러다 1893년에 소송 사건을 의뢰받고 남아프리카 연방으로 떠나게 되었다. 그때 그는 자신이 그곳에서 인종 차별 반대 투쟁을 전개하게 되리라고는 생각지도 못했다.

당시 남아프리카 연방은 영국의 식민지였고, 백인이 아닌 다른 인종은 극심한 차별과 모욕을 받으며 살아가고 있었다. 간디 역시 예외는 아니었다. 기차에서 쫓겨나기도 했고, 심지어 몸을 누일 여관방조차 얻을 수 없었다. 남아프리카의 인종 차별을 개선하기 위해 간디는 폭력이 없는 인종 차별 반대 투쟁을 전개했다. 그는 "나는 언제라도 죽음을 맞이할 준비가 되어 있다. 그러나 나는 살육을 할 수 없다."라고 말하며 폭력을 거부했다. 몇 년에 걸친 투쟁 끝에 영국 정부는 마침내 1914년에 남아프리카에 거주하는 인도인에 대한 처우를 크게 개선시켰다.

남아프리카에서 전개한 투쟁은 간디의 비폭력 저항 사상을 형성했고, 간디는 국내외에서 명성을 얻었다. 1914년에 인도로 돌아온 그는 인도 국민회의파(Indian National Congress)의 지도자가 되었다. 간디는 인도가 영국의 식민 통치에서 벗어나 자유롭게 독립하기를 원했다. 그래서 인도인들에게 '비폭력, 비협력 운동'을 전개할 것을 호소하기 시작했다. 그러자 인도 전역에서 파업 사태와 외국산 직물 불매 운동이 대대적으로 일어났고, 이는 전 세계의 이목을 집중시켰다.

1922년에 인도 각지에서 유혈 사태가 일어났다. 이에 간디는 자신의 뜻이 어긋났다고 생각하고 비폭력, 비협력 운동을 중지했으나 체포되어 1924년에 석방되었다. 1930년에 그는 또다시 비폭력, 비협력 운동을 전개하며 소금세 신설 반대 운동을 벌였고, 재차 투옥되었다. 1942년에는 최후의 비폭력, 비협력 운동을 일으키는 한편 인도에서 영국 세력이 철퇴하는 것에 대한 요구를 골자로 하는 헌법 초안을 작성해 인도 역사상 최대 규모의 독립 운동을 펼쳤다. 그리고 생애 마지막으로 다시 체포되었다.

　제2차 세계대전 이후 간디는 인도의 독립을 실현하고자 인도와 파키스탄의 분할 독립안을 받아들여 1947년에 공포했다. 그 후 교파[1] 간의 융화를 꾀하는 활동을 지속적으로 전개했는데 이는 일부 극렬한 힌두교도들의 불만을 샀다. 그리고 1948년 1월 30일, 간디는 기도회에 참석하던 중 광신적인 힌두교도에게 암살당했다.

　간디는 일생을 불공정에 대항하는 사회 투쟁에 헌신했다. 우매하고 낙후된 인도를 자유로운 독립 국가로 발전시키고자 노력했다. 그는 '마하트마'라고 불린 인도의 화신과도 같은 존재였다. 아인슈타인은 그에 대해 이렇게 말했다. "나는 간디의 사상이 이 시대 모든 정치가의 사상 가운데 가장 고명하다고 생각한다. 우리는 마땅히 그의 뜻을 따라야 한다."

▲ 1947년에 간디는 뉴델리에서 미얀마의 독립 운동 지도자 우누(U Nu)를 접견했다.

▲ 1931년에 간디가 영국–인도원탁회의에 참가하기 위해 런던에 도착했다. 런던 사람들은 그를 열렬히 환영했다.

▲ 이것은 1948년 1월 29일 간디가 암살되기 하루 전에 찍은 사진이다. 그는 뉴델리에서 열린 기도회에 참석하던 중 광신적인 힌두교도에게 암살당했다. 사진에서 간디의 양쪽에 있는 젊은 여성들은 그의 수양딸들이다.

1　힌두교와 이슬람교

▲ 〈레닌이 소비에트 정권 수립을 선포하다〉 세로프(F. Serov)의 작품. 1917년 10월 17일 레닌은 무장 봉기를 일으켜 정권을 쟁취했다.

레닌 Lenin

세계 최초로 사회주의 국가를 수립하고 마르크스, 엥겔스 사상을 실천한 개혁가

▲ 블라디미르 레닌 1870~1924년

1807년 4월 22일, 러시아 볼가 강변에 있는 심비르스크(Simbirsk)의 교육자 집안에서 레닌이 태어났다. 본명은 블라디미르 일리치 울리야노프(Vladimir Ilich Ulyanov)이며 혁명 기간에 유배 생활을 하면서 레닌으로 개명했다. 레닌은 5세부터 정식 교육을 받기 시작했고 매우 총명하고 품행과 학문이 모두 뛰어난 학생이었다.

1887년 레닌은 차르 암살 계획에 참여한 맏형이 처형당하는 모습을 보고 극한의 공포를 느끼며 국가라는 존재의 폐단에 대해 깊이 생각하기 시작했다. 같은 해 가을 레닌은 카잔 대학에 입학해 법률을 공부했지만 얼마 후 대학에 항의하는 학생 운동에 가담하여 제적당하고 쫓겨났다. 이듬해 카잔에 돌아온 레닌은 마르크스주의를 연구하는 작은 단체에 들어가 《자본론》을 공부했다. 이후 사마라(Samara)로 이사하여 상트페테르부르크 대학을 졸업했고 그의 첫 번

째 논문 《농민 생활의 새로운 경제 변동》을 완성했다.

레닌이 진정으로 혁명에 뛰어든 시기는 1893년 상트페테르부르크로 이주한 후였다. 그는 무산 계급 혁명 정당을 세우는 데 커다란 공헌을 해 매우 빠르게 당의 지도자 물망에 올랐다. 1897년에 레닌은 시베리아에 유배되었고 이 시기에 레닌으로 개명했다. 3년의 유배 생활 동안 레닌은 사랑하는 사람을 만나 결혼했고, 자신의 저서 《러시아 자본주의의 발전》을 완성했다. 이 책에서 그는 러시아의 자산 계급 혁명과 무산 계급의 중요한 역할에 대해 서술했다.

몇 개월 후 레닌은 독일로 가서 5년 동안 생활했다. 독일에서 마르크스주의 정치 신문인 〈이스크라(불꽃)〉를 창간하고 《중국의 전쟁》, 《무엇을 할 것인가》, 《한 발 전진, 두 발 후퇴》, 《민주 혁명에서 사회민주당의 두 가지 책략》 등의 저서를 집필했다. 1905년에 러시아로 돌아와 제1차 러시아 혁명을 이끌었다. 그러나 혁명은 실패했고, 그는 또다시 조국을 떠나 스위스에서 12년 동안 망명 생활을 했다.

◀ 1918년 적위대 군사의 단체 사진

망명 기간에 레닌은 무산 계급 혁명 이론을 계속 연구했다. 그리고 정당이 두 파로 분열되었을 때 독립하여 무산 계급 정당인 볼셰비키(Bolsheviki)의 영수가 되었다. 제1차 세계대전이 발발한 후 러시아의 사회 모순은 첨예해졌고, 마침내 차르 정권이 전복되어 민주당이 임시 정부를 수립했다. 이때 레닌은 혁명의 승리의 서광을 보았다. 그래서 1917년에 상트페테르부르크로 돌아와 7월에 봉기를 일으켰지만 곧바로 진압되었다.

1917년 11월 7일(러시아력 10월 25일), 레닌은 치밀한 준비를 마치고 다시 한 번 무장 봉기를 일으켰다. 그리고 이번에는 임시 정부를 전복하고 마침내 러시아 정권을 쟁취했다. 볼셰비키는 러시아 공산당으로 개칭되었고 그는 새로운 나라의 지도자가 되었다. 세계 최초의 사회주의 국가 성립은 세계 근대 역사에 중요한 전환점이 되었고, 이후 수십 년 동안 세계는 이로 말미암아 거대한 변혁을 겪어야만 했다.

레닌은 현실 상황을 고려한 경제, 외교 정책을 제정하고 새 정권을 공고히 했다. 또 코민테른(Comintern)을 결성하여 전 세계적으로 민족 해방 운동을 촉진했다.

1924년 1월 21일, 레닌은 오랜 병상 생활을 하다가 마침내 생을 마쳤다. 그의 시신은 모스크바 붉은 광장 내 묘지에 안장되었다. 레닌의 위대한 업적을 기념하기 위해 그가 사망한 지 5일 뒤부터 상트페테르부르크를 레닌그라드라고 불렀다.

▶ 〈10월의 승리〉 일리야 레핀의 1911년 작품

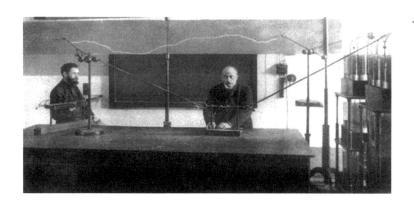

◀ 실험실에 있는 마르코니

마르코니 Marconi

무선 전신 분야에 큰 업적을 세워 '무선 전신의 아버지' 라고 불린다.

굴리엘모 마르코니(Guglielmo Marconi)는 1874년에 이탈리아 볼로냐(Bologna)의 부유한 가정에서 태어났으며, 훗날 이탈리아의 유명한 전기 기술자이자 발명가가 되었다.

1894년 20세가 된 마르코니는 하인리히 헤르츠(Heinrich Rudolf Hertz)의 실험 내용을 토대로 보이지 않는 전자기파의 존재를 확신했다. 그리고 만약 이러한 전파를 이용하여 원거리로 신호를 보낼 수 있다면 전기회로를 이용하지 않고도 통신이 가능할 것이라고 생각했다. 그 후 마르코니는 전자기파 연구에 몰두했다.

1년에 걸친 노력 끝에 그는 마침내 무선 전신을 발명하고 1896년 영국에서 시연하는 데 성공했다. 그리고 최초로 무선 전신에 관한 특허를 취득하고 이듬해에 무선전신사를 창립했다. 1898년 무선 전신 발사 실험에 성공하여 마르코니는 카를 브라운(Karl Ferdinand Braun)과 공동으로 노벨 물리학상을 수상했다. 1918년에 이탈리아 참의원에 임명되었고, 이듬해에는 그가 발송한 무선 전신 신호가 영국 해협을 통과했다.

1929년에 후작의 칭호를 받았으며, 1937년에 로마에서 생을 마감했다. 그의 장례식에는 만 명도 넘는 사람들이 참석했고 영국 본토에 있는 모든 우체국의 무선 전신 전보와 전화는 2분 동안 침묵했

▲ 굴리엘모 마르코니
1874~1937년

무선 전신 기술

무선 전신 기술은 무선 전신을 이용해 신호를 전파하는 기술이다. 이 기술의 원리는 보내고자 하는 정보를 전파로 변조하여 전력 증폭기를 통해 전파를 송출하고, 수신하는 측에서는 수신된 전파를 복조하여 정보를 수신하는 것이다.

다. '무선 전신의 아버지'인 위대한 과학자의 죽음을 애도하는 것이었다.

엄격히 말해서 굴리엘모 마르코니는 과학자보다 발명가로 세상에 더 널리 알려졌다. 그는 다른 과학자들이 발견한 사실을 이용, 개발하여 새로운 발명품을 만들어내는 데 탁월한 재능이 있었으며, 그가 발명한 무선 전신 기술은 현대 세계에 막대한 영향을 미쳤다.

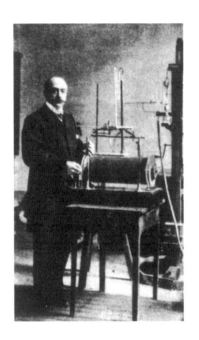

▶ 마르코니와 그의 실험실

플레밍 Fleming

오늘날 페니실린은 임상 실험에서 광범위하게 응용되고 있다.

페니실린을 발견한 사람은 알렉산더 플레밍(Alexander Fleming)이다. 그는 영국의 유명한 세균학자로, 스코틀랜드 로흐필드(Lochfield)에서 태어났다.

런던 세인트메리 병원 의학교를 졸업한 후 면역학 연구에 몰두했고, 제1차 세계대전 당시 군의관이 되어 감염증에 대해 연구했다. 연구 과정에서 플레밍은 방부제가 세균만 막는 것이 아니라 인체의 세포에도 나쁜 영향을 미친다는 사실을 발견하고 그 밖에 세균만 없애고 인체 세포에는 무해한 물질을 찾아내려 노력했다.

▲ 알렉산더 플레밍 1881~1955년

1922년 실험 중에 플레밍은 라이소자임(Lysozyme)이라는 물질을 발견했다. 이 물질은 인체 세포에는 무해한 동시에 다른 세균들을 죽이는 작용을 했다. 그러나 인류에 큰 위협이 되는 세균에는 아무런 반응도 하지 않았다.

6년 뒤, 플레밍은 새롭게 위대한 발견을 했다. 실험실 안에 있던 포도상구균 배양기에 푸른곰팡이가 발생했는데 그 주위가 무균 상

페니실린 알레르기

페니실린은 광범위하게 응용되는 항균 약물이다. 그 자체로는 독성이 매우 약하지만, 약물 알레르기를 일으킬 경우 심각하면 사망에 이를 수도 있다. 알레르기 발생률을 낮추기 위해 먼저 피부 실험을 진행한다. 페니실린 알레르기 증상을 보이는 환자가 제때 치료를 받지 않으면 호흡 곤란으로 사망에 이를 수 있다. 또 과도한 알레르기 반응을 보이는 환자는 즉시 피하 또는 정맥에 0.1%의 부신 피질 호르몬을 0.5~1mm 주입하며, 침을 놓는다면 인중, 내관 등의 혈에 바늘을 찌른다.

태였던 것이다. 그는 푸른곰팡이가 포도상구균을 없애버린 것으로 추측했다. 더 나아가 이 곰팡이가 다른 세균들의 생장을 억제한다는 것을 증명해내고 이를 페니실린이라고 명명했다.

페니실린의 발견은 다른 항균소의 발견을 촉진하여 환자의 고통을 크게 경감시키는 '신기한 약물'들이 잇달아 탄생할 수 있었다. 페니실린은 용도가 매우 다양하여 매독, 임질, 성홍열, 디프테리아(diphtheria), 관절염, 기관지염, 뇌막염, 골격감염, 폐렴, 괴저와 그 밖의 여러 질병을 효과적으로 치료할 수 있었다. 페니실린의 발견과 연구 성과는 의학사상 기적과도 같은 일로, 알렉산더 플레밍은 인류 역사에 막대한 공헌을 한 인물이다.

◀ 서재에 있는 아인슈타인

▲ 알베르트 아인슈타인
1879~1955년

아인슈타인 Einstein

진리와 인식에 매진하는 그 어떤 권위자도 하느님의 조소 앞에 서는 무너진다!

알베르트 아인슈타인

널리 알려진 바대로 '상대성 이론'은 아인슈타인(Albert Einstein) 이 이루어낸 최대 업적이다. 그러나 아인슈타인이 행복한 철학가였 다는 사실을 아는 사람은 많지 않다. 그는 개인의 명예와 이익에는 큰 관심을 두지 않고 평범한 사물과 일상 속에서 즐거움을 찾았다. 배에 올라 노를 젓거나 바이올린을 연주하는 것을 즐겼다. 아인슈타 인은 평생 두 번 결혼하여 아들 두 명을 두었다. 첫 번째 결혼은 이 혼으로 끝났지만 두 번째 결혼은 그가 생을 마칠 때까지 아름다운

▲ 아인슈타인은 바이올린 연주를 몹시 좋아했다. 음악은 그에게 종 종 과학적 영감을 불러일으켰다.

일반상대성이론

일반상대성이론은 아인슈타인이 1915년 특수상대성이론에 등가 원리와 기하학 구조에 대한 중력 이론을 더한 것이다. 시공간은 상대성을 띠며 물체의 존재에 영향을 받는다는 내용이다.

가정을 유지했다.

1879년 3월 14일 아인슈타인은 독일 울름의 유대인 가정에서 태어났다. 다른 위인들이 태어날 때부터 신동이었던 것과 달리 그는 또래보다 모든 면에서 느렸다. 15세가 되었을 때 혼자 밀라노로 떠나 1년 후 스위스 아라우(Aarau)에 있는 주립 학교로 전학했다. 그리고 1896년에 취리히 연방 공과대학에 들어가 물리학을 공부하고 1900년에 졸업했다.

아인슈타인은 대범하고 독립적으로 사고했다. 이러한 성격 때문에 그는 대학을 졸업한 지 4년이 지나서야 비로소 스위스 특허국의 관리자 일을 구할 수 있었다. 1905년, 그는 광양자설(light quantum theory)[1]을 주제로 한 논문을 발표했고 같은 해 4월 《분자 차원의 새로운 결정》이라는 논문으로 취리히 대학에서 박사 학위를 받았다. 그리고 그해 5월 특수상대성이론(special theory of relativity)[2]을 완성하여 물리학 이론에 혁명을 일으키고 물리학의 신기원을 열었다.

1907년에 아인슈타인은 등가원리(principle of equivalence)[3]를 제기했는데 이는 일반 상대성 이론을 확립하는 데 초석이 되었다. 이후 몇 년 동안 베를린 대학 교수, 취리히 대학 이론물리학 부교수, 프라하 독일 대학 이론물리학 교수, 취리히 연방 공과대학 교수를 지냈다. 1913년에는 《일반상대성이론 개요와 중력이론》을 발표하여 자신의 특수상대성이론을 중력 이론이 포함된 이론으로 확대했고, 1916년에 마침내 '일반상대성이론(general theory of relativity)'을 발표했다.

1913~1933년까지 아인슈타인은 베를린 대학 교수 겸 카이저 빌헬름연구소 소장직을 맡았다. 이 기간에 그는 반전 운동에 참여하는 한편 과학 연구에 더욱 매진했다. 1916년에 《일반상대성이론의 기초》와 《특수상대성이론과 일반상대성이론에 관한 설명》을 발표하고, 1917년에는 일반상대성이론을 바탕으로 우주 시공時空 구조를 연구하여 《일반상대성이론에 따른 우주에 관한 고찰》이라는 매우

▲ 아인슈타인과 그의 부인 엘리자

---

1 빛은 입자로 이루어진다는 가설. 각각의 입자는 진동수와 플랑크 상수의 곱으로 나타내는 에너지를 가지며, 빛은 광양자로서 전파된다는 내용이다.

2 물리 법칙은 속도가 일정한 일직선상의 운동을 하는 모든 관측자에게 동일해야 한다는 이론

3 중력을 만드는 만유인력과 관성력은 구별할 수 없다는 원리이다. 아인슈타인의 일반상대성이론에 나오는 것으로, 자유 낙하하는 놀이 기구에 탄 사람이 무중력 상태를 경험하는 현상이 대표적 예이다.

창의적인 논문을 발표했다. 이는 당시 우주학의 출발점이 되었다. 아인슈타인은 광전 효과 연구와 이론물리학에 기여한 업적으로 1921년 노벨 물리학상을 받았다.

1933년 10월 독일 나치가 유대인을 박해하자 아인슈타인은 미국으로 건너가 프린스턴 고등 연구소 교수로 취임하고 몇 년 후 미국 국적을 취득했다. 그곳에서 계속해서 일반상대성이론을 연구해 1937년에 시간, 물질, 운동 사이의 통일성을 밝혀냈는데, 이는 그가 과학적 창조 활동에서 얻은 최후의 업적이었다. 1952년에 이스라엘 정부가 그에게 제2대 대통령을 맡아줄 것을 요청했지만 아인슈타인은 정중히 거절했다.

1955년 4월 18일 1시 25분, 당대 가장 위대한 과학자이자 시공 개념과 우주관을 뒤바꿔버린 물리학자 알베르트 아인슈타인은 병환으로 미국 프린스턴에서 영원히 눈을 감았다. 그의 사상은 기술 시대 도래의 발판을 마련했다. 이론물리학자 스티븐 호킹(Stephen William Hawking)은 이렇게 말했다. "과거 100년 동안 전 세계에 발생한 변화는 다른 어떤 시대보다 훨씬 많았다. … 어떤 과학자도 아인슈타인처럼 많은 발전을 이룩하지 못할 것이다."

▲ 상대성 이론의 창시자 알베르트 아인슈타인과 독일 과학자 막스 플랑크(Max Karl Ernst Ludwig Planck)가 함께 찍은 사진. 플랑크는 아인슈타인을 발굴한 사람이다. 히틀러가 집권하자 아인슈타인은 미국으로 망명했고, 플랑크는 독일 민족주의와 나치즘 사이에서 끝까지 균형을 유지하고자 노력했다.

◀ 1933년에 아인슈타인이 학자와 기자들을 초대하여 자신의 이론을 설명하고 있다.

▲ 히틀러는 인류에게 지울 수 없는 상처를 남겼고 독일 전체에도 막대한 영향을 주었다. 이러한 사실은 마르크스와 아인슈타인과 같은 위대한 인물을 배출한 국가에 커다란 오점이 아닐 수 없다.

히틀러 Hitler

우리의 전투에는 적이 우리의 시체를 밟고 지나가거나 우리가 적의 시체를 밟고 지나가는 두 가지 결과만 있을 뿐이다.

히틀러

아돌프 히틀러(Adolf Hitler)는 독일 나치당의 총재이자 독일의 총통이었다. "우리의 전투에는 적이 우리의 시체를 밟고 지나가거나 우리가 적의 시체를 밟고 지나가는 두 가지 결과만 있을 뿐이다." 이 말은 제2차 세계대전의 최대 전범인 히틀러의 전쟁 선언문에 있는 문장이다. 그는 자신의 저서 《나의 투쟁 (Mein Kampf)》에서 전쟁이 그를 진작시킨다고 말하며 "나는 땅바닥에 무릎 꿇고 하느님께 감사를 드렸다."라고 썼다.

그는 젊은 시절 화가의 꿈을 안고 빈을 찾아왔지만, 제1차 세계대전이 발발하자 독일군에 입대해 전

◀ 1929년 히틀러가 자신의 정예 부대와 함께 찍은 사진

◀ 독일군이 피렌체에서 값어치가 수억 달러에 달하는 예술품들을 운송하는 모습

▲ 아돌프 히틀러 1889~1945년

쟁에 참여했고 하사의 신분으로 철십자 훈장(Eiserne Kreuz)을 받았다. 그리고 전쟁이 끝난 후 우연히 파시즘(fascism)[1]을 접하고 이 사상에 크게 영향을 받았다.

▼ 히틀러가 그의 추종자들에게 연설하는 모습

---

1 제1차 세계대전 후에 나타난 극단적인 전체주의적, 배외적 정치 이념 또는 그 이념을 따르는 지배 체제. 자유주의를 부정하고 폭력적 방법을 사용하는 일당 독재를 주장하여 민족 지상주의, 반공을 내세워 침략 정책을 주장한다.

▶ 1937년 브란덴부르크 문(Brandenburg Gate)에서는 나치당의 대규모 시위가 벌어졌다. 당시 히틀러 정권은 위세가 하늘을 찔렀고, 이와 함께 전 세계의 악몽이 서서히 시작되고 있었다.

나의 투쟁

1923년 11월 8일 저녁, 히틀러는 정예 부대를 이끌고 뮌헨의 한 호텔에 진격해 장관 세 명을 구금하고 현장에서 "전국 혁명은 이제 시작되었다!"라고 선포했다. 그러나 그는 11월 11일에 체포되었고 뮌헨 봉기도 종결되었다. 1924년 2월, 5년 형을 선고받았지만 육군의 지지와 법정에서 히틀러가 보여준 출중한 변론으로 형은 9개월로 크게 줄어들었다. 히틀러는 옥중에서 《나의 투쟁》을 집필했으며, 1925년 12월 8일 정식으로 출판했다.

《나의 투쟁》은 2권 27장으로 구성되었다. 히틀러는 이 책에서 자신의 청년 시절, 제차 세계대전과 독일이 실패한 원인에 대해 서술하고, 반反유대주의 사상을 피력하는 한편 독일 청년들에게 나치당 입당을 호소했다.

이 책은 출간 초기에는 그다지 큰 반향을 일으키지 못했으나 1933년에 히틀러가 집권하고 책에서 선양하는 파시즘, 전후戰後 보복 사상이 당시 독일인의 정서에 영합하면서 판매 부수가 크게 증가했다. 1940년 제2차 세계대전이 발발한 지 2년 후, 이 책은 '나치즘의 경전'이 되어 독일에서만 600만 부 이상 판매되었다. 《나의 투쟁》에 담긴 독일 파시즘은 제2차 세계대전의 사상이자 행동 강령이었다.

오늘날에도 이 책은 여전히 매우 가치 있는 서적이다. 《나의 투쟁》은 독일 외교 정책과 1920~1940년대까지의 유럽 국제 관계사 연구에 없어서는 안 될 문헌이다.

전쟁이 끝나자 히틀러는 독일 노동당에 입당했고, 몇 년 후 당의 이름을 나치당으로 바꾸었다. 그는 웅변에 매우 능해 격앙된 연설로 점차 당세를 확장해갔다. 이후 뮌헨 정부를 몰아내려는 봉기를 획책했으나 성공하지 못하고 투옥되었다. 옥중에서 그는 《나의 투쟁》을 집필하며 오스트리아 합병, 유대인 학살, 독재 등 절대 권력을 얻기 위한 방법을 계획했다.

1933년 1월 30일 히틀러가 독일 수상으로 임명되었고, '국회의사당 방화' 사건을 빌미로 독일 공산당을 공격했다. 1934년에 독일 대통령 힌덴부르크가 세상을 떠나자 히틀러는 대통령직을 겸하고 두 가지 직책을 합해 '총통'이라고 명명했다. 총통은 국가에서 최고 지위와 특권이 있는 신분으로 군대, 법원, 정부의 모든 관리는 반드시 총통에게 복종해야 했다.

총통의 자리에 오른 히틀러는 제1차 세계대전 이후 독일이 제약받았던 군사력을 회복하기 시작했다. 1938~1939년까지 오스트리아와 체코슬로바키아를 합병하고 1939년 9월에는 폴란드를 침략했다. 이렇게 해서 마침내 제2차 세계대전이 발발했다. 히틀러는 1941년 6월에 소련으로 진격했으나 1942년 스탈린그라드(= 볼고라드, Volgograd) 전투에서 30만 정예 부대가 패하면서 전쟁의 주도권을 잃었다. 독일과 소련의 개전 이후 영국, 미국 등 국가는 소련과 연합하여 반反파시즘 동맹을 맺었다. 1944년에 이들 연합군이 유럽에서 두 번째 전투를 일으키면서 독일은 매우 위태로운 상황에 몰렸다.

정권 초기에 히틀러는 적극적인 재정 정책을 펼쳐 군사 물품과 무기를 대대적으로 구입하고 유대인 자본을 착취했다. 또 강압적인 카르텔(cartel)[2] 형성, 중소기업 도태, 독점 조직 확대 등의 수단으로 제1차 세계대전 이후 수렁에 빠졌던 독일 경제를 위기에서 벗어나게 했다. 군사적인 면에서 히틀러는 제1차 세계대전에서 사용했던 전략을 버리고 새로운 전략을 구축해 전쟁 형태를 변화시켰다.

1945년 4월 28일, 소련의 적위대가 독일 베를린을 공격했다. 이에 슬픔과 절망에 잠긴 히틀러는 브라운(Braun)과 결혼하고 4월 30일 오후 3시 30분에 함께 자살했다. 그리고 1945년 5월 8일 밤, 독일 나치군은 공식으로 연합군에게 투항했다.

◀ 1933년 사냥하는 히틀러의 모습

---

2 동일 업종의 기업이 경쟁의 제한과 완화를 목적으로 가격, 생산량, 판로 등에 대해 협정을 맺어 형성하는 독점 형태 또는 그 협정. 각 기업의 독립성이 유지된다.

마오쩌둥 Mao Zedong

▲ 마오쩌둥 1893~1976년

"누가 우리의 친구이고 누가 적인가 하는 문제는 중국 혁명에서 제일 중요한 것이다."

1925년 12월에 발표된 《중국 사회 각 계급의 분석》에 나오는 글귀이다. 이로부터 10년 전, 마오쩌둥은 후난학생연합회를 설립하고 잡지 〈샹장평론 湘江評論〉을 펴냈지만 성 정부의 탄압으로 곧 폐간되었다. 지도자로서 두각을 나타내던 그는 줄곧 중국의 미래에 대해 깊이 사색했고 이를 바탕으로 《중국 사회 각 계급의 분석》을 펴냈다. 이 책은 당시 혁명 상황을 정리해놓았을 뿐만 아니라 간접적으로 중국 혁명의 성공을 앞당겼다.

마오쩌둥毛澤東은 자가 룬즈潤之, 필명은 쯔런子任이다. 후난 성 상탄 현 사오산의 농민 가정에서 태어났다. 그가 18세 때 중국에서 반청 혁명이 발생했다. 마오쩌둥은 소년 시절부터 나라의 장래를 걱정했다. 혁명 정신과 대중을 이끄는 지도력이 매우 뛰어났던 그는 곧 동료들 가운데 핵심 인물이 되었고, 반세기 동안 함께 노력한 끝에 마침내 중국의 독립을 쟁취했다.

마오쩌둥이 후대인들에게 가장 많은 영향을 준 것은 바로 혁명 이론이다. '마오쩌둥 사상'이라고 불리는 이 이론은 혁명과 농민의 관계, 혁명과 통일 전선의 관계 등에 대해 체계적으로 논술했다. 민주 혁명의 선구자 쑨원孫文과 비교할 때 마오쩌둥 사상은 더 체계적이고 현실적이다. 중국 공산당은 1927년과 1934년에 두 차례 큰 위기에 봉착했으나 마오쩌둥의 지도로 모든 역경을 뒤로하고 1949년에 마침내 중화인민공화국 정부를 탄생시켰다.

뛰어난 지도력과 함께 마오쩌둥의 군사 이론도 사람들에게 널리 알려져 있다. 《중국 혁명전쟁의 전략 문제》, 《항일 유격 전쟁의 전략 문제》, 《지구전론》, 《전쟁과 전략 문제》, 《신단계론》 등의 저서에는 토지 혁명, 항일 전쟁과 국가의 통일 단계 군사 전략이 상세하게 정리, 분석되었다. 이 이론들이 실천으로 옮겨졌을 때 극명한 효과가 나타났다. 마오쩌둥의 혁명 사업은 수차례 실패를 딛고 마침내 중국 대륙에서 자산 계급의 이익을 대표하는 장제스蔣介石 세력을 몰아냈다.

마오쩌둥과 마르크스, 레닌은 공산주의의 대표적 인물을 이야기할 때 종종 함께 거론된다. 그러나 이 세 사람이 남긴 업적은 각기 다르다. 마르크스는 이론을 제시했지만 실천적인 성공은 거두지 못했다. 레닌은 세계 최초로 노동자 정권을 세웠지만 결국 세기말에 와해되었다. 이렇게 소련은 해체되었지만 마오쩌둥과 그의 동지들이 창건한 혁명 사업은 지금까지 이어져 내려오고 있으며 최근 30년 동안 뚜렷하게 발전했다.

▶ 1945년 2월에 얄타 회담(Yalta Conference)이 열렸다. 왼쪽부터 처칠, 루스벨트, 스탈린의 모습

스탈린 Stalin

스탈린헌법은 고도로 집중된 정치, 경제 체제를 형성했다.

1953년 3월 5일, 약 25년에 걸쳐 소련을 통치한 소련의 지도자 이오시프 스탈린(Iosif Vissarionovich Stalin)이 뇌출혈로 모스크바에서 생을 마감했다. 그의 유해는 모스크바 붉은 광장의 레닌 묘지에 안장되었다가 1961년에 화장되어 크렘린 궁의 붉은 벽 밑으로 이장되었다.

본명은 주가쉬빌리(Ioseb Dzhugashvili)이고, 1879년에 러시아 그루지야의 고리(Gori)에서 태어났다. 구두직공이었던 아버지는 스탈린이 11세 때 세상을 떠났다. 스탈린의 모국어는 그루지야어였다. 그래서 훗날 러

▲ 이오시프 스탈린 1879~1953년

▶ 1922년 스탈린과 레닌이 함께 찍은 사진

시아어를 배우긴 했
지만 그가 구사한 러
시아어는 그루지야어
악센트가 농후했다.
스탈린은 15세에 혁
명에 참가했다. 마르
크스주의의 신봉자가
되어 사회민주노동당
에 입당했고, 노동당
이 분열되고 나서는

◀ 1937년 6월 25일 몰로토프, 스
탈린과 보로실로프가 함께 있는
모습

볼셰비키 편에 섰다. 나중에 그는 1917년 이전에 혁명에 가담하고
지도했다는 이유로 여러 차례 체포, 감금, 유배되었다.

　1917년부터 볼셰비키 내 스탈린의 지위는 점차 높아졌다. 중앙 위
원회 정치국 위원, 중앙 집행 위원회 상무국 위원으로 선출되었고
상트페테르부르크 무장 봉기를 이끌었다. 그리고 1918~1920년까
지 내전과 외국의 무장 간섭 반대 활동을 통솔하면서 탁월한 군사,
정치 지도자로서의 재능을 유감없이 발휘했다. 레닌의 제안으로 스
탈린은 1922년에 중앙 위원회 총서기로 당선되었고, 1924년 1월에
레닌이 사망하고 나서 소련의 최고 권력을 장악했다. 이때부터 소련
에는 30년 동안 스탈린의 시대가 열렸다.

　최고의 자리에 오른 스탈린은 제일 먼저 경제 개혁을 시작했다.
그는 레닌의 신新 경제 정책을 버리고 전면적으로 농업집체화農業集體
化와 산업화를 추진했다. 농업집체화는 어느 정도 농민의 생활환경
을 개선시켰지만 소련의 농업은 아주 오랫동안 아무런 발전도 이루
지 못했고, 산업화는 단기적으로 눈에 띄는 효과를 보였다. 소련은
제2차 세계대전 중에 입은 피해가 매우 심각했지만, 종전 후에는 미
국의 뒤를 잇는 제2의 산업 강국으로 부상했다. 그러나 장기적으로
보았을 때 스탈린의 경제 정책은 소련을 발전시키기보다는 오히려
파괴하는 결과를 낳았다.

　1934년부터 소련 역사상 대숙청의 바람이 시작되었다. 스탈린은
이단자를 제거하기 위해 반혁명 재판을 열어 3분의 2가 넘는 중앙
위원을 제명하고 많은 간부를 처형했으며 무고한 많은 사람을 투옥
시켰다. 그리고 '스탈린헌법'을 제정하여 고도로 집중된 정치, 경제

▲ 1953년 3월 5일, 스탈린은 73세에 뇌출혈로 세상을 떠났다.

체제를 형성했다. 이는 훗날 소련이 와해된 원인 중 하나로 작용했다.

그러나 스탈린이 제2차 세계대전 중에 세계가 반파시즘 전쟁에서 승리를 거두는 데 큰 공헌을 했다는 점은 결코 부인할 수 없는 사실이다. 그는 소련군을 통솔하여 독일군과 벌인 모스크바 전투에서 승리를 거두었다. 이는 제2차 세계대전 국면에 직접적으로 영향을 미쳤고, 어떤 의미에서는 세계 역사 발전에 큰 역할을 한 것으로 평가되기도 한다. 종전 후 소련은 동유럽 대부분 나라를 점령했고, 스탈린은 이 기회를 놓치지 않고 이 모든 국가에 공산당 정권을 세웠다. 그리고 얼마 후 소련과 미국 간 냉전 시대의 서막이 올랐다. 이러한 냉전 시대는 장장 40여 년 동안 계속되었다.

비록 스탈린의 통치 정책은 완벽하지는 않았지만 그는 걸출한 국제공산주의 활동가이자 정치가였고 위대한 마르크스주의자였다. 스탈린은 소련을 창건한 인물 중 한 사람으로, 그가 세운 소련의 발전 모형은 20세기 전 세계에 깊은 영향을 미쳤다.

▶ 〈베를린 함락〉의 작품

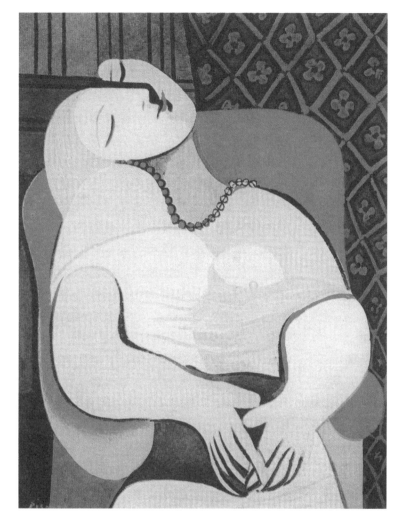

▲ 〈우는 여인〉 피카소의 작품

◀ 꿈

피카소 Picasso

나는 그 무엇도 그리지 않았다. 단지 생명과 죽음의 관계를 투
시했을 뿐이다.

피카소

　유화 1,885폭, 소묘 7,089폭, 판화 2만 폭, 평판화 6,121폭…. 나열
한 것들은 어떤 미사여구로도 표현이 부족한 피카소의 작품들이다.

1999년에 프랑스인들이 가장 위대하다고 생각하는 화가로 피카소가 뽑혔다. 전 세계 경매장에서 가장 비싼 호가로 낙찰된 10대 작품 가운데 네 개가 피카소의 작품이다. 또한 그는 루브르 박물관에 자신의 작품이 소장되는 것을 직접 본 최초의 화가이다. 그는 "나는 그 무엇도 그리지 않았다. 단지 생명과 죽음의 관계를 투시했을 뿐이다."라고 자신의 작품 세계를 평가했다.

파블로 피카소(Pablo Ruiz Picasso)는 1881년 10월 25일 에스파냐 남부 말라가(Malaga)에서 태어났다. 미술 교사인 아버지의 영향으로 유년 시절부터 훌륭한 예술 교육을 받았고, 9세 때 이미 유화를 그렸다. 1897년에 바르셀로나에 있는 미술 학교에 진학했고 2년 후에는 마드리드에 있는 왕립 미술 학교에 다녔다. 피카소는 이때부터 위대한 예술가의 길을 걷기 시작했다.

피카소의 화법과 풍격은 그의 일생에 걸쳐 여러 차례 변했다. 소년 시절 어려웠던 집안 환경은 그의 어린 시절 작품을 우울한 분위기로 이끌었다. 1900년부터 피카소는 스페인과 파리를 오가며 바쁘게 지냈다. 파리에서의 생활환경은 매우 열악했고 당시 에드가 드가(Hilaire Germain Edgar De Gas), 안네마리 자시르(Annemarie Jacir), 툴루즈 로트렉(Toulouse Laitrec) 등의 화풍에 큰 영향을 받았다. 그래서 이 시기 피카소의 작품은 전반적으로 침울하고 어두운 경향을 띤다. 1906년 이후 피카소는 마티스(Henri Matisse), 조르주 브라크(Georges Braque)와 친분을 맺었고, 몽마르트에서 연인 페르낭드 올리비에(Fernande Olivier)와 함께 지냈다. 이때는 피카소의 경제적 상황이 매우 안정되어 작품의 전체적인 색채가 예전보다 밝고 분홍빛이 감돈다. 가난하고 힘들었던 시절 피카소는 주로 청색을 사용해 병약한 어린 아이와 불쌍한 과부를 그렸다.

1906년 피카소의 작품은 아프리카 가면의 영향을 받

▶ 〈화가와 모델〉
여성 모델은 피카소에게 영감을 주는 원천이었다.

았다. 〈아비뇽의 처녀들〉이 그 대표작으로, 화면에 나오는 벌거벗은 여인들의 몸은 기하학적으로 구성되어 있다. 이는 대상을 다양한 각도에서 관찰하고 조각을 나눈 뒤 한 화면에 종합하여 배열한 듯하다. 〈아비뇽의 처녀들〉은 피카소의 입체주의의 출발점이기도 하다. 그러나 이 시기에는 여전히 세잔(Paul Cezanne)의 영향이 남아 있다. 1910년 이후 그는 수많은 예술가 친구와 함께 몽파르나스(Montparnasse)로 보금자리를 옮겼다. 이 시기 그의 작품은 입체파의 최고봉에 이르렀다. 그리고 1914년에 종합 입체주의 시기를, 1917년부터 1920년대까지 신고전주의 시기를 거쳤다.

〈아비뇽의 처녀들〉, 〈게르니카(Guernica)〉 등 작품은 그의 풍부한 창의력을 통해 탄생한 작품들로 그에게 높은 명성을 안겨주었다. 그는 평생 수많은 다양한 예술 작품을 남겼다. 자연주의에서 표현주의로, 고전주의에서 낭만주의로, 낭만주의에서 현실주의로 회귀한 피카소의 예술 노정에는 딱히 어떤 규칙이 없었다. 그러나 그의 작품에서 보이는 공간, 색채와 선의 운용은 피카소가 입체파의 대표 주자임을 여지없이 보여준다.

피카소는 극단적인 변형과 과장 기법으로 기형적인 자본주의 사회와 왜곡된 인간관계를 표현했다. 그리고 서양 현대철학, 심리학, 자연과학의 업적을 충분히 흡수해 자신만의 개성과 특색을 담은 작품을 창조해냈다. 피카소의 개인 소장품은 모두 프랑스 정부에 기증되었다.

◀ 〈아비뇽의 처녀들〉
피카소는 기하학적 구성으로 여인들의 인체를 변형시켰다. 이 그림은 전체 구상이 제한적이긴 하지만 20세기 회화사에서 중요한 역할을 한 작품이다.

▲ 〈북북서로 진로를 돌려라 (North by Northwest)〉 히치콕 감독
이 영화는 히치콕의 대표적인 스릴러 영화이다. 이 영화에서 주인공인 손힐은 줄곧 스크린의 왼편에서 등장한다.

히치콕 Hitchcock

히치콕은 심리적 불안감을 교묘하게 유도하는 독자적 연출 방법을 통해 인생의 황당무계함과 인간의 나약함을 통찰력 있게 연출해냈다.

　알프레드 히치콕(Alfred Hitchcock)은 유사 이래 가장 위대한 영화 감독으로 인정받았지만 그는 유독 아카데미상과 인연이 없었다. 여섯 차례나 후보에 올랐지만 최우수 감독상은 번번이 그를 비켜갔다. 그러나 영화사에 남은 그의 업적은 의심할 여지가 없다. 1968년 그는 어빙 탤버그상(Irving G. Thalberg Memorial Award)과 전미 비평가 협회의 D. W. 그리피스상을 수상했고, 미국영화연구소 (American Film Institute)에서 평생공로상을 받았다.

▲ 알프레드 히치콕 1899~1980년

1899년 8월 13일 영국 런던에서 태어났다. 어린 시절부터 엄격한 기독교 교육을 받으며 자랐고 교회에서 세운 학교에 진학했다. 이 학교는 교칙을 위반하는 학생에게 매서운 처벌을 가했기 때문에 학생들은 처벌을 받기 전부터 이미 마음을 졸이는 공포에 떨어야 했다. 학생 시절에 경험한 이러한 교육 방침은 훗날 히치콕이 스릴러 영화를 확립하는 데 매우 커다란 영향을 미쳤다.

히치콕의 집은 법원 근처에 있었다. 그래서 히치콕은 소년 시절에 종종 그곳에 가서 온갖 살인 사건의 집행 과정을 목격했고, 이 모든 것은 그의 영화에 무한한 창작 소재를 제공했다. 1915년부터 그는 한 전화 전신 회사에서 평가원으로 일했는데, 이때 업무 처리를 위해 자주 영화사에 출입하면서 점차 영화에 큰 흥미를 느꼈다.

◀ 〈39계단〉의 한 장면
이것은 히치콕이 감독 초기에 촬영한 가장 성공적인 영화이자 후기 작품의 바탕이 된 영화이다. 〈39계단〉에서 히치콕은 이미 서스펜스 원칙을 형성했다.

몇 년 후 히치콕은 런던 대학에서 미술을 전공하고 1919년에 정식으로 영화계에 입문했다. 영국의 한 영화사에 들어가 영화 자막을 만드는 일을 맡았고, 빠르게 주임으로 승진했다. 1922년부터는 여러 영화사에서 일하며 조감독, 각본, 편집, 미술 감독 등 다양한 업무를 맡았다. 이때의 경험은 훗날 그가 성공적인 영화감독이 되는 데 훌륭한 밑거름이 되었다.

1926년 이전에 히치콕은 〈넘버 13〉, 〈항상 네 아내에게 말하라 (Always Tell Your Wife)〉 등의 영화를 연출했지만 당시 감독은 그의 본업이 아니었고, 그의 영화도 별다른 주목을 받지 못했다. 1925년에 그가 촬영한 〈프리주어 가든(The Pleasure Garden)〉의 상영은 그의 감독 인생의 시작이었다. 1년 후 히치콕의 첫 번째 스릴러 영화 〈하숙인(The Lodger)〉이 발표되어 광범위한 호평을 받았고, 그는 영국 영화계에서 확실히 자리매김했다.

이후 십여 년 동안 히치콕은 〈공갈〉, 〈암살자의 집〉, 〈39계단(The

▶ 〈레베카〉
이 작품에서 히치콕은 이동 촬영 기법, 소도구, 음향 기법 등을 통해 인물 간의 관계와 심리 상태를 치밀하게 묘사했다. 영화 전체는 느리게 전개되는 듯하지만, 타이밍을 조절해 영화를 보는 사람으로 하여금 순간순간 공포를 느끼게 한다.

아카데미상
이 상의 정식 명칭은 영화예술과학 아카데미상이다. 1927년에 설립되었고 해마다 로스앤젤레스에서 거행된다. 아카데미상은 미국 영화 예술의 발전 과정을 반영할 뿐만 아니라 세계 수많은 나라의 영화 예술에도 적지 않은 영향을 미친다.

39 Steps)〉 등의 영화를 감독했다. 특히 〈39계단〉은 세계 각국에서 환영받았고, 이와 함께 히치콕은 세계적 명성을 얻게 되었다.

제2차 세계대전이 발발하기 전날 저녁, 히치콕은 할리우드에 입성했다. 그리고 1940년에 할리우드에서 감독한 첫 작품 〈레베카(Rebecca)〉로 아카데미 시상식에서 최고 작품상을 수상했다. 이후 그는 사람들이 영원히 잊지 못할 고전 영화들을 계속해서 만들어냈다. 〈해외 특파원(Foreign Correspondent)〉, 〈스미스 부부(Mr. and Mrs. Smith)〉, 〈구명보트(Lifeboat)〉, 〈의혹의 그림자(Shadow of a Doubt)〉 등이 대표적이다.

수년 동안 중풍을 앓던 히치콕은 1980년 초에 마지막 작품 〈짧은 밤(The Short Night)〉의 촬영에 들어갔지만 영화를 완성하지 못했고, '서스펜스의 대가'는 결국 그해 4월 29일에 생애를 마쳤다. 향년 80세였다. 히치콕은 이 세상에 53편에 이르는 영화 작품을 남겼다.

새뮤얼슨 Samuelson

그는 미국에서 최초로 노벨 경제학상을 수상한 경제학자이다.

폴 새뮤얼슨(Paul Samuelson)은 1915년에 미국 인디애나 주 게리에서 태어났다. 당대 케인스 경제학(Keynesian economics)[1]을 집대성한 인물로 경제학의 거장이다. 1970년에 미국에서 최초로 노벨 경제학상을 수상했다.

새뮤얼슨은 천재이자 신의 은총을 받은 사람이었다. 어린 시절부터 총명하고 생각이 매우 깊었으며, 15세에 시카고 대학에 진학해 처음으로 경제학을 접했다. 그는 종종 이렇게 이야기했다. "내 생명은 시카고 대학에 들어가 경제학을 공부하면서부터 시작되었다." 이 말에서 경제학에 대한 그의 열정을 충분히 엿볼 수 있다. 새뮤얼슨은 시카고 대학을 졸업하고 나서 다시 하버드 대학에 입학해 경제

경제학

1948년에 새뮤얼슨은 그의 가장 중요한 경제학 저서 《경제학》을 완성했다. 이 책에서 그는 경제학 중에서도 정치 경제학, 부문 경제학, 기술 경제학에 대해 전문적으로 논술했을 뿐만 아니라 거시에서 미시, 생산에서 소비, 경제사에서 경제 제도까지 경제학과 관련된 모든 분야를 총망라하여 기술했다. 특히 새뮤얼슨은 독특한 저술 방식으로 무미건조한 경제 이론서에 문학적 색채를 가미했다. 이 책은 출판되자마자 품절될 만큼 사람들에게 크나큰 호응을 얻었으며, 다양한 언어로 번역되어 전 세계로 보급되었다.

---

1 공공 부문과 민간 부문이 함께 중요한 역할을 하는 혼합 경제를 장려한다. 시장과 민간 부문이 국가의 간섭이 없는 상태에서 가장 잘 작동한다고 주장하는 방임주의적 자유주의와 큰 차이가 있다.

▲ 폴 새뮤얼슨 1915~

▶ 1929년 미국 경제 대공황 당시의 사진으로, 어머니가 아이를 안고 앉아 있다. 자원이 고갈되어가는 오늘날, 어떻게 하면 대공황 같은 경제적 재난을 피할 수 있을까? 이 문제야말로 경제학이 존재하는 단 하나의 이유이다.

학을 깊이 연구하고 경제학 박사 학위를 받았다.

그의 박사 논문 '경제 이론 실행의 중요성'은 특히 훗날 그의 경제학 연구에 밑바탕이 되었다. 새뮤얼슨은 1940년부터 매사추세츠 공과대학에서 강사로 일하다가 나중에는 교수로 승진했다. 이 기간에 미국 경제학 협회 회장, 국제 경제학 협회 회장직을 겸임했고, 이후 국제 경제학 협회 종신 명예 회장, 많은 정부 기관의 경제 고문으로 임명되었다.

새뮤얼슨의 이름이 세상에 널리 알려진 것은 나열하기 어려울 만큼 수많은 그의 직함 때문이 아니라 경제학 분야에서 쌓은 그의 업적 때문이다. 새뮤얼슨은 경제학 외에도 통계학, 수학, 물리학 등 광범위한 영역에 걸쳐 깊이 있게 연구했다. 1947년, 아직 40세가 되지 않았던 새뮤얼슨은 제1회 존 베이츠 클라크 메달(John Bates Clark Medal)[2]을 받았다.

그리고 1947년에 또 다른 기념비적 사건이 일어났다. 위대한 경제학자 케인스가 사망한 지 1주년 되던 해에 새뮤얼슨은 자신의 박사 논문을 기초로 완성한 《경제 분석의 기초(Foundation of Economic Analysis)》를 발표했다. 그는 이후 이 논문을 기반으로 경제 영역에 대한 광범위한 연구를 진행해 마침내 노벨 경제학상을 수상했다. 이 논문은 수리경제학 분야의 획기적인 저작으로 손꼽힌다.

1년 후 새뮤얼슨의 위대한 걸작 《경제학(Economics)》이 출판되자마자 세상에 커다란 반향을 일으켰다. 당시 젊은 학생들은 너도나도

---

2 미국 경제학회가 2년에 한 번씩 40세 이하 경제학자에게 수여하는 상

손에 《경제학》 책을 한 권씩 꼭 들고 다녔고 얼마 후에는 일본, 독일, 이탈리아, 포르투갈, 러시아 등 세계 각국 언어로 번역되어 출간되었다. 이렇게 해서 새뮤얼슨은 세계 경제학계의 최고 권위자로 등극했다. 그 후 솔로(Robert Merton Solow), 도프만(Robert Dorfman)과 합작으로 《선형 계획과 경제 분석(Linear Programming and Economic analysis)》를 집필하여 수리경제학의 발전에 크게 이바지했다.

새뮤얼슨은 신고전파의 종합 이론 체계를 제시하여 수리 경제와 동태 경제 이론을 발전시켰다. 그의 이론은 정부가 경제 정책을 제정하는 이론적 바탕이 되었고, 세계의 경제 과학 수준을 한층 끌어올렸다. 새뮤얼슨의 저서 《경제학》은 100만 부 이상 판매되었으며, 세계 수많은 국가의 대학에서 경제학 교과서로 쓰이고 있다.

▲ 케네디의 뒷모습과 그에게 환호
하는 사람들

케네디 Kennedy

미국의 제35대 대통령이었던 그는 열정이 가득한 자유주의자로
미국의 희망이었다.

▶ 존 피츠제럴드 1917~1963년

존 피츠제럴드 케네디(John Fitzgerald
Kennedy)는 미국의 제35대 대통령이며, 그
의 임기는 1961년 1월 20일부터 1963년 11
월 22일 댈러스 시에서 암살당한 때까지였
다. 그는 케네디 정치가문의 일원이자 패기
넘치는 자유주의자로 미국의 희망이었다.

케네디는 평생 각종 질병과 싸워야 했다.

◀ 1963년 11월 22일 케네디는 텍사스 주 댈러스 시에서 자동차 퍼레이드 중 암살되었다.

그러나 강인한 의지로 하버드 대학에 입학하는 데 성공했고, 하버드 대학 재학 시절 유럽 여행도 두 차례 떠났다. 그는 유럽 여행 중 느낀 점과 대학에서 공부한 지식을 바탕으로 영국의 유화 정책에 관하여 '영국은 왜 잠자고 있었나(Why England Slept)'라는 총 148페이지짜리 논문을 완성했다. 이 논문은 아버지의 권유로 책으로 출판되었고 미국과 영국에서 모두 큰 호평을 받았다. 1940년 6월 케네디는 우수한 성적으로 하버드 대학을 졸업한 동시에 국제 관계 명예 학위를 받았다.

◀ 케네디와 그의 부인 재클린이 선거 유세를 하는 모습. 케네디는 명문가라는 배경과 선량한 이미지로 민심을 사로잡아 대선에서 승리했다.

맏형 잭 케네디가 전사하자 케네디는 가문의 명성을 이어야 한다
는 막중한 책임을 지게 되었다. 그는 1946년에 중의원 선거에 참여
하여 1947년부터 1960년까지 중의원, 참의원 등의 직위를 맡았다.
그리고 1960년 미국 대선에서 승리를 거두었다.

　케네디의 취임 연설은 매우 훌륭하여 루스벨트 대통령의 첫 번째
취임 연설과 함께 20세기에 잊지 못할 2대 미국 대통령 취임 연설로
불린다. 취임 이후 케네디는 도시 주택 문제 개선, 세수 제도 개혁,
천연 자원의 보호와 개발, 인종 차별 반대 등 수많은 국내 정책 계획
을 세웠지만 대부분 계획이 난관에 봉착하여 진척되지 않았다. 그러
나 1964년에 케네디가 암살된 후 대규모 감세안과 흑인 평등권안이
의회에서 통과되었다.

　케네디는 미국인들에게 가장 덕망 높은 대통령으로, 그의 암살은
미국 역사상 매우 중대한 사건이었다. 케네디의 죽음은 이후 수십
년 동안 줄곧 미국의 정치 발전에 커다란 영향을 주었다.

▶ 케네디를 암살한 증거품

만델라 Mandela

27년에 걸친 투옥 생활을 마치고 그는 76세에 남아프리카공화국 최초의 흑인 대통령으로 선출되었다.

넬슨 만델라(Nelson Rolihlahla Mandela)는 남아프리카공화국 최초의 진정한 민족 대표자이다. 그는 남아프리카 역사에 새로운 국면을 열고 남아프리카공화국에 커다란 공헌을 했다.

1918년 7월 18일 만델라는 남아프리카공화국 트란스케이(Transkei)의 템 부족 족장의 아들로 태어났다. 그러나 9세 때 아버지가 세상을 떠나 다른 부족의 족장이 그를 키웠다. 만델라는 포트헤어 대학에 진학해 법률을 공부하고 변호사 자격증을 취득했다. 맏아들이었던 만델라는 족장의 후계자였지만 부족을 통치하기보다는 한 명의 전사가 되어 민족 해방 사업에 투신하기로 했다.

당시 남아프리카공화국에서 흑인은 불공평한 대우를 받고 있었

노예무역

식민주의의 침입은 아프리카 사회를 짓밟았다. 자본주의가 발전함에 따라 아프리카는 상업적 흑인 사냥터로 변질되었고, 수없이 많은 아프리카 흑인이 아메리카 대륙 등지로 팔려나갔다. 아프리카는 끝이 보이지 않는 고통에 신음 소리조차 낼 수 없었다. 이것은 인류 역사상 가장 피비린내 나는 무역이었다.

▲ 넬슨 만델라 1918~

다. 1944년에 만델라는 아프리카 흑인의 평등권 쟁취를 위해 결성된 조직 아프리카민족회의(ANC)에 가입하여 청년 연맹을 창설했다. 1948년에 백인 정부 법률에 의해 아파르트헤이트(Apartheid)[1]가 승인되자 남아프리카공화국에서는 흑인의 권리 보호를 위한 투쟁이 대대적으로 전개되었다. 청년 연맹의 총서기직을 맡고 있던 만델라는 적극적으로 투쟁에 참여했고 2년 후 이 조직의 의장으로 당선됨과 동시에 아프리카민족회의의 위원이 되었다.

이후 만델라는 아프리카민족회의 집행 위원, 아프리카민족회의 부의장직에 올랐다. 1952년에 처음으로 체포되었는데, 그 후로 투옥 생활은 만델라에게 너무나도 일상적인 일이 되어버렸다. 1960년 아프리카민족회의는 정부에 불법 조직으로 지목되어 지하 활동으로 전환했다. 이듬해 만델라는 아프리카민족회의의 군사 조직 '민족의 창(움콘토 웨 시즈웨, Unmkhonto we Sizwe)'을 편성해 총사령관을 맡았고 이 기간에 국제 지원을 얻고자 아프리카 15개국을 방문했다. 1964년에 반역죄로 체포되어 종신형을 선고받았지만 27년 동안 복역을 마치고 출소했다.

27년이라는 긴 기간의 복역 생활은 매우 고통스러웠으나 만델라는 절대로 자신의 신념을 굽히지 않았다. 여전히 인종 차별에 반대했고, 흑인 평등과 새로운 남아프리카공화국 건설을 확신했다. 1990년 남아프리카 당국은 국민의 압박에 못 이겨 마침내 무조건적으로 만델라를 석방한다는 성명을 발표했다. 이렇게 해서 72세의 만델라에게 인생의 새로운 장이 열렸다.

1990년에 출소한 만델라는 아프리카민족회의 부의장직을 맡았고 이듬해 아파르트헤이트가 종결된 후 아프리카민족회의 의장으로 선출되었다. 1994년은 만델라에게 아주 특별한 해였다. 그는 남아프리카공화국에서 최초로 실행된 인종 평등 선거에서 대통령으로 선출되었다.

취임 후 만델라는 정치, 경제, 사회 분야에서 일련의 탁월한 조치들을 시행했다. 흑인의 수입과 생활수준을 제고하고 인종 차별을 축소하는 한편 외향형 경제를 실행해 세계 경제와 발맞추고자 했다. 또 토지 개혁을 실시해 기존 토지법의 폐단을 없앴다. … 만델라의

---

1 인종 격리 정책

노력으로 다민족으로 단결한 남아프리카공화국은 세계 앞에 당당히 나섰다.

1999년에 재임 기간이 만기가 된 만델라는 더 이상 연임 계획이 없음을 표명하면서 정치 인생을 끝냈다. 그러나 세계 평화와 발전을 위한 노력은 멈추지 않고 중동과 아프리카의 평화 구축, 농촌 어린이의 교육 환경 개선, 그리고 에이즈 방지를 위한 노력에 최선을 다했다.

만델라가 집필한 저서 《자유를 향한 머나먼 여정(Long Walk to Freedom)》, 《투쟁은 나의 인생(The Struggle is My Life)》, 《험난한 자유의 길》 등은 세계에 커다란 영향을 미쳤다. 이후 그는 세계 인권과 평화에 이바지한 공로로 노벨 평화상과 간디국제평화상을 받은데 이어 필라델피아 자유 훈장, 미국 국회 금메달 등을 받았다.

▼ 1960년 3월 21일 남아프리카공화국에서는 인종 차별에 반대하는 대규모 시위가 벌어졌다. 그러나 정부 당국은 민중을 강압적으로 진압했다.

▶ 〈콜레라 시대의 사랑〉의 한 장면 마이크 뉴웰(Michael Cormac Newell) 연출 2007년도 작품

마르케스 Marquez

마술적 현실주의

마술적 현실주의는 1950년대를 전후하여 라틴아메리카에서 크게 유행한 문학 유파로 마르케스의 《백 년 동안의 고독》이 대표적이다. 이 유파의 작가는 현실을 마술과 같은 환상적인 배경과 분위기로 옮겨놓고 다시 현실을 객관적이고 상세하게 묘사했다. 이렇게 해서 현실은 기이하고 다채로운 형상의 신비한 겉옷을 입은 채 작품 속에서 세상의 원칙을 그대로 반영했다.

그는 《백 년 동안의 고독》으로 라틴아메리카 최고 문학상인 '로물로 가예고스 문학상'과 세계 최고 문학상인 '노벨 문학상'을 받았다.

1960년대, 라틴아메리카는 한 권의 소설로 세계 문학계의 이목을 집중시켰다. 작가는 다양하고 참신한 서술 기법으로 마콘도(Macondo)라는 작은 마을을 배경으로 주인공 부엔디아 일족의 역사를 묘사했다. 이 소설은 독자의 눈앞에 콜롬비아와 라틴아메리카 전체의 정치, 사회적 현실을 펼쳐놓았다. 이 작품의 제목은 《백 년 동안의 고독(Cien anos de soledad)》이다.

《백 년 동안의 고독》은 라틴아메리카에서 성행한 마술적 현실주의(Magic Realism)의 대표작이며 20세기 최대 걸작으로 일컬어지기도 한다. 이 소설은 1970년에 미국 문학 평론가들이 뽑은 우수 문학 작품으로 선정되었고, 작가는 이 작품으로 1982년 노벨 문학상을 받았다.

▶ 가브리엘 마르케스 1927~

이 작가가 바로 20세기 라틴아메리카 마술적 현실주의의 대표 주자인 가브리엘 마르케스(Gabriel Jose Garcia Marquez)이다. 마르케스는 1927년 콜롬비아 마그달레나(Magdalena) 주의 작은 도시 아라카타카(Aracataca)에서 태어났다. 마르케스는 일 때문에 다른 곳으로 이

▲ 마르케스는 사람들과의 교제에서 창작의 영감을 얻고, 또 다른 생명을 체현해냈다.

주해야 했던 부모 대신 조부모의 손에서 자랐다. 군 장교였던 할아버지는 어린 마르케스에게 라틴아메리카의 역사에 대해 많은 이야기를 해주었고, 할머니는 언제나 신화와 귀신 이야기를 재미있게 들려주었다. 이러한 어린 시절의 경험은 훗날 마르케스의 창작 활동에 커다란 영향을 미쳤다.

마르케스는 13세에 수도 보고타(Bogota)로 가서 학교를 다니다가 5년 후 보고타 대학에 진학해 법학을 공부했다. 그러던 중에 내전이 발발하자 학업을 포기하고 〈옵저버(The Observer)〉지 기자가 되었다. 그리고 유럽 특파원으로서 1954~1959년까지 소련, 폴란드, 프랑스, 영국, 체코슬로바키아, 이탈리아 등 여러 나라를 돌아다녔다.

이후 마르케스는 유럽에 오랫동안 머무르면서 문학과 신문, 그리고 영화와 관련된 일을 했다. 특히 오랜 신문사 업무 경험은 라틴아메리카의 사회 현실을 바라보는 시각을 넓혀주었다. 그는 통치자의 반대편에 서서 자신의 사상을 작품 속에 투영했고, 마침내 1967년에 위대한 소설《백 년 동안의 고독》을 완성하여 라틴아메리카 문학사에 확실히 자리매김했다. 1971년에 미국 콜롬비아 대학에서 그에게 명예 문학 박사 학위를 수여했고, 2년 후 마르케스는 라틴아메리카 문학 최고상인 '로물로 가예고스(Romulo Gallegos) 문학상'을 받았다.

1975년부터 그는 칠레 군사 독재에 저항하는 뜻으로 5년 동안 글을 쓰지 않았다. 이후 반동 정부의 탄압을 피해 해외에서 오랜 망명 생활을 했으며 1982년에 노벨 문학상을 받고 나서 고국으로 돌아왔다.

▶ 〈고독〉 코메니우스(J. A. Comenius)의 작품

　당대 세계 문단의 최고 작가로 평가받는 마르케스는 수많은 저서를 집필했다. 그중에서도 주요 작품으로는 단편 소설《아무도 대령에게 편지하지 않았다(El coronel no tiene quien le escriba)》,《마마 그란데의 장례식(Los funerales de la Mama Grande)》, 중편 소설《낙엽(La hojarasca)》,《암흑의 시대(La mala hora)》, 장편 소설《백 년 동안의 고독》,《예고된 죽음 이야기(Cronica de una muerte anunciada)》,《콜레라 시대의 사랑(El Amor en los Tiempos del Colera)》 등이 있다.

◀ 킹 목사는 정의감과 뛰어난 웅변술로 세상에 널리 알려졌다.

인종 차별

인종 차별은 고대부터 존재했다. 나치스의 유대인 박해, 황화론(黃禍論)에 따른 백인의 황인종 배척, 미국과 남아프리카의 흑인 차별 등이 대표적이다. 인종 차별은 인류 존엄에 대한 모욕이며, 국제 여론과 국제 진보 단체의 맹비난을 받고 있다.

마틴 루서 킹 Martin Luther King Jr.

흑인 평등을 위한 미국 흑인 해방 운동을 전개했다. 1963년 8월 28일에 그가 낭독한 '나에게는 꿈이 있습니다.(I Have a Dream.)'라는 연설문이 매우 유명하다.

1964년에 미국의 저명한 흑인 해방 운동가 마틴 루서 킹(Martin Luther King Jr.)이 노벨 평화상을 받았다. 그는 미국 흑인이 평등한

▲ 마틴 루서 킹 1929~1968년

1 청일 전쟁 말기인 1895년경, 독일 황제 빌헬름 2세가 주장한 황색 인종 억압론. 과거의 오스만투르크, 몽골 등 유럽 원정에서 나타난 바와 같이 황색 인종의 융성은 유럽의 백인 문명에 위협이 될 것이므로 유럽 열강이 단결하여 대처해야 한다는 주장이다.

▲ 자유의 종이 울리게 합시다. 이 자유의 종소리가 온 세상에 울려 퍼지면 하느님의 자녀인 우리는 흑인이든 백인이든, 유대인이든 유대인이 아니든, 기독교도이든 가톨릭교도이든 상관없이 모두 함께 손을 잡고 옛 흑인 영가를 부를 수 있을 것입니다. 나 자유를 얻었네! 너 자유를 얻었네! 전능하신 하느님께 감사드리자, 우리 모두 자유를 얻었네!
– '나에게는 꿈이 있습니다' 중에서

지위와 자유 권리를 쟁취하도록 평생을 헌신했다. 그 결과 미국 흑인의 지위는 많은 부분이 개선되었고 미국을 비롯한 세계 각국의 국민에게 존경을 받았다. 사람들은 그를 '킹 목사' 라고 불렀다.

마틴 루서 킹은 1929년 1월 15일 미국 애틀랜타의 한 흑인 가정에서 태어났다. 아버지는 목사였고 어머니는 교사였다. 그는 15세에 모어하우스 대학에서 사회학을 공부하고 다시 펜실베이니아 대학, 하버드 대학, 보스턴 대학에서 더 많은 공부를 했다. 1955년 보스턴 대학에서 신학 박사 학위를 취득하고 몽고메리 시에 있는 한 교회에서 목회 활동을 시작했다.

1955년 12월 파크스(Rosa Parks)라는 흑인 할머니가 시내버스의 백인 좌석에 앉았다가 백인 남자 아이에게 자리를 양보하지 않아 '시내버스에서 흑백 분리'를 규정한 몽고메리 시법을 위반했다는 이유로 체포되었다. 이 사건은 미국 흑인의 강렬한 분노를 불러일으켰고, 루서 킹은 시내버스의 흑인 차별 대우에 반대하며 흑인 시민 5만 명을 이끌며 '몽고메리 버스 보이콧 투쟁'을 전개해 마침내 승리를 거두었다. 이때부터 그는 흑인 해방 운동의 지도자가 되었다.

인도의 간디처럼 마틴 루서 킹은 비폭력 방식을 통한 흑인 인권의 쟁취를 주장하면서 기독교 정신인 '박애'와 '인자'로 상대방을 감화시키고자 했다. 미국의 건국이념이 바로 인도人道와 자유였으므로 그는 흑인의 평등과 정의가 반드시 이루어질 것이라고 확신했다.

1957년 마틴 루서 킹은 그리스도교도 지도 회의(Southern Christian Leadership Confernce)를 결성하고 의장을 맡았다. 1960년에 한 연쇄점에서 흑인의 채용을 거부하자 루서 킹은 침묵시위를 하며 항의했고 여기에 많은 사람이 동참했다. 그러나 많은 사람이 체포된 반면에 별다른 성과를 얻지는 못했다.

1963년에 루서 킹은 흑인의 노동 기회와 자유 · 평등권 쟁취를 위한 '워싱턴 대행진'을 지휘했고 이 시위에 흑인 25만 명이 참여했다. 같은 해 8월 28일, 그는 워싱턴 광장의 링컨 기념관 앞에서 오늘날 세계적으로 유명한 '나에게는 꿈이 있습니다' 라는 연설문을 낭독했다. 이 연설에서 그는 자신의 비폭력 저항 사상과 자유, 평등, 공정에 관한 요구를 피력했다. 그의 연설은 법률상으로 인종 분리와 인종 차별을 없애는 데 크게 공헌하여 1964년에 노벨 평화상을 받았다.

　1968년 4월 4일, 마틴 루서 킹은 극우파 백인이 쏜 총탄에 맞아 암살되었다. 짧고 눈부셨던 39년간의 그의 인생 여정은 이렇게 끝을 맺었다. 수만 명이 그의 장례식에 참석했고, 그 가운데는 로버트 케네디(Robert F. Kennedy), 유진 매카시(Eugene McCarthy), 넬슨 록펠러(Nelson Aldrich Rockefeller)와 같은 유명 인사들도 있었다.

　1989년 1월 미국의 레이건 대통령은 매년 1월 셋째 월요일을 마틴 루서 킹 기념일로 제정한다는 법령에 서명했다. 지금까지 미국의 법정 기념일 중 인명으로 명명된 기념일은 마틴 루서 킹 기념일[2], 콜럼버스 기념일[3], 워싱턴 기념일[4]뿐이다.

---

2 1월 셋째 월요일
3 10월 둘째 월요일
4 2월 22일

▲ 호킹은 21세에 루게릭병이라는 진단을 받았다. 이 병으로 그는 글을 쓸 수도 말을 할 수도 없게 되었으며 표정을 지을 수도 없게 되었다. 또한 약 40년 동안 휠체어에 의지해야만 하는 신세가 되었다. 그러나 그의 사고는 시공을 초월해 우주를 넘나들었다.

스티븐 호킹 Hawking

호킹은 양자중력과 우주론의 전문가이며 수학과 물리학을 응용해 탁월한 성과를 남겼다.

호킹은 양자중력과 우주론의 전문가이며 수학과 물리학을 응용해 탁월한 성과를 남겼다.

스티븐 호킹(Stephen William Hawking)은 영국 옥스퍼드에서 태어났으며, 우연하게도 그가 태어난 날은 갈릴레오 서거 300주년 기념일이었다.

이것은 어쩌면 천재 물리학자의 탄생을 알리는 하나의 암시였을지도 모른다. 그의 저서 《시간의 역사(A Brief History of Time)》는 재판되며 베스트셀러가 되었다.

호킹은 17세에 영국 옥스퍼드 대학에 진학했고 20세에 케임브리지 대학 대학원에서 물리학을 전공해 3년 후 박사 학위를 취득했다. 1973년에 첫 저서 《시공간의 거대 구조(The Large Scale Structure of Space-Time)》를 출판했고, 이듬해 〈내추럴(Nature)〉지에 '블랙홀도 복사를 한다.'라는 자신의 새로운 발견을 논술했다. 이를 인정받아 영국 왕립학회 회원이 되었고, 35세에 케임브리지 대학의 중력물리학 교수가 되었다. 1979년에는 케임브리지 대학 루커스 석좌 교수로 임명되었고 1982년에는 대영 제국 훈장을 받았다. 그리고 1989년 대영 제국 명예 기사 작위를 받았다.

1963년, 호킹에게 일생일대의 악몽이 찾아왔다. 21세였던 호킹이 루게릭병[1]이라는 진단을 받은 것이다. 이 병 때문에 글을 쓸 수도, 말을 할 수도 없게 되었고 심지어 표정을 지을 수도 없었다. 그러나 그는 모든 역경을 딛고 우주물리학자가 되어 세계 물리학계에 커다란 공헌을 했다.

루커스 석좌 교수(Lucasian Chair of Mathmatics)는 케임브리지 대학에서 가장 명예로운 교수직으로 뉴턴, 디랙도 이 교수직에 임명된 바 있다. 호킹은 울프 물리학상, 홉킨스상, 영국 왕립학회의 휴즈 메달, 물리학계의 최고상으로 여겨지는 알베르트 아인슈타인상 등 권위 있는 상들을 받았다. 이는 그에 대한 세상의 지지와 존경이 그만큼 대단했다는 반증이었다.

호킹 박사의 우주 연구는 아인슈타인의 일반상대성이론을 바탕으로 시작되었다. 그는 우주의 '대폭발'은 특이점(singularity)[2]에서 시작되며 '특이점' 물질의 밀도가 무한대가 되었을 때 시공도 극도로 왜곡된다고 생각했다. 이러한 발견으로 호킹과 그의 협력자 펜로즈(Roger Penrose)는 1988년에 울프상을 받았다. 1974년에 호킹은 '양자역학' 이론을 제시하여 사람들이 블랙홀에 대해 더 많이 이해할 수 있게 되었고, 우주 기원에 대한 토론이 심화되었다.

---

1 근육이 위축되는 질환
2 어떤 기준을 상정했을 때 그 기준이 적용되지 않는 점을 이르는 용어로 물리학이나 수학 등의 학문에서 사용된다.

시간의 역사

《시간의 역사》는 1988년에 완성된 과학자 스티븐 호킹의 저서이다. 이 책에서 호킹은 풍부한 상상력을 동원하여 우주 대폭발에서 블랙홀까지 우주 현상에 관한 내용을 서술하고 우주의 역사를 묘사했다. 사람들은 이 책을 읽음으로써 우주 및 우주에서 인류가 차지하는 위치를 이해할 수 있었다. 호킹의 아름다운 언어와 신비로운 생각은 많은 독자의 환영을 받았고, 이 책은 40여 개 언어로 번역되어 이미 2,500만 부 이상이 발행되었다.

◀ 〈인류는 처음 하늘에 떠 있는 별을 바라보았을 때부터 광대한 우주에 대한 무한한 호기심과 상상을 키워왔다. 그동안 인류의 독특한 생활방식을 형성해온 과학, 법률, 종교는 앞으로도 끊임없는 연구가 필요하다.

호킹은 우주물리학자로서 커다란 명성을 얻었을 뿐만 아니라 과학 보급을 위해 많은 저서를 남겼다. 그의 저서로는《시간의 역사》,《호두껍데기 속의 우주》,《시간과 공간에 관하여》등이 대표적이며,《조지의 우주로 통하는 비밀 열쇠》는 호킹이 어린이 독자들을 위해 집필한 저서였다. 호킹의 책은 현대인들에게 우주를 이해할 수 있는 새로운 문을 열어주었다.

호킹은 손가락 세 개로 휠체어를 조종하며 사무실에서 여기저기 부딪히기도 하지만 여전히 활기차고 적극적으로 살아가고 있다.

▲ 빌 게이츠 1955〜

빌 게이츠 Bill Gates

빌 게이츠는 13년 연속으로 〈포브스(Forbes)〉지에서 선정하는 세계 억만장자 순위에서 1위를 차지했다. 그는 독특한 안목으로 IT 산업의 미래를 정확하게 꿰뚫어 보았다.

▼ 7세 때 빌 게이츠

2008년 6월 27일, 기사 한 편이 거의 모든 신문 잡지, 텔레비전과 인터넷 매체의 머리기사로 실렸다. 마이크로소프트사 설립자이자 이사장인 빌 게이츠(Bill Gates)가 공식 은퇴한다는 기사였다. 빌 게이츠는 자신이 설립한 '빌&미란다 게이츠 자선단체(Bill & Miranda Gates Foundation)'에 580억 달러나 되는 재산을 기부했고 자녀들에게는 조금도 재산을 남기지 않았다.

▶ 빌 게이츠는 어린 시절부터 소프트웨어 분야에 관심을 기울여 13세 때부터 컴퓨터 프로그램을 개발하기 시작했다.

마이크로소프트사 설립자인 빌 게이츠는 회장 겸 기술 고문직을 맡았다. 그의 지도에 따라 마이크로소프트사는 전 세계 개인 컴퓨터와 상업 컴퓨터에 소프트웨어, 서비스, 그리고 네트워크 기술을 제공했다. 개인 컴퓨터의 급속한 발전은 현대인의 직업, 공부, 생활, 심지어 교제 방식까지 바꾸어놓았다. 그래서 어떤 이들은 빌 게이츠가 발명한 소프트웨어의 중요성이 에디슨이 발명한 전구에 결코 뒤지지 않는다고 이야기한다.

1955년 10월 28일 빌 게이츠는 미국 워싱턴의 시애틀에서 태어났다. 아버지는 변호사였고 어머니는 교사였다. 13세에 레이크사이드 스쿨(Lakecide School)에 입학해 컴퓨터 과목을 배웠고, '컴퓨터 천재' 빌 게이츠는 이때부터 혼자 컴퓨터 프로그램을 만들기 시작해 2년 후에는 이미 컴퓨터 업계에서 명성을 얻었다. 그는 10대에 이미 미래에는 컴퓨터 소프트웨어가 거대 상업 시장을 이룰 것이라고 예상했다.

운영 체제

컴퓨터의 하드웨어 시스템을 효율적으로 운영하기 위한 소프트웨어이다. 컴퓨터를 작동하고 시스템 전체를 감시하며 처리해야 할 데이터의 관리과 작업 계획 등을 조정하는 여러 가지 프로그램으로 구성되어 있다. 현재 운영 체제는 동시 수행성, 공유성, 가상성과 불확정성을 갖추고 있다.

18세에 하버드 대학에 진학한 빌 게이츠는 최초로 소형 컴퓨터에서 사용하는 BASIC 프로그램 언어의 판본을 개발했다. 그리고 20세가 된 해인 1975년, 조금의 망설임도 없이 학교를 그만두고 친한 친구 폴 앨런(Paul Gardner Allen)과 함께 마이크로소프트사를 공동으로 창업해 '소프트웨어 시대의 도래'를 예언했다. 그는 앞으로 가정과 사무실에서 컴퓨터가 가장 중요한 도구가 될 것이라고 생각했다. 그래서 온 힘을 다해 컴퓨터 소프트웨어 개발에 착수했고, 그의 예언은 오늘날 현실이 되었다.

몇 년 후 마이크로소프트사는 CD-ROM, Windows3.0부터 Windows95, Windows98, Windows XP, Windows Vista, 그리고 가장 최근에 출시된 Windows7 시스템까지 인류 생활에 중요한 영향

을 미친 일련의 소프트웨어를 판매했다. 이 모든 소프트웨어가 개발될 수 있었던 배경에는 빌 게이츠의 컴퓨터 관련 재능이 있었고, 마이크로소프트사가 견실한 발전을 꾸준히 이어올 수 있었던 이면에는 빌 게이츠의 관리 부문에서의 재능이 있었다.

◀ 워런 버핏(Warren E. Buffett)은 빌 게이츠에 대해 이렇게 평가했다. "만약 그가 판매한 것이 소프트웨어가 아니라 햄버거였다면 그는 세계의 햄버거 왕이 되었을 것이다." 천부적인 상업적 재능은 빌 게이츠를 세계의 최고 부호로 만들었다. 사람들이 그를 존경하는 것은 컴퓨터 산업에 공헌한 그의 업적과 또한 사업과 부를 대하는 그의 태도 때문이다.

빌 게이츠는 1995년과 1999년에 각각 《미래로 가는 길(The road ahead)》과 《빌 게이츠@생각의 속도(Business@The Speed of Thought)》라는 책 두 권을 출판했다. 전자는 〈뉴욕타임스〉가 선정한 베스트셀러가 되었고 후자는 20여 개 언어로 번역되어 60여 개국에서 출간되었다.

이 밖에도 빌 게이츠는 생물 기술[1]에도 관심을 기울여 수많은 생물 기술 회사에 투자했고 이동 통신 분야에도 남다른 공헌을 했다. 그러나 빌 게이츠가 훨씬 중요하게 생각한 것은 바로 자선 사업이었다. 그는 부인과 함께 자선 단체를 설립해 세계적으로 의료 사업과 교육 사업을 지원했다.

빌 게이츠는 39세에 세계 최고 갑부가 되어 13년 연속으로 〈포브스(Forbes)〉지에서 선정하는 세계 억만장자 순위에서 1위를 차지했다. 그리고 2005년, 그는 엘리자베스 2세 영국 여왕에게서 명예 기사 대영 공로 훈장(KBE)을 받았다.

---

1 분자생물학과 생물정보학 등의 수단을 응용해 생명의 체계를 연구하고 새로운 종의 생물로 개량하거나 창조하는 기술

역사가 기억하는 세계사 시리즈

세계사 ❶
역사가 기억하는 인류의 문명
편저자 궈팡
옮긴이 김영경

세계사 ❷
역사가 기억하는 제국시대
편저자 궈팡
옮긴이 이한님

세계사 ❸
역사가 기억하는 중고대사
편저자 궈팡
옮긴이 원녕경

세계사 ❹
역사가 기억하는 정복과 확장
편저자 궈팡
옮긴이 정주은

세계사 ❺
역사가 기억하는 유럽의 변화
편저자 궈팡
옮긴이 정유희

세계사 ❻
역사가 기억하는 군주의 권위
편저자 궈팡
옮긴이 정주은

세계사 ❼
역사가 기억하는 혁명의 물결
편저자 궈팡
옮긴이 조유리

세계사 ❽
역사가 기억하는 식민지 쟁탈
편저자 궈팡
옮긴이 홍지연

세계사 ❾
역사가 기억하는 1, 2차 세계대전
편저자 궈팡
옮긴이 송은진

세계사 ❿
역사가 기억하는 새로운 패러다임
편저자 궈팡
옮긴이 이정은

만화로 읽는 색채심리 1
저자 포포포로덕션
옮긴이 서인숙

만화로 읽는 색채심리 2
저자 포포포로덕션
옮긴이 서인숙